Christoph Butterwegge
Deutschland im Krisenmodus

Christoph Butterwegge

Deutschland im Krisenmodus

Infektion, Invasion und Inflation als gesellschaftliche Herausforderung

Aktualisierte und erweiterte Neuausgabe von »Die polarisierende Pandemie«

Der Autor

Prof. Dr. Christoph Butterwegge hat von 1998 bis 2016 Politikwissenschaft an der Universität zu Köln gelehrt und die Bücher »Die zerrissene Republik. Wirtschaftliche, soziale und politische Ungleichheit in Deutschland« sowie »Grundeinkommen kontrovers. Plädoyers für und gegen ein neues Sozialmodell« bei Beltz Juventa veröffentlicht.

Dieses Buch ist erhältlich als:
ISBN 978-3-7799-8241-8 Print
ISBN 978-3-7799-8242-5 E-Book (PDF)
ISBN 978-3-7799-8243-2 E-Book (ePub)

1. Auflage 2024

Herstellung und Satz: Ulrike Poppel
Umschlagabbildung: GettyImages: oculo
Druck und Bindung: Beltz Grafische Betriebe, Bad Langensalza
Beltz Grafische Betriebe ist ein klimaneutrales Unternehmen
(ID 15985-2104-100)
Printed in Germany

Weitere Informationen zu unseren Autor_innen und Titeln finden Sie unter:
www.beltz.de

Inhalt

Einleitung

Das vorliegende Buch ist eine Neuausgabe meiner Publikation „Die polarisierende Pandemie. Deutschland nach Corona“, deren Aktualisierung und Überarbeitung erforderlich waren, weil nach der Coronakrise mit dem Ukrainekrieg, der Energiepreisexplosion und der Inflation andere Krisenerscheinungen zu einer weiteren Verschärfung der sozialen Ungleichheit geführt hatten, die ich schlecht ignorieren konnte. Schließlich wurde „Krisenmodus“ von der Gesellschaft für deutsche Sprache (GfdS) nicht ohne triftigen Grund zum Wort des Jahres 2023 gekürt, hatte sich die Bundesrepublik wegen der globalen Banken- und Finanzkrise, der damit verknüpften Weltwirtschaftskrise sowie der sich ebenfalls direkt anschließenden Eurokrise bei den im Kapitalismus zyklisch auftretenden Konjunkturkrisen und einer drohenden Klimakatastrophe doch fast zeitgleich mehreren ernsten Herausforderungen zu stellen.

Um die weitere Entwicklung und ihre gravierenden Konsequenzen für die Gesellschaftsentwicklung berücksichtigen zu können, ohne den vorgegebenen Rahmen zu sprengen, mussten der Rückblick auf frühere Seuchen sowie die Darstellung des Krankheitsgeschehens und der staatlichen Infektionsschutzmaßnahmen entfallen. Heute stellt sich eher die Frage, ob der nach Ausbruch des Ukrainekrieges erklärten außen-, energie- und militärpolitischen „Zeitenwende“ eine sozialpolitische Zeitenwende folgt, wodurch sich die Kluft zwischen Arm und Reich weiter vertiefen würde.

Ob sich die soziale Ungleichheit während der Covid-19-Pandemie durch das Infektionsgeschehen selbst, die ökonomischen Folgen der Schutzmaßnahmen sowie die Hilfsprogramme, „Rettungsschirme“ und Finanzhilfen des Staates vergrößert oder verringert hat, wird im ersten Kapitel des Buches analysiert. Danach werden die Auswirkungen der Coronakrise auf die Generationen und die Geschlechter bzw. ihr Verhältnis zueinander untersucht.

Gefragt wird, in welche Richtung sich die deutsche Gesellschaft während der pandemischen Ausnahmesituation entwickelt hat, wobei der Schwerpunkt auf dem neben der Gesundheit gerade für junge Menschen entscheidenden Bildungsbereich liegt.

Ähnlich kontrovers wie die Debatten über die Infektionsschutzmaßnahmen der Bundesregierung, den mehrfachen Lockdown und das Impfen gegen SARS-CoV-2 verliefen hierzulande Diskussionen über die beiden parallel stattfindenden Kriege in der Ukraine und im Nahen Osten. Im dritten Kapitel geht es um deren Auswirkungen auf das Leben in der Bundesrepublik, die Energiepreisexplosion und die Inflation, die Kindergrundsicherung als möglichen Vorboten einer sozialpolitischen Zeitenwende, die „Haushaltskrise" der Ampelkoalition sowie die Folgen der von ihr beschlossenen Konsolidierungsmaßnahmen.

Im abschließenden Kapitel werden die Konsequenzen für den Wohlfahrts- und den Steuerstaat behandelt: Letztlich erscheinen die sich häufenden und teilweise überlappenden Krisen als Herausforderungen für den gesellschaftlichen Zusammenhalt, aber auch als Bewährungsproben und Chancen für eine Wiederbelebung des Sozialen, die genutzt werden müssen, wenn die schmerzlichen Umbrucherfahrungen der jüngsten Vergangenheit etwas Positives haben sollen.

Köln, im Frühjahr 2024 — Christoph Butterwegge

1 Wirtschaftliche, soziale und politische Verwerfungen durch die Covid-19-Pandemie

Krisen, Verteidigungskriege und Naturkatastrophen stärken Kollektive oft, weil sie deren Bewusstsein für gemeinsame Problemlösungen schärfen. Die jüngste Pandemie hat Deutschland aber nicht, wie man hätte vermuten können, zusammengeschweißt und im Rahmen einer jahrelangen Abwehrschlacht gegen das neuartige Coronavirus zu einer großen Solidargemeinschaft seiner Bewohner/innen vereint, sondern war ein ausgesprochen polarisierendes Ereignis, und zwar in jeglicher Hinsicht: Ökonomisch, sozial und politisch driftete die Bundesrepublik noch mehr auseinander, als dies auch zuvor schon der Fall gewesen ist. Werner Bruns (2022, S. 150) wähnt die Bundesrepublik nach der Vereinigung, der „Flüchtlingskrise“ und dem wiederholten Lockdown sogar auf dem Weg in eine chronische Anomie: „Dieser Prozess erzeugt eine soziale Desintegration und Ungleichheit in Deutschland, in die immer mehr auch die Mittelschicht mit einbezogen wird; dies vor allem durch die Insolvenzen vieler kleiner und mittlerer Unternehmen.“

Zwar hat die historische Ausnahmesituation der von zahlreichen Verwerfungen begleiteten Covid-19-Pandemie das Phänomen der wirtschaftlichen, sozialen und politischen Ungleichheit nicht hervorgebracht, aber sehr viel deutlicher sichtbar gemacht, um neue Facetten ergänzt und weiter verschärft. Die epidemische Notlage förderte hierzulande einen zahlreiche Lebensbereiche erfassenden Polarisierungsprozess, der tiefe Gräben zwischen den Bevölkerungsschichten erkennen ließ. Weil die Coronakrise ein sozioökonomischer und politisch-ideologischer Spaltpilz war, legte sie auch lange verschüttete Klassenstrukturen der Gesellschaft offen.

1.1 Ökonomische und soziale Ungleichheit vor Beginn der Pandemie

Die internationale Nothilfe- und Entwicklungsorganisation Oxfam (2022, S. 7) spricht mit Blick auf den Gegenwartskapitalismus von einem „System struktureller wirtschaftlicher Gewalt“, das in Armut lebende Menschen, Frauen und Mädchen sowie von Rassismus betroffene Personen(gruppen) besonders stark benachteilige: „Strukturelle wirtschaftliche Gewalt entsteht nicht zufällig, sondern ist integraler Bestandteil der Art und Weise, wie unser Wirtschaftssystem und unsere Gesellschaften derzeit funktionieren. Sie gründet in der ungleichen Verfügungsmacht über gesellschaftliche Ressourcen, materialisiert sich in extremen Einkommens- und Vermögensunterschieden und verfestigt sich durch politische Entscheidungen, auf die wenige sehr wohlhabende Menschen und Konzerne einen weitaus größeren Einfluss haben als die große Mehrheit.“

Schon vor der Covid-19-Pandemie war die ökonomische, soziale und politische Zerrissenheit der Republik viel stärker ausgeprägt, als es das überkommene Selbstverständnis einer „nivellierten Mittelstandsgesellschaft“ (Helmut Schelsky) oder das von CDU und CSU seit der ersten Bundestagswahl im September 1949 den Bürger(inne)n mehrfach gegebene Wahlversprechen einer „Sozialen Marktwirtschaft“ hätten vermuten lassen. Hier wird sie jedoch nicht – wie von Hans-Joachim Maaz (2020) in seinem Buch „Das gespaltene Land“ – aus medizinischer oder psychoanalytischer Sicht als pathologischer Befund einer „normopathischen Demokratie“, sondern als Resultat der politischen Ökonomie des Finanzmarktkapitalismus interpretiert.

Um das Ausmaß der sozioökonomischen Spaltung, die eine Gesellschaft innerlich zerreißen kann, zu ermitteln, muss man einerseits den Anteil der (Einkommens-)Armen an der Gesamtbevölkerung und andererseits die Konzentration des privaten (Vermögens-)Reichtums erfassen. Einkommen und Vermögen haben sich insbesondere seit der Jahrtausendwende auseinanderentwickelt (vgl. hierzu: Butterwegge 2020, S. 217 ff.).

Die relative Armut befindet sich auf Rekordniveau und absolute Armut gibt es auch in Deutschland

Differenziert wird zwischen absoluter, extremer oder existenzieller Armut einerseits sowie relativer Armut andererseits. Nach dieser sinnvollen Unterscheidung ist absolut, extrem oder existenziell arm, wer seine Grundbedürfnisse nicht zu befriedigen vermag, also nicht genug zu essen, kein sicheres Trinkwasser, keine den klimatischen Verhältnissen angemessene Kleidung, kein Obdach und/oder keine medizinische Grundversorgung hat. Relativ arm ist hingegen, wer zwar seine Grundbedürfnisse befriedigen, sich aber vieles von dem nicht leisten kann, was für die allermeisten Gesellschaftsmitglieder als normal gilt, also beispielsweise nicht ab und zu ins Restaurant, ins Kino oder ins Theater gehen kann. Man spricht in diesem Zusammenhang auch von mangelnder sozialer, kultureller und politischer Teilhabe (vgl. hierzu ausführlicher: Butterwegge 2021a, S. 8 ff.).

Für manche Beobachter existiert „wirkliche" Armut ausschließlich in Staaten wie Burkina Faso, Bangladesch oder Mosambik, aber nicht in der Bundesrepublik. Während niemand bezweifelt, dass es im globalen Süden extreme Armut gibt, wird seit vielen Jahrzehnten mit Verve darüber gestritten, ob sie auch hierzulande grassiert. Für die politisch Verantwortlichen wirkt es natürlich beruhigend und sie selbst entlastend, wenn das Phänomen ausschließlich in Entwicklungsländern verortet wird. Realitätssinn beweist man aber nicht durch die Ignoranz gegenüber einem sozialen Problem, das in wirtschaftlichen Krisen, Katastrophen wie einer Pandemie und gesellschaftlichen Umbruchsituationen besonders krass zutage tritt.

Hierzulande manifestiert sich absolute Armut hauptsächlich in Wohnungs- und Obdachlosigkeit. Wohnungslos sind Menschen, die weder über selbstgenutztes Wohneigentum noch über ein Mietverhältnis verfügen und deshalb in Notunterkünften leben oder bei Freunden und Bekannten unterschlüpfen. Obdachlos sind Menschen, die auf der Straße leben und auf Parkbänken nächtigen. Wohnungs- und Obdachlose, total verelendete Drogenabhängige, „Straßenkinder", bei denen es sich meist um obdachlose

Jugendliche handelt, unbegleitete minderjährige Flüchtlinge, EU-Ausländer/innen ohne Sozialleistungsansprüche und „Illegale", die man besser als illegalisierte Migrant(inn)en bezeichnet, gehören zu den Hauptbetroffenen von absoluter, extremer bzw. existenzieller Armut.

Nach einem deutlichen Rückgang während der 1990er-Jahre gab es 2014 in Deutschland ca. 335.000 Wohnungslose, vier Jahre später hatte sich ihre Zahl bereits verdoppelt. Für 2018 lag die Schätzung der Bundesarbeitsgemeinschaft Wohnungslosenhilfe, dem Dachverband der Initiativen im Bereich der Obdach- und Wohnungslosenhilfe, welchem mangels offizieller und exakter Daten auch die Armuts- und Reichtumsberichte der Bundesregierung vertrauen, bei 678.000 Wohnungslosen, darunter 441.000 anerkannten Flüchtlingen. 41.000 Menschen, darunter in manchen Großstädten fast die Hälfte osteuropäische EU-Bürger/innen, lebten im Jahr 2018 auf der Straße. Auch unter den Betroffenen mit deutschem Pass befanden sich immer weniger Berber oder Trebegänger, wie die „klassischen" Obdachlosen genannt wurden. Gestiegen ist zuletzt die Zahl der Mittelschichtangehörigen, von Freiberufler(inne)n, Soloselbstständigen und gescheiterten Existenzgründer(inne)n, die auf der Straße landen.

Als von (relativer) Armut gefährdet gilt laut einer EU-Konvention, wer in deren Mitgliedstaaten weniger als 60 Prozent des mittleren Einkommens zur Verfügung hat. Reich wiederum ist, wer ein großes Vermögen besitzt, über das Arme, Armutsbedrohte und viele Normalverdiener/innen gar nicht verfügen – höchstens in dessen negativer Form: Schulden. Nach den Maßstäben der Europäischen Union galten im Jahr 2019 hierzulande über 13,2 Millionen Menschen als von (relativer) Armut betroffen oder bedroht. Sie hatten weniger als 60 Prozent des bedarfsgewichteten mittleren Haushaltsnettoeinkommens zur Verfügung, was für Alleinstehende 1.074 Euro im Monat entsprach. Unberücksichtigt bleiben hierbei sowohl die Quellen (Kapital, Lohnarbeit und Grundeigentum) wie auch die Qualität der jeweiligen Einkommen, was den Bochumer Sozialwissenschaftlern Renate Dillmann und Arian Schiffer-Nasserie (2018, S. 29) als wesentlicher Mangel der Einkommensstatistik erscheint: „Der ökonomische Zusammenhang zwischen der Einkommens*art* und der Einkommenshöhe ist kategorisch ausgeschlossen und der *Gegensatz* der Einkommensquellen zum quantitativen *Unterschied* vermeintlich qualitativ gleicher ‚Einkommensbezieher' verharmlost."

Mit 15,9 Prozent erreichte die Armuts(gefährdungs)quote damals einen Rekordstand im vereinten Deutschland. Die höchsten Armutsrisiken wiesen Erwerbslose (57,9 Prozent), Alleinerziehende (42,7 Prozent) und Nichtdeutsche (35,2 Prozent) auf. Kinder, Jugendliche und Heranwachsende waren ebenfalls stark betroffen, während das Armutsrisiko der Senior(inn)en seit geraumer Zeit am stärksten zunimmt. „Kinder- und Altersarmut sind in der Berliner Republik ein immer drängenderes soziales Problem." (Bischoff/Müller 2019, S. 54)

Während junge Menschen manchmal jahrzehntelang im Bereich des Wohnens, der Gesundheit und der Freizeitgestaltung sowie von Bildung und Kultur benachteiligt sind (vgl. hierzu: Butterwegge/Butterwegge 2021, S. 105 ff.), wird Senior(inn)en der Lohn für ihre Lebensleistung vorenthalten. Angehörige dieser Altersgruppe laufen überdies Gefahr, wegen des sinkenden Rentenniveaus und der mehr als bescheidenen Grundsicherungsleistungen bis zu ihrem Tod sozial ausgegrenzt zu werden, einsam oder isoliert zu bleiben. Während ihre Einkünfte tendenziell sinken, nehmen die finanziellen Belastungen durch medizinische und Pflegeleistungen, die sie im Greisenalter häufiger in Anspruch nehmen müssen, eher zu (vgl. hierzu: Butterwegge/Bosbach/Birkwald 2012).

Seit die Grundsicherung im Alter und bei Erwerbsminderung zum 1. Januar 2003 eingeführt wurde, hat sich die Zahl der älteren Menschen, die auf sie angewiesen sind, trotz einer strengen Bedürftigkeitsprüfung mehr als verdoppelt. Ende 2018 waren es neben 515.000 dauerhaft voll Erwerbsgeminderten, die als Menschen mit schweren Behinderungen ein sehr hohes Armutsrisiko haben, bereits 559.000 Senior(inn)en, die Leistungen nach dem SGB XII erhielten. Es ist jedoch ein offenes Geheimnis, dass sich ältere Menschen damit schwertun, diese Transferleistung – früher hieß sie Fürsorge bzw. Sozialhilfe – überhaupt zu beantragen, weil sie den bürokratischen Aufwand scheuen oder weil sie irrtümlicherweise den (bis zu einem Jahreseinkommen in Höhe von 100.000

Euro ausgeschlossenen) Unterhaltsrückgriff auf ihre Kinder bzw. sogar auf ihre Enkel fürchten. Kein Wunder also, dass es im Dezember 2019 bereits nicht weniger als 1.129.832 Ruheständler/innen gab, die einen Minijob hatten, darunter 199.494 Männer und Frauen, die 75 Jahre oder älter waren!

Lohn- und Kapitaleinkünfte driften bereits seit der Vereinigung von BRD und DDR immer stärker auseinander. Die hohen Zuwachsraten der Gewinneinkommen gingen zulasten der Lohneinkommen, deren Anteil am Volkseinkommen rückläufig war (vgl. Mittelbach 2013, S. 380 ff.). Nach dem 3. Oktober 1990 erreichten nur ganz wenige Ostdeutsche das oberste Einkommensperzentil, dessen Anteil am Volkseinkommen dadurch zunächst erheblich sank, während die untere Hälfte einen Zuwachs verzeichnete (vgl. Bartels 2018, S. 56). Somit bewirkte die sukzessive Annäherung des ostdeutschen Einkommens- und Ungleichheitsniveaus an das westdeutsche eine vorübergehende Reduktion der Ungleichheit zwischen beiden Landesteilen, die „Inter-Gruppen-Ungleichheit" schwächte sich ab und das gesamtdeutsche Ungleichheitsniveau sank, bis ab Mitte der 1990er-Jahre die Angleichung nachließ, sodass die Ungleichheit in Gesamtdeutschland wieder stieg (siehe Spannagel 2013, S. 174). Danach hat eine „gigantische Umverteilung zugunsten der Kapitaleinkünfte" stattgefunden, wie der Ökonom Heinz-J. Bontrup (2018, S. 127 und 129) errechnete: „Hätte nämlich die Lohnquote in allen Jahren bei ihrem Höchstwert von 1993 [72,4 Prozent; *Ch.B.*] gelegen, so hätten die abhängig Beschäftigten von 1991 bis 2017 insgesamt 1.744,3 Mrd. EUR mehr an Einkommen verbuchen können. So haben realiter die Bezieher der Kapitaleinkünfte die gut 1,7 Bio. EUR erhalten." Denn die Lohnquote erreichte im Jahr 2007 mit 63,6 Prozent einen Tiefstand und erholte sich bis zum Jahr 2017 nur auf 68,5 Prozent. Obwohl die Anzahl der abhängig Beschäftigten im Jahr 2019 auf einen Rekordwert stieg, war die Lohnquote nicht höher als zur Jahrtausendwende.

Damals fand eine Ausdifferenzierung der Einkommens- und Vermögensverteilung statt, die auch im internationalen Vergleich extrem stark ausgeprägt ist. „In Deutschland sind Reichtum und Wohlstand nicht nur auf eine kleinere Bevölkerungsgruppe begrenzt als in anderen Ländern, sondern diese kleine Gruppe der Reichen hält auch einen deutlich größeren Anteil des Gesamtvermögens im Land." (Fratzscher 2016, S. 47) Dorothee Spannagel (2013) hat in ihrer Dissertation untersucht, ob die Anzahl der Reichen in Deutschland zugenommen oder ob sich der wachsende Reichtum bei den schon vorher Reichen zusammengeballt hat. Sie kam für den Zeitraum von 1985 und 2005 zu dem Ergebnis, dass es sowohl immer mehr Einkommensreiche wie auch mehr Reichtum für die betreffenden Personen bzw. Haushalte gab: „Für die sehr Reichen […] gilt, dass ihr Anteil zugenommen hat, vor allem in den Jahren nach 2000." (ebd., S. 121)

Das private Vermögen konzentriert sich immer stärker bei wenigen (Unternehmer-)Familien

Moritz Schularick hat zusammen mit Thilo N. H. Albers (Humboldt-Universität zu Berlin) und Charlotte Bartels (Deutsches Institut für Wirtschaftsforschung, DIW) die Vermögensverteilung in Deutschland von 1895 bis 2018 untersucht. Am stärksten ausgeprägt war die Vermögensungleichheit demnach im Kaiserreich, wo das reichste Prozent der Bevölkerung auf knapp 50 Prozent des Gesamtvermögens kam, wohingegen dieser Anteil heute weniger als 25 Prozent betrage, wie die Autorin und ihre beiden Koautoren feststellen (vgl. Albers/Bartels/Schularick 2020, S. 1). Steuerstatistiken, auf die sich ihre historische Analyse stützt, dürften die Vermögensverhältnisse im 19. Jahrhundert genauer abbilden als heutige Steuerstatistiken die aktuellen. Reiche konnten der preußischen Finanzverwaltung im Jahr 1895 „heikle" Informationen über größere Teile ihres (Kapital-)Vermögens nicht so leicht vorenthalten, wie dies im Zeitalter des elektronischen Zahlungsverkehrs mit Vermögensbestandteilen gelingt, die – durch einheimische Gesetze und das Bankgeheimnis begünstigt – etwa in überseeische Steuerparadiese bzw. auf Offshore-Finanzplätze transferiert wurden. Ob die von Albers, Bartels und Schularick vorgenommene Relativierung der aktuell in Deutschland bestehenden Vermögensungleichheit wirklich gerechtfertigt ist, lässt sich daher mit Fug und Recht bezweifeln.

Im vergangenen Vierteljahrhundert hat die Vermögensungleichheit laut Albers, Bartels und Schularick (2020) wieder deutlich zugenommen. Während die obere Hälfte der Verteilung ihr Nettovermögen im Zeitraum zwischen 1993 und 2018 mehr als verdoppelte, besaß die ärmere Hälfte der Bevölkerung weniger als 25 Jahre zuvor; ein Haushalt der reichsten zehn Prozent war im Jahr 1993 durchschnittlich 50-mal, im Jahr 2018 aber schon 100-mal reicher als ein Haushalt der unteren Hälfte. Was die Struktur des Privatvermögens betrifft, so bestand gut die Hälfte aus Immobilienbesitz und rund ein weiteres Viertel aus Produktivkapital (vgl. ebd., S. 34, 39 und 54).

Markus M. Grabka und Christian Westermeier (2014) betrachteten den Zeitraum von 2002 bis 2012, in dem die Vermögensungleichheit anhaltend hoch blieb. Zuletzt lag das durchschnittliche Nettovermögen der Erwachsenen bei gut 83.000 Euro. Wegen der großen Differenz zum Median, welcher bei knapp 17.000 Euro lag und angibt, wie viel die mittlere Person in einer nach der Höhe ihres Nettovermögens geordneten Reihe besaß, war die Vermögensungleichheit sehr groß. „Gut ein Fünftel aller Erwachsenen verfügte über kein persönliches Vermögen – bei sieben Prozent waren die Verbindlichkeiten sogar höher als das Bruttovermögen." (ebd., S. 156) Unter den Staaten der Eurozone wies Deutschland vor Österreich die höchste Vermögensungleichheit auf. Sowohl beim Markteinkommen wie beim Vermögen blieb die Bundesrepublik hinsichtlich der Ungleichheit den USA dicht auf den Fersen.

Eine sukzessive US-Amerikanisierung gab es auch im Hinblick auf die Managerbezüge. Ohne dass hierzulande bisher Topgehälter wie in den Vereinigten Staaten erreicht wurden, verdienen deutsche Spitzenmanager einschließlich der üblich gewordenen Sonderleistungen, Erfolgsprämien und Aktienoptionen bis zu 15 oder 20 Millionen Euro pro Jahr, d.h. weit mehr als 100-mal so viel wie manche ihrer Mitarbeiter/innen. Die sich extrem vertiefende Kluft zwischen Vorstandsgehältern und den Löhnen „normaler" Arbeitnehmer/innen trägt zur Verschärfung der Einkommensungleichheit bei, ohne allerdings ihre Hauptursache zu sein. „Exorbitant hohe Managereinkünfte, deren Vorsprung vor den durchschnittlichen Einkommen in den letzten Jahrzehnten schwindelnde Höhen erreicht hat, sind nur ein kleiner, aber sehr sichtbarer und besonders irritierender Teil einer komplexen Zunahme von Ungleichheit, die besonders in demokratischen politischen Kulturen als ungerecht wahrgenommen wird und langfristig die Legitimität des Systems in Frage stellen kann." (Kocka 2017, S. 123)

Selbst die CDU/CSU/FDP-Koalition unter Angela Merkel kam nicht umhin, die steigende Ungleichverteilung des Vermögens im Vierten Armuts- und Reichtumsbericht der Bundesregierung zu dokumentieren: Verfügten die reichsten zehn Prozent der Bevölkerung danach im Jahr 1998 über 45 Prozent des privaten Nettovermögens, waren es im Jahr 2003 bereits 49 Prozent und im Jahr 2008 sogar fast 53 Prozent. Dagegen musste sich die ärmere Hälfte der Bevölkerung in den Jahren 1998 und 2003 mit drei Prozent und im Jahr 2008 mit bloß noch einem Prozent begnügen (vgl. Bundesministerium für Arbeit und Soziales 2013, S. 465). Wie im Fünften Armuts- und Reichtumsbericht der Bundesregierung erneut dokumentiert, zeigt sich die Verteilungsschieflage vornehmlich beim Vermögen. Während die reichsten zehn Prozent der Bevölkerung laut dem Regierungsbericht 51,9 Prozent des Nettogesamtvermögens besaßen, kam die ärmere Hälfte der Bevölkerung gerade mal auf ein Prozent (vgl. Bundesministerium für Arbeit und Soziales 2017, S. 130 und 507 f.).

Auch vor den Vermögenden selbst macht die ausgeprägte sozioökonomische Polarisierungsdynamik nicht halt. Vielmehr spaltet sich diese Gruppe in Reiche (Multimillionäre), erheblich Reichere (Milliardäre) und Hyperreiche (Multimilliardäre). Vor allem das Produktivvermögen konzentriert sich zunehmend bei den Letzteren, die meistens auch große Erbschaften machen. Stellt man die statistische Unsicherheit bei der Erfassung von Hochvermögenden und ihres Vermögensreichtums in Rechnung, dürfte die reale Ungleichheit noch größer sein, als es die verfügbaren Daten erkennen lassen. Christian Westermeier und Markus M. Grabka (2015, S. 131) schätzten, dass sich fast drei Viertel (74 Prozent) des Nettogesamtvermögens bei den reichsten zehn Prozent der Vermögensverteilung, ein Drittel (31 bis 34 Prozent) des Nettogesamtvermögens beim reichsten Prozent der Bevölkerung und zwischen 14 und 16 Prozent des Nettogesamtvermögens beim reichsten Promille der Bevölkerung konzentrierten.

Zuletzt haben Carsten Schröder, Charlotte Bartels, Konstantin Göbler, Markus M. Grabka und Johannes König (2020) frühere DIW-Untersuchungsergebnisse im Rahmen eines Forschungsprojekts für den Sechsten Armuts- und Reichtumsbericht der Bundesregierung aktualisiert. Dabei griffen sie auf eine Spezialstichprobe von Daten des Sozio-oekonomischen Panels (SOEP) zurück, nahmen eine Sonderbefragung von Vermögensmillionären vor und bezogen die Reichenliste eines Wirtschaftsmagazins ein, um auch Hyperreiche im Rahmen dieser Sonderauswertung zu berücksichtigen. Demnach entfallen heute 67,3 Prozent des Nettogesamtvermögens auf das oberste Zehntel der Verteilung, 35,3 Prozent des Nettogesamtvermögens konzentrieren sich beim reichsten Prozent der Bevölkerung und das reichste Promille kommt immer noch auf 20,4 Prozent des Nettogesamtvermögens (vgl. ebd., S. 517). Aufgrund der neuen Untersuchungsmethode stieg der auf Basis regulärer SOEP-Daten berechnete Gini-Koeffizient von 0,78 auf 0,83. Dabei handelt es sich um ein Ungleichheitsmaß, das bei völliger Gleichverteilung (alle Personen besitzen das gleiche) 0 und bei extremer Ungleichverteilung (eine Person besitzt alles) 1 beträgt. 0,83 entspricht fast dem US-amerikanischen Vergleichswert, der üblicherweise mit 0,85 bis 0,87 angegeben wird, was die ganze Dramatik der Verteilungsschieflage hierzulande zeigt.

Weil die Bundesregierung das Problem der sozioökonomischen Ungleichheit – falls irgend möglich – zu relativieren sucht, finden sich diese Zahlen zur Verteilungsschieflage im Sechsten Armuts- und Reichtumsbericht nicht. Vielmehr wird in dem Regierungsdokument so getan, als hätte sich die Ungleichheit während der vergangenen Jahre verringert: „Betrachtet man die Haushalte nach der Höhe des Vermögens, entfielen auf die Haushalte in der unteren Hälfte der Verteilung rund 1 Prozent des gesamten Nettovermögens, während die vermögensstärksten 10 Prozent der Haushalte über die Hälfte des gesamten Nettovermögens auf sich vereinten. Vor gut zehn Jahren konnte die stärkste Ungleichverteilung der privaten Vermögen beobachtet werden, nachdem sie im Vergleich zu 1998 deutlich angestiegen war. Bis 2017 bzw. 2018 war sie wieder leicht rückläufig.“ (Bundesministerium für Arbeit und Soziales 2021, S. 53)

Wieder berücksichtigte man die unterschiedliche Zusammensetzung der erfassten Vermögen nur am Rande. Während es sich bei Wohlhabenden, Reichen und Hyperreichen traditionell vorwiegend um Kapitalvermögen, Unternehmen(santeile) und hochwertigen Immobilienbesitz handelt, verfügte die ärmere Hälfte der Bevölkerung in der Vergangenheit hauptsächlich über Sparguthaben, die oft kaum Zinsen abwarfen. Aufgrund der Niedrig-, Null- bzw. Negativzinspolitik, eines verbesserten Informationsstandes und eines veränderten Anlageverhaltens scheint sich dies zuletzt wenigstens ansatzweise geändert zu haben. Horst Kahrs, Referent des Instituts für Gesellschaftsanalyse der Rosa-Luxemburg-Stiftung, hat entsprechende Daten zu den Vermögensverhältnissen von Arbeitern sowie einfachen und mittleren Angestellten zusammengetragen. Zwar üben die genannten Gruppen weiterhin große Zurückhaltung beim Kauf von Rentenwerten und beim Aktienerwerb, gegenüber Fondsbeteiligungen gibt es aber kaum noch Hemmschwellen. „Substantielle Teile der Facharbeiter und -angestellten (mittlere Bildung, betriebliche Berufsbildung) verfügen mit Blick auf die eigene Alterssicherung und die Zukunft der Kinder über Wohneigentum und kapitalmarktgedeckte Altersvorsorgeprodukte. Die Entwicklung auf dem Immobilienmarkt wie auf den Kapitalmärkten, insbesondere das Zinsniveau, hat für sie durchaus größere Bedeutung und dürfte beobachtet, wahrgenommen und in einem Bild von der eigenen Position in der Gesellschaft verarbeitet werden.“ (Kahrs 2018, S. 9)

Da hierzulande über die Hälfte der Einwohner/innen zur Miete wohnen, weist das Immobilienvermögen, welches den Löwenanteil des erfassten Reichtums ausmacht, eine hohe Konzentration auf. Während das Geldvermögen gleichmäßiger verteilt ist, gilt dies keineswegs für das Betriebsvermögen. Eine nicht zu unterschätzende Bedeutung haben in diesem Zusammenhang hyperreiche Unternehmerfamilien, die zum Teil riesige Konzerne besitzen oder Mehrheitsaktionäre sind.

Über die Verteilung des Produktivvermögens ist hierzulande so gut wie nichts bekannt, obwohl diese Vermögensart die Sozialstruktur der Gesellschaft entscheidend prägt. Die kapitalistischen Eigentumsverhältnisse würden sich nur erschließen, wenn mehr über die entsprechenden Vermögensbestände bekannt wäre. Um eine hinreichend gute Datenbasis zu erhalten, müssten das Bank- und das Steuergeheimnis aufgehoben werden sowie alle Informationen zu Privatstiftungen im In- und Ausland sowie zu in „Steueroasen" wie den Bahamas, den Bermudas oder den britischen Kanalinseln transferierten Vermögen vorhanden sein (vgl. Schürz 2019, S. 22).

Die mangelnde Transparenz in Bezug auf die Verteilungsrelationen erleichtert es Wirtschaftslobbyisten und Neoliberalen, sozioökonomische Polarisierungstendenzen zu leugnen oder deren Ausmaß herunterzuspielen. Hat selbst die Ungleichheit beim Vermögen in den vergangenen zwei Dekaden gar nicht mehr zugenommen, wie das Institut der Deutschen Wirtschaft behauptet? Maximilian Stockhausen und Judith Niehuis (2019, S. 1) analysierten die Entwicklung der Nettovermögensverteilung auf Basis unterschiedlicher Mikrodatensätze, wobei sie zu dem Resultat gelangten, „dass das Niveau der Vermögensungleichheit seit Beginn der 2000er Jahre nahezu konstant ist und in den letzten Jahren eher sinkt als steigt." Die beiden IW-Mitarbeiter beriefen sich nicht zuletzt auf Daten des Sozio-oekonomischen Panels, die am Deutschen Institut für Wirtschaftsforschung erhoben werden.

Markus M. Grabka und Christoph Halbmeier (2019, S. 737), Verteilungsforscher am DIW, konstatierten demgegenüber, „dass eine bevölkerungsrepräsentative Stichprobe wie das SOEP den Bereich sehr hoher Vermögen tendenziell untererfasst und somit das Ausmaß der tatsächlich in Deutschland vorhandenen Vermögensungleichheit unterschätzt. Vermutlich ist es in den vergangenen zehn Jahren zu einem Anstieg der Vermögensungleichheit gekommen, da die Zahl der Vermögensmillionäre seit 2008 um 69 Prozent oder gut 550.000 Personen zugenommen hat." Grabka und Halbmeier (2019, S. 742) bestätigten den Trend zur Polarisierung der Verteilung, denn bei einer gemeinsamen Betrachtung von Einkommen und Vermögen stellten sie fest, dass sich die Vermögenssituation in den beiden einkommensschwächsten Dezilen verschlechtert hatte, während es im einkommensstärksten Dezil gleichzeitig signifikante Vermögenszuwächse gab.

Aufgrund des Immobilienbooms im Gefolge der globalen Finanzmarkt- und Bankenkrise 2007/08 hat sich die sozioökonomische Ungleichheit verschärft. Da sich das Immobilieneigentum bei den Hochvermögenden konzentriert, haben die steigenden Preise für Häuser und Wohnungen zur Vertiefung der Kluft zwischen Arm und Reich beigetragen. Wie die Ökonomen Till Baldenius, Sebastian Kohl und Moritz Schularick (2019, S. 19) belegten, hat das reichste Zehntel der Deutschen am stärksten vom jüngsten Immobilienboom profitiert und ist zwischen 2011 und 2018 allein durch die Preisexplosion auf diesem Markt inflationsbereinigt um knapp 1,5 Billionen Euro reicher geworden. Während die Mittelschicht, bei der Immobilienbesitz traditionell einen größeren Teil des Gesamtvermögens ausmacht, aufgrund der massiven Wertsteigerungen ebenfalls nicht unwesentliche Vermögenszuwächse verzeichnete, ging die untere Hälfte der deutschen Vermögensverteilung mangels Wohnungseigentums praktisch leer aus.

Während einige Unternehmerfamilien den Industriesektor und hyperreiche Finanzfürsten den Bankensektor und das Kreditwesen, damit jedoch auch andere Teile der Volkswirtschaft beherrschten, besaßen 40 Prozent der Bevölkerung laut DIW-Präsident Marcel Fratzscher (2016, S. 43) kein nennenswertes Vermögen, auf das sie im Alter oder im Krankheitsfall zurückgreifen konnten. Demnach lebten rund 33 Millionen Menschen gewissermaßen von der Hand in den Mund, waren sie doch nur eine Kündigung, einen Unfall oder eine schwere Krankheit von der Armut entfernt.

Es kommt nicht bloß auf die Quantität, sondern auch auf die Qualität des Vermögens an. Letztlich entscheidet nämlich seine Struktur darüber, welche Handlungs- und Entscheidungsspielräume es dem Eigentümer bietet. Denn selbst viel Bargeld, das dieser auf dem Dachboden versteckt, weil er den Banken misstraut, verleiht ihm keine unmittelbare Macht über andere Menschen, wohingegen der Besitz von Unternehmen oder Unternehmensanteilen (Aktien) dem Kapitaleigentümer ganz andere Möglichkeiten eröffnet. Ähnliches gilt für das Privateigentum an vermieteten Immobilien sowie an Grund und Boden. Nur wenn zwischen diesen Vermögensarten, vor allem jedoch zwischen Betriebs-, Grund-, Immobilien- und Geldvermögen unterschieden wird, kann man die reale Vermögensverteilung innerhalb einer Gesellschaft fundiert beurteilen.

Wegen der Covid-19-Pandemie, der sozialen Kollateralschäden des wiederholten Lockdowns sowie der davon verursachten oder zumindest verschärften Rezession hat die Verteilungsfrage in jüngster Zeit noch an Bedeutung gewonnen. Die österreichischen Ökonomen Franziska Disslbacher und Patrick Mokre (2020) wiesen deshalb in einem Beitrag über den Household Finance and Consumption Survey (HFCS) der Europäischen Zentralbank zu Recht darauf hin, dass man vor allem die Vermögensverteilung in nächster Zeit aufmerksam beobachten muss, weil ihrer Meinung nach die Gefahr bestand, dass sich die sozioökonomische Ungleichheit im Gefolge der Coronakrise weiter zuspitzte, wodurch sich der Graben zwischen Arm und Reich noch verbreitern würde.

1.2 Ungleichheit in der und durch die Pandemie

Zu fragen ist nach den Auswirkungen der Pandemie, der Rezession und der Regierungspolitik auf die Sozialstruktur und den Wohlfahrtsstaat unseres Landes wie auch nach ihren Folgen für die bundesrepublikanische Demokratie. Einerseits wurde vermutlich klarer als je zuvor nach dem Zweiten Weltkrieg erkennbar, dass trotz eines verhältnismäßig hohen Lebens- und Sozialstandards des Landes im Weltmaßstab sowie entgegen allen Beteuerungen der politisch Verantwortlichen, die Bundesrepublik sei eine „klassenlose" Gesellschaft mit einem gesicherten Wohlstand all ihrer Mitglieder, eine Mehrheit der Bevölkerung nicht einmal wenige Wochen lang ohne ihre ungeschmälerten Regeleinkünfte auskommt. Andererseits spitzten sich die weltanschaulichen Gegensätze und die (partei)politischen Konflikte in der eher als harmoniesüchtig geltenden Bundesrepublik so stark wie selten zu, weil selbst nach einer zweijährigen Diskussion kein Minimalkonsens über den Umgang mit SARS-CoV-2 herstellbar war.

Während der Covid-19-Pandemie hat sich die soziale Ungleichheit zwischen einzelnen Ländern und Ländergruppen zum Teil drastisch verschärft. Dies gilt wegen der unterschiedlichen Mittel und Möglichkeiten von Staaten, das Virus zu bekämpfen sowie ihre Bevölkerung vor einer Infektion und einer finanziellen Benachteiligung zu schützen, auch hinsichtlich der Gesundheit ihrer Bewohner/innen. Nur das Jenner Institute der University of Oxford wollte seinen Impfstoff ursprünglich allen Ländern auf der Basis einer offenen Lizenz zur Verfügung stellen, gab jedoch dem Druck der Bill-und-Melinda-Gates-Stiftung nach, die das Patent auf geistiges Eigentum verteidigt, und begnügte sich schließlich mit der vorläufigen Abgabe seines Vakzins zum Selbstkostenpreis (vgl. Tooze 2021, S. 275).

Indien und Südafrika beantragten daher am 2. Oktober 2020 im zuständigen Rat der Welthandelsorganisation (WTO), den im Abkommen über handelsbezogene Aspekte der Rechte des geistigen Eigentums (TRIPS) garantierten Patentschutz bei den Impfstoffen zwecks Verhütung, Eindämmung und Behandlung von Covid-19 für den Zeitraum der Pandemie auszusetzen. Obwohl über 100 weitere WTO-Mitgliedstaaten den sog. TRIPS-Waiver unterstützten, blockierten Länder wie die USA (bis zur Kurskorrektur durch Präsident Joe Biden), die Schweiz, Großbritannien und Deutschland, in denen lobbystarke Pharmakonzerne beheimatet sind, durch ihr Veto eine internationale Freigabe der Vakzinproduktion, was Oxfam (2022, S. 9) scharf kritisierte: „Es ist ein Skandal, dass insbesondere die Bundesregierung die exorbitanten Gewinne der Pharmakonzerne über das Wohl der Menschheit stellt und eine Aussetzung des Patentschutzes ablehnt."

Nur wenig erfolgreicher war die von der WHO im April 2020 gestartete Covax-Initiative, mit deren Hilfe ärmere Länder in Afrika, Asien, Ozeanien, Südamerika und Osteuropa durch Gratislieferungen an von wohlhabenderen Ländern gespendete, den jeweiligen Herstellern abgekaufte Impfstoffdosen gelangen sollten (vgl. dazu: Tooze 2021, S. 271 ff.). Mark Malloch Brown, ehemaliger stellvertretender UN-Generalsekretär, kritisierte in einem Gastbeitrag für die *taz* (v. 11.1.2022) unter dem Titel „Impfstoff-Nationalismus", dass reiche Länder vermehrt Vakzine für Auffrischungsimpfungen horteten und den globalen Süden teilweise mit unbrauchbaren oder kurz vor dem Ablaufdatum stehenden Impfdosen abspeisten, was die Entstehung immer neuer Virusvarianten begünstige: „Durch das Aufstocken von Vorräten und ihre Weigerung, Urheberrechte gemeinsam zu nutzen, versperren die ‚impfstoffreichen' Länder der Welt den Weg aus dieser Krise."

Ebenfalls zugenommen hat die Ungleichheit zwischen wohlhabenden und armen Personengruppen in den meisten Ländern, wie eine Studie von Oxfam (2021) belegte. Trotz ihres markanten Titels „Das Ungleichheitsvirus" ist dafür allerdings nicht SARS-CoV-2 verantwortlich. Vielmehr sind vor dem neuartigen Coronavirus, was seine Infektiosität betrifft, alle Menschen gleich. Nur weil sich deren Gesundheitszustand, Arbeits- und Lebensbedingungen sowie Einkommens-, Vermögens- und Wohnverhältnisse zum Teil erheblich voneinander unterscheiden, sind auch die Infektionsrisiken sehr ungleich auf die einzelnen Berufsgruppen, Klassen und Schichten der Bevölkerung verteilt. Treffend konstatiert die Hamburger Sozialwissenschaftlerin Cornelia Springer (2020, S. 168), dass SARS-CoV-2 nicht zwischen Menschen unterschiedlicher Hautfarbe oder sozialer Herkunft differenziert, aber die systemimmanenten Ungleichwertigkeiten und die Ungleichverteilung von Privilegien durch bestimmte Hygiene- und Schutzmaßnahmen zusätzlich verstärkt werden.

Ungerecht ist also gar nicht das Virus, sondern die Klassengesellschaft, auf deren Mitglieder es trifft (vgl. hierzu: Butterwegge 2021b). Die kapitalistischen Produktionsverhältnisse, Eigentumsstrukturen und Verteilungsmechanismen bewirken, dass SARS-CoV-2 und Covid-19 den ohnehin bestehenden Trend zur sozioökonomischen Polarisierung unterstützen. Die schwere wirtschaftliche Verwerfungen erzeugende Pandemie ließ das Kardinalproblem der Bundesrepublik, die wachsende Ungleichheit, nicht bloß klarer ins öffentliche Bewusstsein treten, sondern wirkte auch als Katalysator des Polarisierungsprozesses, der dazu beitrug, sie weiter zu verschärfen. Wenn man so will, glich die Coronakrise einem Paternoster, der materiell Privilegierte nach oben und Unterprivilegierte zur selben Zeit nach unten beförderte. In entgegengesetzte Richtungen bewegten sich auch die verschiedenen Klassen und Schichten, was dem gesellschaftlichen Zusammenhalt schadete und eine Gefahr für die Demokratie darstellte.

Wenn eine Gesellschaft immer mehr auseinanderdriftet, manifestiert sich die wachsende Ungleichheit bzw. die vertiefte Spaltung zwischen Arm und Reich auch im Stadtbild. Die von Werner Schönig (2022, S. 112) konstatierte Schließung der soziokulturellen Milieus infolge der Covid-19-Pandemie war daher auch mit einer stärkeren residenziellen Segregation verbunden: „Ausgehend von der empirischen Beobachtung, dass bereits in den letzten Jahren die zunehmende Ungleichverteilung von Einkommen und Vermögen zu einer verstärkten sozialen Segregation geführt hat, wird diese zunehmende Segregation durch die Corona-Krise tendenziell verstärkt, was dann zu einer weiteren Abschottung der Milieus führen wird."

Seit das als SARS-CoV-2 bezeichnete Virus im Januar/Februar 2020 die Bundesrepublik Deutschland erreichte, haben sich Wirtschaft, Gesellschaft und Staat hierzulande tiefgreifender verändert, als das manche Beobachter/innen meinen. Einerseits deckte die Covid-19-Pandemie teilweise seit Langem bestehende Missstände, soziale Ungleichheiten und politische Versäumnisse auf, was auch eine Chance zur Abhilfe beinhaltete. Andererseits verschärften die Pandemie selbst, die letztlich von den staatlichen Infektionsschutzmaßnahmen (zweimaliger bundesweiter Lockdown, Kontaktverbote sowie Einreise- und Ausgangsbeschränkungen) mit ausgelöste Rezession und die stark auf Wirtschaftsunternehmen bzw. ihre sozialversicherungspflichtig Beschäftigten zugeschnittenen Hilfspakete, „Rettungsschirme" und Finanzhilfen die sozioökonomische Ungleichheit weiter.

Betrachtet man die Auswirkungen und Folgen der Covid-19-Pandemie, sticht eine Tendenz zur Potenzierung der schon bestehenden Probleme und zur weiteren Polarisierung der gesellschaftlichen Verhältnisse ins Auge, die sich auf drei Ebenen bemerkbar macht: der ökonomischen, der sozialen und der politischen. Mithilfe des Paradigmas der Polarisierung werden die genannten Lebensbereiche im Folgenden analysiert, wobei sich zahlreiche Gemeinsamkeiten, aber auch wichtige Unterschiede zwischen ihnen feststellen lassen.

Verschärfung der gesundheitlichen Ungleichheit: Finanz- sind auch immunschwache Gruppen

Mit den von Bakterien ausgelösten Epidemien, die Deutschland im 19. Jahrhundert heimgesucht haben – Cholera, Tuberkulose und Typhus –, teilt die Covid-19-Erkrankung das Wesensmerkmal, die Immun- und Einkommensschwächsten am stärksten zu treffen. Obdach- und Wohnungslose, die kein Zuhause hatten, konnten trotz der Infektionsgefahr nicht – wie von Medizinern, Virologen und Politikern gleichermaßen gefordert – „zuhause bleiben", aber während des wiederholten Lockdowns auch weder Straßenzeitungen verkaufen noch Pfandflaschen sammeln oder ihren Lebensunterhalt mit Betteln verdienen, weil die nötigen Passant(inn)en ausblieben oder aus Furcht vor Ansteckung auf Distanz zu ihnen gingen. Sie gehörten zweifellos zu den Hauptleidtragenden der Covid-19-Pandemie, standen jedoch weder im Mittelpunkt der öffentlichen Aufmerksamkeit noch der staatlichen Fürsorge. „Durch die Schließung vieler öffentlich zugänglicher Orte, seien es die Bibliotheken, das Schwimmbad, die Mensa oder die Cafeteria, aber auch Tagesstätten und Versorgungsangebote der Wohnungslosenhilfe, wurden Aufenthaltsmöglichkeiten und Zugänge zu Toiletten ebenso eingeschränkt wie Duschgelegenheiten und die Möglichkeiten, Wäsche zu waschen." (Busch-Geertsema/Henke 2020, S. 29) Nur vereinzelt öffneten deutsche Kommunen ihre Schwimmbäder zu diesem Zweck.

Aufnahmeeinrichtungen für Geflüchtete boten den Viren günstige Verbreitungsmöglichkeiten, weil häufig mehrere Personen auf einem Zimmer untergebracht waren, die über keinerlei Rückzugsgelegenheiten verfügten. „Während ‚social distancing' für die meisten Menschen mit Beginn der Ausbreitung des Coronavirus in Deutschland das Gebot der Stunde war, konnten Asylsuchende und Geduldete die Abstandsregeln in Sammelunterkünften meist nicht befolgen." (Judith 2021, S. 151) Ein besonderes Problem in Sammellagern für Asylsuchende bildeten Kollektivquarantänen, von denen alle Bewohner/innen, d.h. auch solche betroffen waren, die sich weder selbst angesteckt noch unmittelbaren Kontakt zu einer infizierten Person hatten. Das hohe

Ansteckungsrisiko zog teilweise immer neue Quarantänemaßnahmen bis zu einer Kettenquarantäne wie im bayerischen AnkER-Zentrum Geldersheim nach sich, die über acht Wochen dauerte (vgl. ebd., S. 153). Somit erwiesen sich die Pandemie und die mit ihr verbundenen Schutzmaßnahmen als „Exklusionskatalysator für Geflüchtete“, weil sie deren Partizipationsmöglichkeiten drastisch einschränkten (siehe Brizay 2021, S. 96).

Transferleistungsbezieher/innen, deren Lebenshaltungskosten stiegen, als die meisten Lebensmitteltafeln geschlossen waren, Hamsterkäufer/innen die Regale mit preiswerten Grundnahrungsmitteln wie Nudeln oder Mehl leerkauften und die Preise vieler Nahrungsmittel (z.B. der Frischeprodukte) stiegen, wurden ebenfalls hart getroffen. Für den Kauf der empfohlenen Atemschutzmasken und Desinfektionsmittel fehlte ihnen häufig das Geld. Obwohl mehrere Wohlfahrtsverbände im Mai 2020 für die Regelsätze der Grundsicherung für Arbeitsuchende (SGB II, landläufig „Hartz IV“ genannt), der Hilfe zum Lebensunterhalt außerhalb von Einrichtungen, der Grundsicherung im Alter und bei Erwerbsminderung (SGB XII) sowie der Asylbewerberleistungen einen pauschalen „Corona-Aufschlag“ von 100 Euro monatlich gefordert hatten, bewilligte die Bundesregierung den Betroffenen nur eine Einmalzahlung von 150 Euro, die auch erst genau ein Jahr später ausgezahlt wurde.

Überhaupt keine finanzielle Unterstützung wurde den Strafgefangenen zuteil, die während der Pandemie über ausbleibenden Besuch, wegfallende Freizeitaktivitäten in der Justizvollzugsanstalt und einen noch weniger abwechslungsreichen Alltag klagten. Obwohl ihre Arbeitsmöglichkeiten von mancherlei Einschränkungen und Schließungen betroffen waren, wurden die daraus ohne persönliche Schuld resultierenden finanziellen Einbußen nur in einzelnen Bundesländern wie Nordrhein-Westfalen durch „Billigkeitsentschädigungen“ wenigstens teilweise ausgeglichen.

Fast 40 Prozent der Tafeln verzeichneten während der Pandemie einen größeren, um bis zu 20 Prozent gestiegenen Zustrom von Abnehmer(inne)n ihrer Lebensmittel. Die pandemische Krisensituation hielt Jochen Brühl, Vorsitzender des Bundesverbandes der Tafeln, denn auch für die größte Herausforderung in der fast 30-jährigen Geschichte seiner Bewegung, zumal die Lebensmittelspenden mancherorts rückläufig waren. Fast jede vierte Tafel hatte auf dem Höhepunkt der Pandemie weniger „Kund(in-n)en" als vorher, weil der Kontakt zu vielen Bedürftigen wegen der Ausnahmesituation völlig abgebrochen war: „Diese Menschen kommen nicht plötzlich ohne Unterstützung klar. Ihre Armut wird unsichtbar." (Brühl 2021)

Bereits im Laufe des ersten Lockdowns bekam ein großer Teil der Bevölkerung bis weit in die Mittelschicht hinein erhebliche finanzielle Probleme. Obwohl sich die Überschuldung vieler Menschen während der Pandemie eher verschärft haben dürfte, geriet die Schuldnerberatung gleich von zwei Seiten unter Druck. Während der Beratungsbedarf und der Beratungsaufwand genauso stark zunahmen wie die Zahl der von Überschuldung betroffenen oder bedrohten Menschen, sank die zur Verfügung stehende Beratungskapazität der entsprechenden Einrichtungen aufgrund einer pandemiebedingt ausgedünnten Personaldecke (vgl. Klinger u.a. 2021, S. 161 f.).

Die katastrophalen Arbeitsbedingungen in der Fleischindustrie und die skandalösen Wohnverhältnisse vieler dort Arbeitender waren bereits seit Jahren, wenn nicht Jahrzehnten bekannt (vgl. Peter 2006). Größere öffentliche Aufmerksamkeit erregten sie aber erst im Mai/Juni 2020, als riesige Schlacht- und Zerlegebetriebe der Firmen Westfleisch in Coesfeld bzw. Tönnies in Rheda-Wiedenbrück zu „Corona-Hotspots" wurden. Unter den mehr als 2.000 Mitarbeiter(inne)n und Angehörigen, die positiv auf SARS-CoV-2 getestet wurden, waren viele polnische, rumänische und bulgarische Werkvertragsarbeiter/innen, die unter skandalösen Arbeits- und problematischen Wohnbedingungen litten.

Alle am Hauptsitz des Fleischkonzerns Tönnies in Rheda-Wiedenbrück, der größten Fleischfabrik Europas, in der man täglich zehntausende Schweine schlachtete, zerlegte und weiterverarbeitete, beschäftigten Menschen mussten sich mitsamt ihren Familien in Quarantäne begeben. Weil ein Überspringen des Virus auf die Gesamtbevölkerung befürchtet wurde, mussten sich auch Betriebsfremde in Quarantäne begeben und die beiden Landkreise Gütersloh und Warendorf einen „Tönnies-Lockdown" durchmachen. Woanders benachteiligte, beschimpfte oder bespuckte man Autofahrer/innen, deren Kennzeichen diese Herkunftsregion verriet. Bald drang an die Öffentlichkeit, dass Haupteigentümer Clemens Tönnies eine beträchtliche Summe an die nordrhein-westfälische CDU gespendet und der frühere SPD-Vorsitzende, Wirtschaftsminister und Vizekanzler Sigmar Gabriel gutdotiert als Berater für die Familienholding gearbeitet hatte.

Peter Birke, wissenschaftlicher Mitarbeiter am Soziologischen Forschungsinstitut Göttingen (SOFI), verglich die öffentliche Wahrnehmung des Skandals mit einer starken Taschenlampe, die sich durch einen abgedunkelten Raum bewegt: „Plötzlich erscheint etwas in einem grellen Licht, während der Rest um so mehr in Dunkelheit getaucht wird." (Birke 2020, S. 99) Dies galt für den Zusammenhang zwischen dem Aufenthaltsrecht, dem Sozialrecht und dem Arbeitszwang von osteuropäischen Migrant(inn)en, aber auch für das Werkvertragssystem – zusammen mit dem Subunternehmertum ein Kardinalproblem, welches nicht bloß in Schlachthöfen existierte, sondern das es noch heute in der Landwirtschaft, bei Paketdiensten, im Versandhandel, auf Baustellen und in der Automobilindustrie gibt, die von der besagten Taschenlampe nicht erfasst, sondern ins Dämmerlicht getaucht wurden.

Das dort fortbestehende Werkvertragssystem ist Ausdruck organisierter Verantwortungslosigkeit, weil sich der Unternehmer nicht um die als Scheinselbstständige, von einem Subunternehmer beauftragten „Schattenmenschen" kümmern muss, die für ihn arbeiten, ohne ihrerseits die geringsten Rechtsansprüche und Mitbestimmungsmöglichkeiten zu haben – und das im Rechtsstaat Bundesrepublik Deutschland! Bei den skandalösen Vorkommnissen in der umsatzstarken, aber von wenigen Konzernen (Tönnies, Westfleisch, Vion und PHW mit der Marke Wiesenhof) dominierten Fleischindustrie handelte es sich keineswegs um „Auswüchse" eines ansonsten akzeptablen Systems. Dieses war vielmehr darauf angelegt, am „Wirtschaftsstandort D" die Kapitalverwertungsbedingungen zu verbessern, indem Lohndumping durch den Einsatz von Arbeitsmigrant(inn)en ermöglicht wurde. Die politischen Entscheidungsträger der Bundesrepublik hatten dafür seit den 1980er- und 1990er-Jahre durch den Abschluss bilateraler „Vereinbarungen über die Entsendung von Arbeitnehmern auf der Grundlage von Werkverträgen" mit zwölf osteuropäischen Staaten und der Türkei die Voraussetzungen geschaffen (vgl. Rügemer 2020, S. 78).

Bundesarbeitsminister Hubertus Heil (SPD) kündigte als Konsequenz der zahlreichen Verstöße gegen das Arbeitszeit- und Arbeitsschutzrecht, Kettenarbeitsverträge durch Subunternehmer mit unklaren Verantwortlichkeiten, Schwarzarbeit, überhöhte Lohnabzüge für die Arbeitsausrüstung und Wuchermieten für mangelhafte Gemeinschaftsunterkünfte eine Gesetzesinitiative zur Behebung der unhaltbaren Zustände an. Nach langwierigen Verhandlungen innerhalb der Großen Koalition, bei denen die Union seinen Entwurf aufweichte, wurde das *Arbeitsschutzkontrollgesetz* von Bundestag und -rat verabschiedet. Seit dem 1. Januar 2021 darf bei der Schlachtung, Zerlegung und Verarbeitung von Fleisch über Werk- und seit dem 1. April 2021 auch über Leiharbeitsverträge kein Fremdpersonal mehr eingesetzt werden. Ausnahmen gelten jedoch für Betriebe mit weniger als 50 Beschäftigten.

Zwar verpflichtet das Gesetz zur elektronischen Arbeitszeiterfassung, fordert die Einhaltung von Mindeststandards für Wohnunterkünfte und ermöglicht die Verhängung von Bußgeldern in Höhe von bis zu 30.000 Euro bei Verstößen, die Zahl der Kontrollen hält sich aber weiterhin sehr in Grenzen. Geldstrafen dieser Größenordnung zahlen Fleischbarone aus der Portokasse. Zuständig für die Kontrollen ist eine neue Bundesfachstelle in der Bundesanstalt für Arbeitsschutz und Arbeitsmedizin. Arbeitsschutzbehörden der Länder und der Unfallversicherungsträger sind zu einem wechselseitigen elektronischen Austausch bestimmter Erkenntnisse verpflichtet, die bei Betriebsbesichtigungen gewonnen werden.

Bis zum 1. April 2024 konnte zur Abdeckung saisonaler Auftragsspitzen im Bereich der Fleischverarbeitung per Tarifvertrag für durch diesen gebundene Entleiher die Arbeitnehmerüberlassung bis zu einer Quote von acht Prozent zugelassen werden. Erst nach Streiks und mehreren Verhandlungsrunden schloss die Gewerkschaft Nahrung – Genuss – Gaststätten (NGG) im Mai 2021 mit dem Verband der Ernährungswirtschaft (VdEW) einen Mindestlohn-Tarifvertrag ab, der eine von 10,80 Euro über elf Euro ab 1. Januar 2022 auf 12,30 Euro ab 1. Dezember 2023 steigende Lohnuntergrenze für die Arbeitnehmer/innen in der Fleischindustrie festlegte.

Fleischfabriken wie der Marktführer Tönnies waren nunmehr gezwungen, Tausende vorher mit Werkverträgen für sie tätige Menschen als sozialversicherungspflichtig Beschäftigte zu übernehmen. Es soll vorgekommen sein, dass Arbeitsmigrant(inn)en zu Aufhebungsverträgen genötigt wurden oder man ihnen die Kündigung nahegelegt hat, wodurch sie gezwungen waren, sich neu auf ihren alten Arbeitsplatz zu bewerben – im Extremfall mit einem geringeren Lohn und einer verkürzten Kündigungsfrist. Lohndumping findet kein Ende, sondern oft nur in anderer Form – beispielsweise durch Arbeitsverdichtung und/oder Anhebung der Miete für die firmeneigene Gemeinschaftsunterkunft – statt. Auch haben keineswegs alle früheren Subunternehmer die Fleischbranche verlassen, werben vielmehr nach wie vor Arbeitsmigrant(inn)en an, vermitteln ihnen Wohnheimplätze und üben Druck auf sie aus. Ob die veränderte Gesetzeslage zu einer wesentlich anderen Situation für die Beschäftigten in den Fleischfabriken der Bundesrepublik führt, bleibt daher abzuwarten.

Folgt man dem Ersten Vorsitzenden der IG Metall, Jörg Hofmann (2020, S. 96), so griff das Verbot der Werkverträge als Reaktion des Staates auf die zahlreichen Infektionsfälle im Bereich der Fleischindustrie zu kurz: „Richtig und nachhaltiger wäre es gewesen, die faktisch kaum vorhandenen Mitbestimmungsrechte bei Werkverträgen zu stärken sowie mehr Branchen in das Entsendegesetz einzubeziehen und damit die Tarifbindung in den Werkvertragsunternehmen zu erhöhen. So würde man Ausbeutungsverhältnissen entgegenwirken und für gute Arbeit sorgen."

Für die Sozial- bzw. Gesundheitswissenschaftler Matthias Richter und Klaus Hurrelmann (2009, S. 13) sind Bildung, Beruf und Einkommen – von ihnen als „Kerndimensionen sozialer Ungleichheit" definiert –, dominante Einflussfaktoren im Hinblick auf die gesundheitliche Lage: „Personen mit einer niedrigen Bildung, beruflichen Stellung oder einem niedrigen Einkommen sterben in der Regel früher und leiden in ihrem ohnehin schon kürzeren Leben auch häufiger an gesundheitlichen Beeinträchtigungen." Vor ihrem betrieblichen und gewerkschaftlichen Erfahrungshintergrund gelangten die IG-Metall-Funktionäre Horst Schmitthenner und Hans-Jürgen Urban (1999, S. 61) zu demselben Ergebnis, als sie gleichfalls die – weiterhin oder wieder bestehende – Abhängigkeit des Gesundheitszustandes eines Menschen von seiner sozialen Position hervorhoben: „Der von vielen gerne ins 19. Jahrhundert verwiesene Slogan ‚Wenn du arm bist, mußt du früher sterben' beschreibt leider auch noch die gesellschaftliche Realität zu Beginn des 21. Jahrhunderts."

Diese auf der höheren Lebenserwartung von Reichen basierende Faustregel gilt weiterhin, seit Beginn der Covid-19-Pandemie allerdings in einer modifizierten Form: Wer arm ist, muss *eher* sterben, weil sein Infektionsrisiko und die Wahrscheinlichkeit, schwer an Covid-19 zu erkranken, mit sinkendem Einkommen steigt. Opfer sämtlicher Pandemien sind die Armen der von ihr heimgesuchten Gesellschaft, wie die Düsseldorfer Medizinhistoriker Heiner Fangerau und Alfons Labisch (2020) in ihrem Buch „Pest und Corona" belegen. Untersuchungen aus den USA zeigten, dass die afroamerikanische Minderheit besonders stark von einer Covid-19-Erkrankung betroffen war, und in Brasilien hat sich das Virus hauptsächlich in den Favelas eingenistet, wo diejenigen wohnen, die das Leben der Reichen durch ihre meist schlecht entlohnten Servicedienste erleichtern und verschönern.

Denn das Infektionsrisiko von Arbeitslosen, sozial Abgehängten und Armen war deutlich höher als das von Reichen. Vor einem Virus sind nur auf den ersten Blick alle Menschen gleich. Zwar traf die Covid-19-Pandemie alle Bewohner/innen der Bundesrepublik, aber keineswegs alle gleichermaßen. Je nach Arbeitsbedingungen, Wohnverhältnissen und Gesundheitszustand waren sie vielmehr ganz unterschiedlich betroffen. „Corona war eine Art Transformationsriemen, der soziale Ungleichheit in ungleiche Infektionsrisiken übersetzte und soziale Ungleichheit so noch verstärkte." (Thießen 2021, S. 117) Am stärksten traf SARS-CoV-2 ausgerechnet die Immun- und die Finanzschwächsten – zwei Gruppen, die sich personell nicht zufällig überlappen.

Sozial bedingte Vorerkrankungen wie Adipositas (Fettleibigkeit), Angina pectoris (Brustenge), Asthma bronchiale, COPD (Chronisch obstruktive Lungenerkrankung) oder Diabetes mellitus (Zuckerkrankheit), katastrophale Arbeitsbedingungen sowie beengte und hygienisch bedenkliche Wohnverhältnisse erhöhen das Risiko für eine Infektion mit dem Virus bzw. für einen schweren Covid-19-Verlauf. Hauptleidtragende, weil überwiegend einkommens- und immunschwach, waren Wohnungs- und Obdachlose, Migrant(inn)en ohne gesicherten Aufenthaltsstatus, Menschen mit Behinderungen, Pflegebedürftige, Suchtkranke, Sexarbeiter/innen, Erwerbslose, Geringverdiener/innen, Kleinstrentner/innen und Transferleistungsbezieher/innen (Empfänger/innen von Arbeitslosengeld II, Sozialgeld, Grundsicherung im Alter und bei Erwerbsminderung sowie Asylbewerberleistungen) sowie die Bewohner/innen von Gemeinschaftsunterkünften, etwa Strafgefangene, Geflüchtete, (süd)osteuropäische Werkvertragsarbeiter/innen der Subunternehmen deutscher Großschlachtereien bzw. Fleischfabriken und Saisonarbeiter/innen. Diesen boten deutsche Spargel- und Beerenanbauer erst im Frühjahr 2022, also zwei Jahre nach Beginn der Pandemie, eine Covid-19-Schutzimpfung an. Verwendet werden sollte der als minderwertig geltende Impfstoff von Johnson & Johnson (Janssen-Cilag), den man auch Obdachlosen mit der Begründung verabreicht hatte, dass sie nicht zum Termin einer Zweitimpfung kämen, weil zunächst eine Dosis ausreichen sollte.

Der Düsseldorfer Medizinsoziologe Nico Dragano hat zusammen mit einigen Kolleg(inn)en untersucht, ob die Covid-19-Pandemie und die Infektionsschutzmaßnahmen die gesundheitlichen Ungleichheiten verschärften. Ihre auf Daten von 1.288.745 Versicherten der AOK Rheinland/Hamburg basierende Studie ergab einen Zusammenhang zwischen sozioökonomischen Unterschieden (vornehmlich in Bezug auf das Einkommen, den Bildungsgrad sowie die berufliche Position) und der Häufigkeit von schweren Verläufen einer Coronainfektion. Arbeitslosengeld-(I-)Bezieher/innen hatten gegenüber erwerbstätigen Versicherten (Referenzgruppe) im Beobachtungszeitraum vom 1. Januar bis zum 18. Juni 2020 nach Kontrolle von Geschlecht und Alter eine 1,29-mal höhere Wahrscheinlichkeit, Niedriglohnbeschäftigte mit Sozialleistungsbezug eine 1,33-mal höhere Wahrscheinlichkeit und Arbeitslosengeld-II-Abhängige sogar eine 1,94-mal höhere Wahrscheinlichkeit für einen Covid-19-bedingten Krankenhausaufenthalt (vgl. Wahrendorf u.a. 2021). Als mögliche Gründe für diese gravierenden Unterschiede nannten die Autor(inn)en der Studie vornehmlich Ungleichheiten in der Exposition, in der Vulnerabilität, im Zugang zu medizinischer Versorgung sowie in der Erreichbarkeit medizinischer Einrichtungen, was seltenere Testmöglichkeiten für ärmere Bevölkerungsgruppen und eine möglicherweise verspätete Inanspruchnahme im Falle einer Erkrankung einschloss.

Beamte und Angestellte höherer Gehaltsstufen, die als Fach- und Führungskräfte häufig einer Bürotätigkeit am Schreibtisch nachgingen, konnten verhältnismäßig leicht ins Homeoffice wechseln und hatten gegenüber in der Produktion beschäftigten Arbeiter(inne)n den Vorteil eines geringen Infektionsrisikos. Hans-Jürgen Urban (2021, S. 109 f.), Mitglied des Geschäftsführenden Vorstandes der IG Metall, kritisierte die „soziale Selektivität", welche mit dem Homeoffice während der Pandemie einherging: „Längst nicht alle Beschäftigten konnten sich über die Verlagerung der Arbeit vor der Infektionsgefahr schützen." Ähnliches galt auch für Kopfarbeiter/innen, Hochqualifizierte und Besserverdienende, die nicht dichtgedrängt in Bussen und Bahnen zur Arbeit fahren mussten, sondern im Unterschied zu Geringverdiener(inne)n den eigenen Pkw benutzen konnten. Malte Thießen (2021, S. 116) meint, dass man sogar noch einen Schritt weiter gehen und das Homeoffice der einen Berufsgruppe in Verbindung mit einem erhöhten Infektionsrisiko der anderen bringen könne: „Denn das Arbeiten von zu Hause aus setzt ja eine entsprechende Logistik – von Brief- und Paketbot:innen bis zum Lieferservice – voraus, die wiederum vor allem Menschen in niedrigbezahlten Dienstleistungsberufen zu mehr Kontakten zwingt."

Andreas Hövermann (2020, S. 20) gelangte durch Auswertung einer Online-Panel-Studie der Hans-Böckler-Stiftung, bei der man 7.677 Erwerbstätige in Deutschland hinsichtlich ihrer aktuellen Lage befragt hatte, zu der Überzeugung, dass Personen aus benachteiligten Schichten nicht bloß gesundheitlich durch das Virus stärker gefährdet waren, sondern auch unter den wirtschaftlichen, sozialen und psychischen Auswirkungen der Pandemie in besonderem Maße litten: „Die empirischen Befunde weisen deutlich häufiger negative Auswirkungen der Corona-Pandemie für Befragte mit ohnehin schon niedrigem Einkommen und niedriger Schulbildung aus, während Befragte mit hohem Einkommen oder Universitätsabschlüssen nur selten von Sorgen und Einbußen berichten." Wenn die Befragten befristet, nicht sozialversicherungspflichtig, geringfügig, in Leiharbeit oder mit einem Werkvertrag beschäftigt waren, wiesen sie ein signifikant erhöhtes Risiko auf, negativ von der Covid-19-Pandemie betroffen zu sein.

Pandemie, Ökonomie und Rezession: Arme als Krisenverlierer/innen – Reiche als Krisengewinnler

Die ökonomischen Krisentendenzen begannen nicht erst, als das neuartige Coronavirus die Bundesrepublik erreichte, Firmen im Lockdown schließen mussten sowie Nachfrage und Umsätze einbrachen. Vielmehr traf die Pandemie auf eine schon leicht angeschlagene Unternehmenslandschaft, in der viele Betriebe während des langen Konjunkturaufschwungs nach der schweren Finanz- und Wirtschaftskrise 2008/09 hohe Gewinne gemacht, aber wenig Vorsorge mit Blick auf digitale und sozial-ökologische Transformationsprozesse sowie die Störanfälligkeit globaler Wertschöpfungs- und Lieferketten getroffen hatten (vgl. Detje/Sauer 2021, S. 21).

Zunächst galt die mit einer zeitlichen Verzögerung einsetzende Rezession als größte Wirtschaftskrise seit 1945. Laut dem Statistischen Bundesamt war das Bruttoinlandsprodukt (BIP), d.h. die Summe aller in Deutschland erzeugten Güter und Dienstleistungen, im Jahr 2020 inflationsbereinigt jedoch „nur" um fünf Prozent niedriger als im Jahr 2019. Dagegen war das deutsche BIP im Jahr 2009 aufgrund der Finanz- und Weltwirtschaftskrise sogar um 5,7 Prozent eingebrochen. Der Wiesbadener Ökonom Lorenz Jarass (2021) hält die wirtschaftlichen Folgen der Coronakrise aber für weit gravierender, als sie die offizielle Statistik ausweist, denn Beschäftigten im öffentlichen Dienst wurde trotz einer drastisch reduzierten Tätigkeit wegen der Schließung staatlicher Einrichtungen, etwa von Schulen, kommunalen Kindertagesstätten, Theatern, Opernhäusern, öffentlichen Museen und Bibliotheken, ihr volles Gehalt weiter gezahlt, das als Teil der staatlichen Konsumausgaben ins Bruttoinlandsprodukt einging. Besonders stark von Umsatzeinbrüchen betroffen waren der Tourismus, die Luftfahrt, das Gaststätten- und Hotelgewerbe sowie die Kultur-, Freizeit- und Veranstaltungsbranche, worunter im kreativen, unterhaltenden und künstlerischen Bereich tätige Menschen zu leiden hatten.

Die von der Covid-19-Pandemie verstärkte Wirtschaftskrise warf nicht bloß ein Schlaglicht auf die hierzulande bestehende Ungleichheit, verschärfte sie in Teilbereichen vielmehr noch. Einerseits blieben Kurzarbeit für knapp sechs Millionen Beschäftigte (auf dem Gipfelpunkt des ersten Lockdowns im April 2020), zahlreiche Geschäftsaufgaben und Pleiten meist kleinerer oder mittelständischer Firmen sowie enorme Arbeitsplatzverluste (z.B. in der Gastronomie, der Touristik und der Luftfahrtindustrie) nicht aus, andererseits realisierten Großkonzerne krisenresistenter Branchen (z.B. Lebensmittel-Discounter, Drogeriemärkte, Versandhandel, Lieferdienste, Digitalwirtschaft und Pharmaindustrie) in der Coronakrise sogar Extraprofite.

Jörg Hofmann (2020, S. 95) hob hervor, dass die Pandemie zu einer drastischen Schieflage in der Balance zwischen Arbeit und Kapital geführt habe: „Geschwächt infolge der Krise ist die gewerkschaftliche Durchsetzungsfähigkeit in der Tarifpolitik und in der Mitbestimmung in Unternehmen und Betrieb. Hinzu kommt die Auflösung eingeübter Strukturen solidarischer Interessensvertretung: Während sich Teile der Belegschaften im Home Office befinden, ist ein anderer Teil in Kurzarbeit."

Auch wenn in der Öffentlichkeit oft so getan wurde, als hätte sich die Coronakrise nur unwesentlich auf dem Arbeitsmarkt niedergeschlagen, muss konstatiert werden, dass es infolge zahlreicher Betriebsschließungen und Geschäftsaufgaben immerhin eine halbe Million mehr Arbeitslose gab und etwa dieselbe Zahl an Minijobs weggefallen sind. Vor allem spiegelte sich der Konjunkturrückgang in einer Verfestigung der Arbeitslosigkeit wider. Während der Pandemie stieg die Zahl der Langzeitarbeitslosen erstmals seit dem Jahr 2016 wieder auf über eine Million. Damit gingen neben massiven Einkommensverlusten psychosoziale Probleme der Betroffenen und ihrer Angehörigen einher.

Umstritten war schon zu Beginn der Pandemie, wie einschneidend die staatlichen Infektionsschutzmaßnahmen ausfallen durften. In den parlamentarischen Beratungen brachten hauptsächlich FDP- und AfD-Abgeordnete ökonomische Argumente gegen eine zu weit gehende Interventionstätigkeit vor: „Während die AfD den Vorrang von Gesundheit vor der Ökonomie als Beleg für die ‚Corona-Diktatur' anführte, befürchteten die Liberalen nur ein Ende der freien Marktwirtschaft." (Theißen 2021, S. 85) Man beschwor die Gefahr einer Planwirtschaft, in der private Unternehmer vom Staat gegängelt würden und nicht mehr selbst über ihren Betrieb entscheiden könnten. Dabei handelte es sich bei dem Gegensatzpaar von Gesundheitsschutz für die Bevölkerung einerseits und fortdauernder Wirtschaftstätigkeit der Firmen andererseits um eine Scheinalternative, weil die Möglichkeit zu Letzterer in einer Pandemie das staatliche Eingreifen zugunsten des Ersteren voraussetzt.

Durch monatelange Kontaktverbote, Ausgangsbeschränkungen und Einrichtungsschließungen wurde die ohnehin brüchige Lebensgrundlage der ärmsten Menschen (z.B. Bettler/innen, Pfandsammler/innen und Verkäufer/innen von Straßenzeitungen) zerstört, weil sie manchmal zum Totalausfall der Einnahmen führten, was stärkere Verelendungstendenzen in diesem Sozialmilieu nach sich zog. Wer kein Zuhause hatte, konnte nicht zuhause bleiben. Laut einer Pressemitteilung (v. 21.12.2021) der Bundesarbeitsgemeinschaft Wohnungslosenhilfe hat die Zahl der Betroffenen während der Pandemie zugenommen. Ohne die rückläufige Zahl der wohnungslosen Flüchtlinge ergab sich zum Stichtag 30. Juni geschätzt ein Anstieg von 4,6 Prozent zwischen 2019 und 2020. Hatten am 30. Juni 2019 hierzulande ca. 151.000 Deutsche kein Mietverhältnis, so waren es 2020 ca. 158.000 Personen, von denen etwa 45.000 obdachlos waren, d.h. auf der Straße lebten.

Wie sich Obdachlose im „sozialen Lockdown" fühlten und was sie unter den erschwerten Bedingungen mitmachten, ist Schilderungen und Analysen eines Sammelbandes zu entnehmen, den Christina Bacher (2021) herausgegeben hat. Sie ist Chefredakteurin der ältesten Straßenzeitung Deutschlands, die unter dem Namen „Draußenseiter" in Köln erscheint.

In fast allen Gesellschaftsbereichen verstärkten die Pandemie selbst und die Infektionsschutzmaßnahmen des Staates die Ungleichheit. Ein typisches Beispiel dafür bietet der Sport: Während mit dem Amateur- und Breitensport durch das Verbot von Sportveranstaltungen zehntausende Vereine in akute Existenznot gerieten, mussten die Profifußballer der Bundesliga seit dem ersten „Geisterspiel" zwischen dem 1. FC Köln und Borussia Mönchengladbach am 11. März 2020 mehr als ein Jahr lang auf volle Stadien verzichten, spielten aber nach einer kurzen Unterbrechung und Entwicklung eines professionellen Hygienekonzepts für Spieler, Trainer und Betreuer weiter, wobei sie Torerfolge und Siege mit wahren Umarmungsorgien feierten, die allen übrigen Personen in der Öffentlichkeit verboten waren.

Die durch das Coronavirus ausgelöste Unterbrechung von Lieferketten und die Zerstörung von Vertriebsstrukturen, der Verlust von Absatzmärkten sowie die als Reaktion auf die Pandemie behördlich verordnete Schließung von Geschäften, Gaststätten, Hotels, Diskotheken, Clubs, Kinos, Theatern und anderen Kultureinrichtungen nach dem *Infektionsschutzgesetz* hatten erhebliche finanzielle Einbußen für die dort Tätigen, aber auch zahlreiche Konkurse und Entlassungen zur Folge. Am härtesten traf es kontaktintensive Dienstleistungsbranchen, in denen viele Geringverdiener/innen (besonders Frauen) arbeiten: Exemplarisch genannt seien Friseurinnen, Fußpflegerinnen und Beschäftigte in Fitnessstudios. Die ohnehin starke finanzielle Belastung von Transferleistungsbezieher(inne)n, Kleinstrentner(inne)n und Geflüchteten nahm gleichfalls stark zu.

Nur wenige Personengruppen, darunter Rentner/innen, Beamte und Angestellte im öffentlichen Dienst, verzeichneten zunächst kaum finanzielle Einbußen – jedenfalls dann nicht, wenn sie keinen Nebenjob in Form einer geringfügigen Beschäftigung hatten, der wegfiel. Denn als Minijobber/innen konnten sie weder Arbeitslosengeld I bzw. II noch Kurzarbeitergeld beziehen. Allerdings gehörten die genannten Gruppen auch nicht zu den Gewinner(inne)n der Pandemie, weil ihnen keine zusätzlichen Mittel zuflossen. So wurden die Renten in den westdeutschen Bundesländern am 1. Juli 2021 gar nicht angehoben, und in den ostdeutschen betrug die Rentenerhöhung bloß 0,72 Prozent.

Auch unter den sozialversicherungspflichtig Beschäftigten der Privatwirtschaft taten sich neue Ungleichheiten auf. So unterschied die Hamburger Soziologin Katharina Manderscheid (2020, S. 106) in einem Beitrag zur Mobilität von Viren, Gütern und Menschen drei Bruchlinien, nämlich zwischen den relativ privilegierten Personen, die ihre Tätigkeit durch eine Verlagerung zur virtuellen Mobilität fortsetzen konnten, denjenigen Menschen, deren „systemrelevante" Tätigkeit ihre physische Mobilität erforderte, und den stärker benachteiligten Personen, deren Tätigkeit (vorübergehend) verzichtbar war: Kurzarbeiter(inne)n und Arbeitslosen. „Zusammengefasst lassen sich die coronabedingten Ungleichheitseffekte in der Erwerbsarbeit als Gleichzeitigkeit einer Verlagerung der Arbeitsaktivitäten in den virtuellen Raum bei physischer Immobilität – dem Arbeiten im Homeoffice –, einer erzwungenen physischen Mobilität zur Aufrechterhaltung der materiellen und immateriellen Versorgungsströme und einer erzwungenen Stillstellung von Aktivitäten und Mobilitäten beschreiben." (ebd., S. 108)

Oxfam (2022, S. 3) gelangte zu dem Ergebnis, dass die hierzulande im Vergleich zu anderen EU- und OECD-Staaten ohnehin „sehr starke Konzentration der Vermögen" während der Pandemie weiter zugenommen habe: „Die zehn reichsten Personen haben ihr kumuliertes Vermögen seit Beginn der Pandemie von ca. 144 Milliarden auf etwa 256 Milliarden US-Dollar gesteigert – ein Anstieg um rund 78 Prozent. Allein dieser Gewinn entspricht annähernd dem Gesamtvermögen der ärmsten 40 Prozent, also von 33 Millionen Deutschen."

Zwar brachen die Aktienkurse nach Ausbruch der Covid-19-Pandemie in Deutschland wie an sämtlichen Börsen der Welt vorübergehend ein, dramatische Verluste erlitten aber insbesondere Kleinaktionäre, die generell zu Panikreaktionen und überhasteten Verkäufen neigen. Hedgefonds und Finanzkonglomerate wie BlackRock wetteten hingegen sogar mittels Leerverkäufen erfolgreich auf fallende Aktienkurse und verdienten an den Einbußen der Kleinanleger/innen. Großinvestoren dürften die Gunst der Stunde außerdem für Ergänzungskäufe zu relativ niedrigen Kursen genutzt und davon profitiert haben, dass der Kurstrend in Erwartung eines voluminösen Konjunkturprogramms des Staates bald wieder nach oben zeigte.

Weltweit zählten einige der profitabelsten Unternehmen mit den reichsten Chefs zu den Hauptprofiteuren des Krisendesasters. Unter dem Druck der Coronakrise, die Einkommensverluste durch Kurzarbeit, Geschäftsaufgaben und Erwerbslosigkeit nach sich zog, kauften mehr Familien bei Lebensmittel-Discountern ein, um Haushaltsgeld zu sparen, wodurch die ohnehin zu den vermögendsten Deutschen gehörenden Besitzer von Ladenketten wie Aldi Nord und Aldi Süd noch reicher geworden sind. Dieter Schwarz, Eigentümer von Lidl und Kaufland, hat sein Privatvermögen, das die *Welt am Sonntag* (v. 20.9.2020) auf 41,8 Milliarden Euro taxierte, in der Coronakrise laut dem US-amerikanischen Wirtschaftsmagazin *Forbes* um 7,5 Milliarden Dollar gesteigert.

Viele kleine Einzelhändler/innen verloren 2020/21 wegen der Schließung ihrer Läden und ausbleibender Kundschaft hingegen ihre Existenzgrundlage. Wahrscheinlich hat sich die Kluft zwischen Arm und Reich nicht zuletzt deshalb am Ende weiter vertieft. Vermutlich sind infolge der Coronakrise mehr Girokonten von prekär Beschäftigten, Soloselbstständigen, Kurzarbeiter(inne)n und Kleinstunternehmer(inne)n ins Minus gerutscht, weshalb gerade die finanzschwächsten Kontoinhaber/innen hohe Dispo- und Überziehungszinsen zahlen mussten. Dadurch wurden jene Personen, denen die Banken oder Anteile daran gehören, noch reicher. Vergleichbares gilt für die Kassen- bzw. Liquiditätskredite überschuldeter Kommunen, die geringere Gewerbesteuereinnahmen, aber höhere Sozialausgaben als vor der Covid-19-Pandemie hatten. Daher hat auch die *öffentliche* Armut zugenommen, während der private Reichtum weniger Hochvermögender gleichzeitig gestiegen ist.

Zuletzt verstärkte der inflationäre Preisauftrieb, den gestörte Lieferketten, gestiegene Transportkosten sowie fehlende Rohstoffe und Vorprodukte mit verursacht haben, den sozioökonomischen Paternostereffekt der Pandemie. Durch das Emporschnellen der

Verbraucherpreise vor allem im Bereich des Verkehrs, der Haushaltsenergie und der Nahrungsmittel wurde die untere Mittelschicht besonders stark belastet, wie der Inflationsmonitor des IMK zeigte (vgl. Tober 2022). Während reiche und hyperreiche Haushalte aufgrund hoher Wertzuwächse von Aktien, Immobilien und Edelmetallen ihr Vermögen steigerten, gehörten Ärmere einmal mehr zu den Verlierer(inne)n der ökonomischen Entwicklung.

Unternehmerische „Leistung“ als Vergabekriterium der staatlichen Finanzhilfen und Förderprogramme

Bund, Länder und Gemeinden haben in der Coronakrise nach kurzem Zögern fast über Nacht mehr als 1,5 Billionen Euro für direkte Finanzhilfen, Ausfallbürgschaften und Kredite mobilisiert. Letztere wurden über die Kreditanstalt für Wiederaufbau (KfW) abgewickelt und kamen in erster Linie großen Unternehmen zugute, während Kleinunternehmer/innen überwiegend mit einmaligen Zuschüssen unterstützt wurden, die ihre laufenden Betriebskosten decken sollten, aber nicht zur Bestreitung ihres Lebensunterhalts verwendet werden durften. Generell basierten die Staatshilfen auf dem Grundsatz, dass die Ansprüche des privaten Kapitals nicht angetastet werden dürfen: „Es gab fast keine Bemühungen, eine faire Verteilung der Pandemie Lasten zwischen denen mit Ansprüchen auf Kapitaleinkommen und der produzierenden Wirtschaft sowie der Bevölkerung herbeizuführen.“ (Häring 2021, S. 24)

Zu den Krisengewinnlern gehörten beispielsweise die Erben des Münchner Multimilliardärs Hans Hermann Thiele, der im März 2020 bei der Lufthansa billig einstieg, seinen Aktienanteil auf dem ersten Höhepunkt der Covid-19-Pandemie erhöhte und als neuer Hauptaktionär dem mit Staatsgeldern vor der Insolvenz bewahrten Unternehmen, den Betriebsräten sowie den Gewerkschaften von Piloten, Flugbegleiter(inne)n und Bodenpersonal massive Personaleinschnitte, Gehaltseinbußen, eine Kürzung der Betriebsrenten und einen Verzicht auf Sonderzahlungen abringen konnte, bevor er im Februar 2021 starb.

Aus dem bereits im März 2020 mit einem Gesamtumfang von

600 Milliarden Euro geschaffenen Wirtschaftsstabilisierungsfonds des Bundes erhielten größere Unternehmen teilweise sogar mehrmals umfangreiche Finanzspritzen. Dabei handelte es sich einerseits um Garantien und andererseits um Rekapitalisierungsmaßnahmen, darunter Nachrangdarlehen, Ausfallbürgschaften und stille Einlagen. Zu den Konzernen, deren Anträge bewilligt wurden und die Staatshilfen in erheblichem Umfang bekamen, gehörten Konzerne wie Deutsche Lufthansa AG, TUI AG, Adler Modemärkte AG und Galeria Karstadt-Kaufhof GmbH, aber auch zahlreiche weniger bekannte Firmen, etwa Blacklane GmbH, FTI Touristik GmbH, Georgsmarienhütte Holding GmbH, German Naval Yards Kiel GmbH und Schlote Holding GmbH.

Moritz Schularick wirft in seinem Buch über die aus der Pandemie folgenden Lehren mit dem Titel „Der entzauberte Staat" die Frage auf, ob dieser Entschädigungen an Unternehmer hätte zahlen müssen, obwohl gar nicht er, sondern das Coronavirus für die Schäden der Pandemie verantwortlich gewesen sei. Zwar bejahen viele marktliberale Beobachter wegen des wiederholten, von Behörden verordneten Lockdowns eine weitreichende Haftungspflicht des Staates, Schularick (2021, S. 65) äußert daran jedoch berechtigte Zweifel, wenn es sich nicht um inhabergeführte Kleinunternehmen wie Eckkneipen, Plattenläden und Restaurants, sondern um Körperschaften, d.h. GmbHs oder AGs handelt: „Ob und in welchem Umfang denen in der Pandemie vom Staat geholfen werden sollte, ist überhaupt nicht klar. So kann man mit guten ordnungspolitischen Argumenten zur Einheit von Gewinn und Haftung solche Hilfen etwa für Aktionärinnen und Aktionäre kritisch sehen."

Während zahlreiche Unternehmen, darunter auch kapitalkräftige, von der Bereitschaft des Staates zu einer hohen Neuverschuldung profitierten, mussten sich Finanzschwache verglichen mit den großzügigen Fördermaßnahmen für die Wirtschaft arg bescheiden. Da bei ihnen von den milliardenschweren Hilfspaketen und Rettungsschirmen für die Unternehmen wenig ankam, stieg ihre Ver- bzw. Überschuldung während der historischen Ausnahmesituation bis hin zur Privatinsolvenz. Die betrieblichen Insolvenzstatistiken vermitteln ein schiefes Bild der Wirtschaftslage, weil sie die zahllosen Geschäftsaufgaben, Kneipenschließungen und Berufswechsel von Soloselbstständigen wegen Vernichtung bzw. Gefährdung ihrer Existenzgrundlage unberücksichtigt lassen. Aufschlussreicher waren die vielen Leerstände in den Geschäftsvierteln sowie das Verschwinden zahlreicher Eckkneipen, Cafés und Restaurants.

Freiberufler/innen, Soloselbstständige und Kleinunternehmer/innen, die Sofort-, Überbrückungs-, Notfall- oder Neustarthilfe beantragten, hatten große bürokratische Hürden zu überwinden. Teilweise war zur Antragstellung ein Steuerberater oder eine Steuerberaterin erforderlich, was Geld kostete, ohne dass die Bewilligung der finanziellen Mittel feststand. Der Kölner Journalist Thomas Gesterkamp (2021) kritisierte, dass die beantragten Zuschüsse für Soloselbstständige – wenn überhaupt – oft mit großer Verzögerung ausgezahlt wurden. Künstler/innen und Kulturschaffende, die weder Miete für einen Laden oder ein Büro zahlen noch Leasingverträge bedienen mussten, hätten auf Leistungen durch den Staat verzichten oder sogar Rückzahlungen leisten müssen – im Unterschied zu Kleinstunternehmer(inne)n mit betrieblichen Fixkosten: „Eigentümer und kreditgebende Banken erhielten zuverlässig ihr Geld. So entpuppt sich die angebliche Unterstützung von Minibetrieben als Subvention ganz anderer Art: Nutznießer sind Immobilienfirmen und Versicherungskonzerne, denen die teuren Objekte gehören. Deren Profite wurden gesichert – Selbstständige hingegen mit gebrochenen Versprechen im Regen stehen gelassen.“ (ebd.)

Thomas Sablowski (2020, S. 535) hob den Klassencharakter der staatlichen Finanzhilfen hervor, weil die meisten von ihnen das Ziel einer Stabilisierung der Liquidität bzw. einer Wiederherstellung der Profitabilität von Unternehmen verfolgt und fast ausnahmslos das (Groß-)Kapital begünstigt hätten: „Die Ausweitung der Kurzarbeit entlastet die Unternehmen von den Lohnzahlungen; die umfangreichen Kredite der KfW und die staatlichen Bürgschaften mildern die krisenbedingte Kreditklemme und senken die Refinanzierungskosten; die zahlreichen Steuererleichterungen verschaffen den Unternehmen größere finanzielle Spielräume; die staatlichen Investitionen sowie die Ausweitung der staatlichen

Forschungsförderung entlasten die Unternehmen davon, selbst die notwendigen Kosten für Investitionen zu tragen, um im Weltmarkt auch längerfristig konkurrenzfähig zu bleiben."

Eine von allen gesellschaftlich relevanten Kräften als positiv bewertete Maßnahme zur Vermeidung massenhafter Entlassungen, zur Kompensation von Einkommensverlusten und zur Stabilisierung der Konjunktur war das Kurzarbeitergeld, welches bereits seit 1927 existiert, schon während der Weltwirtschaftskrise 1929 bis 1932 von der Reichsregierung als Instrument zur Beschäftigungssicherung eingesetzt wurde, Strukturkrisen in der „alten" Bundesrepublik abgemildert und sich während der globalen Finanz-, Banken- und Wirtschaftskrise in den Jahren 2007 ff. erneut bewährt hatte. Mit dem am 15. März 2020 in Kraft getretenen *Gesetz zur befristeten krisenbedingten Verbesserung der Regelungen für das Kurzarbeitergeld* ermächtigte das Parlament die Bundesregierung, bis zum 31. Dezember 2021 befristet per Rechtsverordnung festzulegen, dass fast die gesamten Lohnkosten des Unternehmens (einschließlich der Arbeitgeberbeiträge zur Kranken-, Pflege- und Rentenversicherung) getragen wurden, wenn mindestens zehn Prozent der in einem Betrieb beschäftigten Arbeitnehmer/innen zu mindestens zehn Prozent vom Entgeltausfall betroffen waren. Später wurden die maximale Bezugsdauer von 24 auf 28 Monate und weitere Sonderregelungen zum Kurzarbeitergeld für die seit Beginn der Covid-19-Pandemie von Arbeitsausfall betroffenen Betriebe schrittweise bis zum 30. Juni 2023 verlängert.

Die großzügige Ausdehnung zur Regelung der Kurzarbeit bezeichnet Thomas Sablowski (2021, S. 247) als „erste und wichtigste Maßnahme", die das Parlament „zugunsten der Kapitalistenklasse" beschlossen habe, weil sie die Unternehmer befähigte, ihren Bedarf an Arbeitskräften der Krisendynamik flexibel anzupassen. Sie konnten die regulären Arbeitsverträge aussetzen und ihre Kosten senken, ohne ihre Beschäftigten zu entlassen, aber auch die Arbeitszeiten beliebig reduzieren und einen Teil der oder die gesamte Belegschaft von der Arbeit freistellen: „Im Vergleich zur Entlassung der Beschäftigten hat die Kurzarbeit den Vorteil, dass die Kapitalisten, wenn sich die Lage normalisiert, unmittelbar wieder auf ihre Beschäftigten zurückgreifen können." (ebd.)

Kaum jemand benennt die arbeitsmarkt-, sozial- und verteilungspolitische Ambivalenz der Kurzarbeit. Richard Detje und Dieter Sauer (2021, S. 119) sehen darin jedoch ein „zweischneidiges Schwert“, das zwar Beschäftigung sichere, das Armutsrisiko von Beschäftigten allerdings erhöhe. Weil sich Beschäftigte im Niedriglohnsektor die Kurzarbeit im Unterschied zu den industriellen Stammbelegschaften, auf welche sie zugeschnitten sei, nicht leisten könnten, verschärfe dieses arbeitsmarktpolitische Instrument der „solidarischen“ Absicherung die soziale Ungleichheit (vgl. ebd., S. 46 ff.).

Zwar konnten in der Coronakrise auch Leiharbeitnehmer/innen das Kurzarbeitergeld beziehen; dieses betrug aber höchstens 60 Prozent des pauschalierten Nettoentgelts für Kinderlose und 67 Prozent des pauschalierten Nettoentgelts, sofern Kinder im Haushalt lebten. Überstundenzuschläge, Einmalzahlungen (z.B. Gewinnbeteiligungen oder Jahresprämien) sowie steuer- und beitragsfreie Zuschläge für Sonntags-, Feiertags- und Nachtarbeit blieben bei der Berechnung unberücksichtigt, was im Falle der „Kurzarbeit Null“ nicht bloß für Geringverdiener/innen drastische Einbußen gegenüber ihrem früheren Lohn und gravierende Einschränkungen ihres gewohnten Lebensstandards mit sich brachte. Weniger hart getroffen wurden Beschäftigte, deren Unternehmen das Kurzarbeitergeld gemäß Tarifvertrag z.B. auf 80 oder 90 Prozent aufstockt. Dies traf aber hauptsächlich für Berufe, Branchen und größere, meist tarifgebundene Betriebe zu, in denen ohnehin besser verdient wird, woraus ein weiterer sozialer Polarisierungseffekt resultierte.

Beschäftigte aus finanziell bessergestellten Haushalten waren seltener von Kurzarbeit betroffen, wie das Institut für Arbeitsmarkt- und Berufsforschung (IAB) der Bundesagentur für Arbeit feststellte (vgl. Kruppe/Osiander 2020, S. 6). Sehr viel häufiger traf es Menschen im Niedriglohnsektor. „Wie keine andere Beschäftigtengruppe werden sie mit Kurzarbeit konfrontiert und müssen entsprechende Einkommenseinbußen hinnehmen. Dabei greifen sozialpolitische Kompensationsmaßnahmen wie die Aufstockung des Kurzarbeitergeldes gerade für diese Beschäftigtengruppe am wenigsten.“ (Schulten 2020, S. 16) Thorsten Schulten, Leiter des

Tarifarchivs am Wirtschafts- und Sozialwissenschaftlichen Institut (WSI) der Hans-Böckler-Stiftung, befürchtete eine weitere Lohnspreizung, zumal die notwendigen arbeitsmarktpolitischen Maßnahmen zur Eindämmung des Niedriglohnsektors wegen der Rezession eher verschoben würden: „Mit der Corona-Krise droht [...] eine Zunahme der ohnehin schon sehr ausgeprägten Lohn- und Einkommensungleichheit in Deutschland." (ebd.)

Dagegen ist die Ungleichheit der Löhne laut Markus M. Grabka (2021, S. 308) bereits seit mehreren Jahren rückläufig, was sich aufgrund der Pandemie auch für die Einkommen konstatieren lasse, ohne dass eine diesbezügliche Prognose verlässlich sei: „Seit Ausbruch der Covid-19-Pandemie hat die Einkommensungleichheit in Deutschland leicht abgenommen, was vor allem an den rückläufigen Einkommen bei den Selbstständigen liegen dürfte. Die Pandemie birgt aber die Gefahr, dass durch eine steigende Zahl von Insolvenzen und Arbeitslosen die Einkommen in der Breite wieder sinken." Der führende DIW-Verteilungsforscher ging von einer leicht verringerten Ungleichheit der Haushaltseinkommen zu Beginn des Jahres 2021 aus, die er damit begründete, dass vornehmlich eher in der oberen Hälfte der Einkommensverteilung zu findende Selbstständige oftmals Einkommensverluste hinnehmen mussten, wohingegen die Einkommen von Personen aus der unteren Hälfte der Verteilung im Durchschnitt stabil geblieben seien (vgl. ebd., S. 315). Es gibt inzwischen jedoch genügend Belege dafür, dass die Kluft zwischen Arm und Reich während der Pandemie nicht bloß klarer erkennbar geworden ist, sich vielmehr auch weiter vertieft hat. Dies gilt besonders im Hinblick auf große Vermögen, die sich noch stärker als zuvor an der Spitze konzentrieren.

Sozial polarisierend wirkte ebenfalls, dass manche Unternehmen ihre Produktionsbeschäftigten mit entsprechenden Lohneinbußen aus der Fabrik in Kurzarbeit schickten, wohingegen die eher besser entlohnten Verwaltungsangestellten derselben Firmen aus dem Büro ohne Gehaltseinbußen ins Homeoffice wechseln konnten. Sofern die Betriebsräte eine solche Spaltungspolitik der Geschäftsleitungen nicht durch Verweigerung ihrer gesetzlich vorgeschriebenen, aber schwer vermittelbaren Zustimmung verhindern konnten, vertiefte Kurzarbeit die innerbetriebliche Lohnkluft.

Richard Detje und Dieter Sauer (2021, S. 51) befürchten gar, dass sich die Einkommensschere noch weiter öffnet, falls die Nachfrage nach qualifizierter Arbeit anhält und einfachere Arbeit durch Roboter, Automaten und Künstliche Intelligenz (KI) ersetzt wird.

Mit dem am 29. Mai 2020, teilweise aber auch rückwirkend zum 1. Januar desselben Jahres in Kraft getretenen *Sozialschutz-Paket II* wurde das Kurzarbeitergeld auf Druck von Gewerkschaften und SPD-Führung vorübergehend auf 70 bzw. 77 Prozent nach drei Monaten und auf 80 bzw. 87 Prozent nach sechs Monaten angehoben, sofern die Arbeitszeit um mindestens 50 Prozent reduziert war. Außerdem erweiterte der Gesetzgeber – ebenfalls befristet – die Hinzuverdienstmöglichkeiten für Kurzarbeiter/innen. Sinnvoller wäre die Schaffung eines Mindestkurzarbeitergeldes gewesen, wie es den CDU-Sozialausschüssen vorschwebte, weil Geringverdiener/innen davon stärker profitiert hätten als Besserverdienende.

Markus M. Grabka und Jan Goebel (2020, S. 323) vermuteten während des ersten Lockdowns, dass die Überbrückungshilfen des Staates und das Kurzarbeitergeld der Bundesagentur für Arbeit die negativen Auswirkungen auf die Einkommensverteilung der Privathaushalte in Grenzen halten könnten. Die beiden Verteilungsforscher knüpften ihre Feststellung jedoch an die Voraussetzung, dass die durch das Coronavirus bedingten Einschränkungen des öffentlichen Lebens nicht zu lange dauerten. Aufgrund der sich anschließenden Infektionswellen wurde diese Annahme eines singulären Ereignisses jedoch hinfällig.

So schüttete der Automobilhersteller BMW, dessen Belegschaft sich zu einem großen Teil in Kurzarbeit befand, kurz nach Beendigung des ersten Lockdowns im Mai 2020 nicht weniger als 1,64 Milliarden Euro an Dividenden aus. Davon erhielten die Großaktionäre Susanne Klatten und Stefan Quandt, denen fast die Hälfte des Münchner Konzerns gehört, 769 Millionen Euro. Zwar war die Dividendensumme für Deutschlands reichstes Geschwisterpaar zwei Jahre vorher mit einer Milliarde und 126 Millionen Euro noch erheblich höher ausgefallen, aber schwer einsehbar, dass eine vom Staat finanziell unterstützte Aktiengesellschaft ihren Großaktionären mitten in der Coronakrise solche Beträge zukommen ließ.

Frankreich, Dänemark und die Niederlande machten es subventionierten Firmen zur Auflage, dass sie keine Gewinne ausschütten.

Dass selbst kapitalkräftige, umsatzstarke und profitable Konzerne finanziell unterstützt wurden, stabilisierte die Einkommensbasis der Aktionäre und erhöhte die sozioökonomische Ungleichheit. Moritz Schularick (2021, S. 66) bestätigt, dass Finanzhilfen für die Eigentümer von Kapitalgesellschaften nicht bloß in ordnungs-, sondern auch in verteilungspolitischer Hinsicht problematisch sind, weil das Unternehmensvermögen hierzulande „relativ ungleich verteilt“ und das Durchschnittsvermögen der betreffenden Haushalte überdurchschnittlich hoch sei: „Es handelt sich insofern um starke Schultern, die einen Teil der Kosten möglicherweise auch selbst hätten tragen können.“

Selbst die „Sozialschutz-Pakete“ der CDU/CSU/SPD-Koalition wiesen eine verteilungspolitische Schlagseite auf. Während das *Erste Sozialschutz-Paket* den Arbeitslosengeld-II-Bezug für von der Coronakrise geschädigte Soloselbstständige erleichterte, indem es die strenge Vermögensprüfung für sie vorübergehend aussetzte und die Angemessenheit der Wohnung ein halbes Jahr lang stillschweigend voraussetzte, erhielten Hartz-IV-Abhängige im Langzeit- bzw. Dauerbezug nicht einmal den von Wohlfahrtsverbänden, Gewerkschaften und Kirchen geforderten Ernährungszuschlag. Den weniger restriktiven Hartz-IV-Zugang verlängerten SPD, Bündnis 90/Die Grünen und FDP später bis zum 31. Dezember 2022, weil sie das Arbeitslosengeld II nach der Regierungsübernahme durch ein „Bürgergeld“ ersetzen wollten.

Räumungsklagen und Zwangsräumungen wurden im Frühjahr 2020 zwar für den kurzen Zeitraum vom 1. April bis zum 30. Juni ausgesetzt, sofern die Mietrückstände pandemiebedingt entstanden waren. Verlängert wurde das sog. Mietmoratorium im Unterschied zu den meisten anderen Ausnahmeregelungen, etwa Lockerungen des Insolvenzrechts, anschließend jedoch nicht. Die vor allem einkommensschwache Haushalte stark belastenden Mieterhöhungen, aber auch Strom- und Gassperren bei Zahlungsrückständen blieben ohnehin weiter erlaubt.

Überbrückungshilfen für Branchen, die von einem „Corona-bedingten Umsatzausfall“ betroffen waren, stellten mit Kosten in

Höhe von maximal 25 Milliarden Euro den größten Einzelposten des „Konjunktur- und Krisenbewältigungspakets" dar. Kaum weniger teuer, aber noch öffentlichkeitswirksamer als das Hilfsprogramm zur Stabilisierung der Unternehmen war der zeitweilige Verzicht des Staates auf einen Teil seiner Umsatzsteuereinnahmen, durch den ihm ungefähr 20 Milliarden Euro entgingen. Für die Zeit vom 1. Juli bis zum 31. Dezember 2020 wurde der Mehrwertsteuersatz von 19 auf 16 und der ermäßigte Mehrwertsteuersatz von sieben auf fünf Prozent gesenkt, um durch Entlastung der privaten Haushalte und der Wirtschaft den Konsum in der Coronakrise anzuregen. Sowohl auf der Angebots- wie auf der Nachfrageseite zeigte sich eine verteilungspolitische Schieflage dieser Maßnahme.

Zwar senkte Lidl Deutschland schon am 22. Juni 2020 die Preise, woraufhin Aldi Nord und Aldi Süd nachzogen und ab 27. Juni sogar einen Preisnachlass von drei Prozent auf ihr Gesamtsortiment gewährten, also geringer besteuerte Produkte freiwillig um einen Prozentpunkt mehr, als vom Gesetzgeber vorgesehen reduzierten. Nach ihren eigenen Berechnungen kostete das die beiden Discounter einen dreistelligen Millionenbetrag. Geringverdiener/innen und Transferleistungsbezieher/innen, die beim Lebensmitteldiscounter einkaufen, hatten trotzdem relativ wenig von der Mehrwertsteuersenkung, weil sie im Unterschied zu finanziell bessergestellten Familien kaum teure Anschaffungen getätigt oder hochpreisige Konsumgüter erworben haben dürften. Denn die Preisreduktionen im Centbereich summierten sich am Jahresende nicht zu riesigen Geldbeträgen, während die – vielleicht nur zeitlich auf das zweite Halbjahr 2020 vorgezogene – Anschaffung einer Luxuslimousine oder einer Markeneinbauküche für Personen, die sich derart teure Konsumgüter leisten konnten, durchaus mehrere tausend Euro an Ersparnis mit sich bringen konnte.

Je umsatzstärker und deshalb in aller Regel auch größer und kapitalkräftiger ein Unternehmen war, umso stärker profitierte es von der temporären Mehrwertsteuersenkung, besonders natürlich dann, wenn diese gar nicht an die Kundschaft weitergegeben wurde. Offenbar spiegelte sich die neoliberale Ideologie, nach der Unternehmer in einer Marktwirtschaft per se als „Leistungsträger" gelten, auch in der staatlichen Subventionspraxis wider. Zeitweilig legte der Bund seinen Liquiditätshilfen pauschal 75 Prozent des im entsprechenden Vorjahresmonat erzielten Umsatzes statt 100 Prozent der Betriebskosten zugrunde, weshalb sich manche Unternehmer/innen mit einer geringen Kostenbelastung finanziell zeitweilig sogar besserstanden als vor der Pandemie.

Michael Dauderstädt, ehemaliger Leiter der Abteilung Wirtschafts- und Sozialpolitik der Friedrich-Ebert-Stiftung, hat einen internationalen Vergleich der Wirtschaftsprogramme gegen die Pandemiekrise vorgenommen. Er nennt als Pluspunkte des deutschen Konzepts die großzügige Kurzarbeiterregelung, einige Zukunftsinvestionsprogramme (Förderung der Digitalisierung, der E-Mobilität und des Klimaschutzes) sowie als Minuspunkte den Verzicht auf eine gezielte direkte Förderung des Konsums („Mehrwertsteuersenkung fast nutzlos"), den einseitigen Fokus auf Einkommens- und Beschäftigungssicherung ohne deutliche Priorisierung der sozial Benachteiligten und das Fehlen einer klaren, kohärenten Zukunftsstrategie für eine „Post-Corona-Wirtschaft" mit entsprechenden Investitionsentscheidungen (vgl. Dauderstädt 2021, S. 367).

Dass die seinerzeit von CDU, CSU und SPD gestellte Bundesregierung ihre Sofort-, Liquiditäts- und Überbrückungshilfen für erfolgreich im Hinblick auf die Eindämmung der sozialen Ungleichheit hielt, geht aus dem am 12. Mai 2021 verabschiedeten Sechsten Armuts- und Reichtumsbericht hervor. An mehreren Stellen dieses Dokuments finden sich Bemerkungen zu den Verteilungswirkungen der Pandemie, des durch sie hervorgerufenen Krisendebakels und der „Sozialschutz"-Maßnahmen von CDU, CSU und SPD. Welche langfristigen Folgen die Pandemie für die Einkommensverteilung zeitigen wird, sei zwar nicht vorhersagbar: „Die umfangreichen Maßnahmen der Bundesregierung zur Stützung der Einkommen dürften aber negative Effekte gemindert haben." (Bundesministerium für Arbeit und Soziales 2021, S. I f.) Simulationsrechnungen hätten eine „ungleichheitsmindernde Wirkung" dieser Maßnahmen ergeben.

Das sozialpolitische Zwischenfazit der Bundesregierung fiel sehr positiv, aber nicht eben überzeugend aus: „Sozialschutzpakete und weitere Unterstützungsmaßnahmen haben verhindert, dass es zu sozialen Verwerfungen gekommen ist. Arbeitslosigkeit konnte mittels Kurzarbeit weitgehend verhindert werden. Die sozialen Sicherungssysteme haben ihre stabilisierenden Aufgaben erfüllt und konnten durch die enge Abstimmung mit den Sozialpartnern schnell und zielgerichtet angepasst werden." (ebd., S. II) Dem sozioökonomischen Polarisierungseffekt, den die hauptsächlich der Wirtschaft zugutekommenden Finanzhilfen des Bundes teilweise sogar verstärkt haben, wurde in dem Regierungsbericht keine Aufmerksamkeit geschenkt.

1.3 Die politische Zerrissenheit einer zutiefst verunsicherten Republik

Wenn die ökonomische und soziale Ungleichheit in einem Land wächst, nimmt auch dessen politische Zerrissenheit mit hoher Wahrscheinlichkeit zu (vgl. hierzu: Butterwegge 2020, S. 372 ff.). Grundrechtseinschränkungen in einem seit der Staatsgründung am 23. Mai 1949 nicht gekannten Umfang haben das öffentliche Leben ebenso stark erschüttert wie außerparlamentarischer Widerstand der Zivilgesellschaft und die zum Teil von Rechtsextremisten vereinnahmten Demonstrationen gegen einzelne der im Großen und Ganzen notwendigen Infektionsschutzmaßnahmen.

Der wohl sinnfälligste Ausdruck dieser Polarisierung war eine zentrifugale Entwicklung des Parteiensystems. Neben dem signifikanten Einflussverlust der jahrzehntelang eindeutig dominanten „Volksparteien" CDU, CSU und SPD zählten dazu die Wahlerfolge der AfD. Dass sich diese trotz ihrer unübersehbaren Radikalisierung, des erzwungenen Rückzugs und schließlichen Austritts dreier vermeintlich „gemäßigter" Parteivorsitzender (Bernd Lucke 2015, Frauke Petry 2017 und Jörg Meuthen 2021) fest etablieren konnte, hing indirekt mit den gesellschaftlichen Entsolidarisierungstendenzen einerseits sowie den sich nicht zuletzt dadurch verstärkenden Erosionsprozessen des politischen und Parteiensystems andererseits zusammen.

Nach der Euro- und der „Flüchtlings-“ bot die Coronakrise der AfD erneut die Chance zu einem provokativen Auftreten sowie massiver Agitation und Propaganda auf Stammtischniveau, welche sich besonders dann als wirksam erwiesen, wenn ihren Politikern und wenigen Politikerinnen die Parlamente als Bühne zur Verfügung standen (vgl. dazu: Butterwegge/Hentges/Wiegel 2019; Schroeder/Weßels 2019; Ruhose 2023). Zwar änderte sich an den parlamentarischen Mehrheits- und politischen Machtverhältnissen durch die AfD-Präsenz nur wenig, der Ton im Bundestag und in den 16 Landtagen wurde aber generell sehr viel rauer: Hasstiraden und Hetzreden hielten Einzug in die Plenardebatten; rassistische und sexistische Zwischen- sowie parlamentarische Ordnungsrufe häuften sich ebenfalls derart, dass Quantität an dieser Stelle in Qualität umschlug. Gerd Wiegel (2022), damals Fachreferent für Rechtsextremismus/Antifaschismus der Linksfraktion im Deutschen Bundestag, hat die „Brandreden“ von AfD-Abgeordneten in einem Buch dokumentiert und zutreffend kommentiert.

Dass die Pandemieleugner-Szene kein Haufen wildgewordener „Wutbürger“ war, zeigten die unablässigen Versuche ihrer Wortführer, durch Gründung einer schlagkräftigen Parteiorganisation gezielt Einfluss auf politische Willensbildungs- und parlamentarische Entscheidungsprozesse zu nehmen. Schon kurz nach Beginn der Proteste gegen die staatlichen Infektionsschutzmaßnahmen entstand die „Partei Widerstand2020 Deutschland“. Kaum war sie nach einem Vierteljahr abgewickelt, wurde „dieBasis – Basisdemokratische Partei Deutschland“ ins Leben gerufen (vgl. dazu: Barth 2021). Im darauffolgenden Jahr trat diese zur Bundestagswahl an, ohne übermäßig erfolgreich zu sein, schnitt sie mit 1,6 Prozent der Erst- und 1,4 Prozent der Zweitstimmen doch schlechter als beispielsweise die Tierschutzpartei ab.

Unterschiedliche Reaktionen auf die Infektionsschutzmaßnahmen des Staates

Obwohl dem Virus durch ein geschlossenes und energischeres Vorgehen der ganzen Bevölkerung eventuell wirksamer zu begegnen gewesen wäre, bildeten sich auf der politischen Ebene im Verlauf der Pandemie sehr schnell zwei einander heftig befehdende Lager heraus: Die der Bundesregierung von CDU, CSU und SPD nahestehenden Kräfte betonten in erster Linie das Grundrecht auf Leben, körperliche Unversehrtheit und Gesundheit, empfanden die getroffenen Maßnahmen entweder als zwingend erforderlich oder sogar als zu lasch, um der Bedrohung durch das Virus baldmöglichst Herr zu werden, und befürworteten daher breiter angelegte Impfkampagnen sowie eine für im Gesundheits- und Pflegebereich tätige Menschen geltende, später auch eine allgemeine Impfpflicht. Das andere Lager rekrutierte sich aus von den etablierten Parteien schon länger Frustrierten, die früher teilweise dort selbst Politik gemacht hatten, sowie aus rechtsextremen und in viel selteneren Fällen linksradikalen Fundamentaloppositionellen. Man negierte oder relativierte zumindest die Infektionsgefahr und kritisierte das Pandemiemanagement der Regierung als totalitär oder reine Willkür, darauf ausgerichtet, dauerhaft eine allgegenwärtige Überwachungs- und Kontrollinfrastruktur zu etablieren (vgl. z.B. Osrainik 2021).

In der Öffentlichkeit avancierten der Vegan-Koch Attila Hildmann, der als Mitbegründer der „Söhne Mannheims“ bekannt gewordene Sänger Xavier Naidoo, der Rapper Sido und der Schlagersänger Michael Wendler zu führenden Repräsentanten des Coronaprotests. Als prominente Aushängeschilder der Bewegung dienten auch der Filmschauspieler Til Schweiger und die Popikone Nena (Gabriele Susanne Kerner). Für medialen Flankenschutz sorgten die schon vorher einschlägig bekannten Journalisten Ken Jebsen (KenFM, Apolut.net), Jürgen Elsässer (Compact) und Boris Reitschuster (Reitschuster.de).

Zu den fachlich qualifizierteren, aber politisch nicht minder verbohrten Repräsentant(inn)en dieser Richtung gehören die Biochemikerin Karina Reiss und ihr Ehemann Sucharit Bhakdi (2020 und 2021). Letzterer hat jahrzehntelang das Institut für Medizinische Mikrobiologie und Hygiene der Johannes Gutenberg-Universität Mainz geleitet, vertrat antisemitische Positionen und kandidierte ebenso wie seine Frau am 26. September 2021 für die Basisdemokratische Partei Deutschland zum Bundestag. Reiss und Bhakdi (2021, S. 202) betrachteten die Covid-19-Pandemie – in

Anführungszeichen gesetzt – als „Fake“ und führten den allgemeinen Glauben daran auf Manipulation zurück: „Politik und Medien haben ganze Arbeit geleistet, das Volk in einen kollektiven Angstwahn zu versetzen.“

Tatsächlich verengte sich der öffentliche, politische und Mediendiskurs in keinem anderen großen europäischen Land ähnlich stark auf die Pandemie bzw. ihren Verlauf wie in der Bundesrepublik. Kaum ein anderes Thema war bis zum Ukrainekrieg in den Massenmedien noch präsent. Auch soziale Probleme, die sich während der vergangenen Jahrzehnte angestaut hatten, spielten jetzt praktisch überhaupt keine Rolle mehr. Stattdessen drehte sich fortan alles bloß noch um SARS-CoV-2, Covid-19 und die Kernfrage des angemessenen Umgangs damit. Anstatt die gesellschaftlichen Folgeschäden der Pandemie zu thematisieren, kaprizierten sich die Massenmedien auf (den Kampf gegen) das Virus. Kennzeichnend dafür war, dass keine einzige der öffentlich-rechtlichen TV-Talkshows, die Sendung für Sendung monothematisch „Corona“ mit immer denselben Medizinern, Virologen, Epidemiologen und Gesundheitspolitikern als Gästen bestritten, im Jahr 2021 das Thema „Armut und sozioökonomische Ungleichheit“ behandelte, ganz so, als habe es wenig Aufmerksamkeit verdient und nichts mit der Covid-19-Pandemie zu tun.

Gesundheitliche und wirtschaftliche Folgen der Covid-19-Pandemie wurden in den Massenmedien zu Beginn gleichermaßen intensiv diskutiert, wie eine Medienanalyse im Auftrag der Rudolf Augstein Stiftung ergab. „Dies änderte sich jedoch deutlich in der zweiten und dritten Pandemie-Welle. Ab Herbst 2020 spielten die (überwiegend negativen) wirtschaftlichen Folgen der Maßnahmen in den Medien kaum noch eine Rolle. Stattdessen ging es bei weitem überwiegend um gesundheitliche Folgen. Soziale Folgen und vor allem Folgen für das Bildungssystem wurden in den Medien schon von Beginn an eher selten thematisiert. Nach der ersten Pandemie-Welle geschah dies noch zunehmend seltener.“ (Maurer/Reinemann/Kruschinski 2021, S. 31 f.)

Kritiker/innen der Infektionsschutzmaßnahmen des Bundes bemängelten, dass die Medien nicht objektiv berichtet, sondern von Beginn der Pandemie an einseitig Partei für die Regierung ergriffen hätten. Eine regelrechte „Corona-Hysterie", die Politiker in Regierungsverantwortung gemeinsam mit den Redakteur(inn)en der Mainstream-Medien erzeugt hätten, glaubte Hans-Joachim Maaz (2021, S. 59 ff.) zu erkennen, der vorher als in Halle tätiger Psychiater, Psychotherapeut und Publizist die ostdeutschen Verlusterfahrungen analysiert hatte. Ebenso fragwürdig wie sein demonstratives Verständnis für die „Patriotischen Europäer gegen die Islamisierung des Abendlandes" (Pegida) war seine pauschale Abneigung gegenüber den Infektionsschutzmaßnahmen.

Auch der Publizist Marcus Klöckner (2021) beklagte, dass jeder Kritiker der Regierungslinie im etablierten Medienbetrieb als „Verschwörungsideologe", „Aluhutträger", „Spinner" oder „Schwurbler" diffamiert werde. Klöckner sprach in diesem Zusammenhang von einem „Zombie-Journalismus" und hielt den „Tod der Meinungsfreiheit" für gekommen. Der Historiker Martin Kothé (2022, S. 105) monierte, dass es die Massenmedien aufgrund struktureller Schwächen im deutschen Journalismus während der Pandemie versäumt hätten, die gesellschaftlichen Fliehkräfte wieder zusammenzuführen: „Zu oft hat sich der Pandemie-Journalismus auf die Mechanik ‚Drosten sagt – Streeck sagt' beschränkt und sich ansonsten auf die publizistische Unterstützung der amtlichen Einschränkungsmaßnahmen reduziert."

Marcus Maurer, Carsten Reinemann und Simon Kruschinski (2021, S. 57) gelangten hingegen zu der Einschätzung, dass die Berichterstattung der Massenmedien über den Infektionsschutz regierungsnah und regierungskritisch zugleich ausgefallen sei: „Sie war regierungsnah, weil die Medien, ähnlich wie die Politik, überwiegend für harte Maßnahmen plädierten. Sie war zugleich aber auch regierungskritisch, weil den Medien diese Maßnahmen oft gar nicht hart genug erschienen oder zu spät kamen. Schon eher orientierten sich die Medien folglich an dem, was sie als wissenschaftlichen Konsens wahrnahmen."

Umgekehrt verhielt es sich bei den fälschlicherweise „*Soziale* Netzwerke" genannten Internetplattformen, welche die Gesellschaft jedoch nicht spalten, wie der Publizist Matthias Eckoldt (2022) suggeriert, wenn er in diesem Zusammenhang von „digitaler Unvernunft" spricht. Vielmehr spitzen Facebook (Meta), Twitter (X), Telegram & Co. durch die massenhafte Verbreitung von Hetze und Hassbotschaften nur medial zu, was sich an Spaltungstendenzen in unserer Gesellschaft entwickelt hat.

Es gab eine kleine, aber sehr lautstarke Minderheit der Bevölkerung, die SARS-CoV-2 für relativ harmlos hielt, Covid-19 mit einer gewöhnlichen Grippe gleichsetzte, die Infektionsschutzregeln nicht oder nur zögerlich befolgte, eine Schutzimpfung als überflüssig oder extrem gefährlich betrachtete und eher zu Verschwörungsmythen neigte. Teilweise wurden Prominente, Juden oder Freimaurer beschuldigt, durch Impfung der ganzen Menschheit die Weltherrschaft anzustreben.

Besonders weit gingen die Wahnvorstellungen einer aus den USA stammenden Sekte namens „QAnon", deren Sympathisant(inn)en einer transnationalen Elite bzw. pädophilen Multimilliardären unterstellten, mit Hilfe des „tiefen Staates" (deep state) in Kellern gefangengehaltene Kinder zu ermorden und deren Blut als Verjüngungsmittel zu nutzen (vgl. dazu: Beirich 2021). Unübersehbar ist an dieser Stelle der Rekurs auf eine mittelalterliche Ritualmordlegende, deren Stoßrichtung gegen Juden sogar noch älter ist als der Antisemitismus.

Während der Pandemie gewann QAnon auch hierzulande Anhänger/innen, die sich regelmäßig an den Aktionen gegen die Infektionsschutzmaßnahmen beteiligten, oftmals gemeinsam mit politisch Gleichgesinnten wie den sog. Reichsbürgern. Der Berliner Journalist Felix Huesmann (2021, S. 115) überschätzte ihre Zahl jedoch, als er von einem „QAnon-Boom" in der Bundesrepublik sprach und prognostizierte, diese Gruppierung werde gerade bei uns nicht einfach verschwinden: „Die Art und Weise, wie QAnon Fragmente älterer Verschwörungserzählungen in sich aufgenommen, miteinander verbunden und zum Teil einer umfassenden Welterklärung gemacht hat, lässt es unwahrscheinlich erscheinen, dass sich der Glaube daran einfach wieder auflöst."

Edgar Grande, Swen Hutter, Sophia Hunger und Eylem Kanol (2021) haben im Rahmen einer vom Wissenschaftszentrum Berlin für Sozialforschung (WZB) durchgeführten repräsentativen Umfrage allerdings nachgewiesen, dass der Protest gegen die staatlichen Infektionsschutzmaßnahmen ein relativ stabiles, sich nicht bloß aus rechten Randgruppen rekrutierendes Mobilisierungspotenzial besaß. Dieses verorteten sie zu einem großen Teil in einer von den etablierten Parteien nicht mehr repräsentierten, der (Regierungs-)Politik misstrauisch gegenüberstehenden Mitte und konstatierten, dass es zunehmend nach rechts tendiere und aufgrund seiner Anfälligkeit für Verschwörungstheorien ein erhebliches Radikalisierungspotenzial besitze.

Verschwörungsideologien, die im Gegensatz zu Theorien jeglicher Art gar nichts erklären, sondern die ökonomische, soziale und politische Realität eher vernebeln, weil sie interessengeleitet, subjektiv gefärbt und auch kein originäres Produkt der Covid-19-Pandemie sind, hatten nach dem Terroranschlag auf das World Trade Center in New York am 11. September 2001, während der Krimkrise 2004, während der globalen Banken- und Finanzkrise (2007/08) sowie nach der „Flüchtlingskrise" 2015/16 ebenfalls Hochkonjunktur, zumal das Internet nicht bloß ihre schnellere Verbreitung ermöglicht (vgl. Butter 2018, S. 179 ff.). Über die Entstehungshintergründe, Erscheinungsformen und Funktionen der unterschiedlichen Verschwörungserzählungen informiert eine zuletzt rasch wachsende Fachliteratur (vgl. z.B. Raab/Carbon/Muth 2017, Blume 2020; Nocun/Lamberty 2020 und 2021; Fuchs 2022).

Aufgrund der erheblichen Verunsicherung großer Teile der Bevölkerung während der pandemischen Notsituation erlebten Verschwörungsnarrative einen neuerlichen Aufschwung. Bis in weite Kreise des gutsituierten und akademisch gebildeten Bürgertums hinein reichte der Einfluss jener Konstrukte, die alle Geschehnisse und Entscheidungen auf einen geheimen Plan mächtiger Bevölkerungskreise zurückführen. Der Tübinger Amerikanist Michael Butter (2020, S. 230 f.) meint, dass Verschwörungsmythen zwar wieder mehr Anhänger/innen gewonnen haben dürften, die Wahrnehmung ihres sprunghaften Anstiegs jedoch neben der größeren Sensibilität für das Thema dem Umstand geschuldet sei, dass die Covid-19-Pandemie monatelang das gesamte Leben beherrschte und sich auch Menschen als solche bekannten, die schon immer dafür anfällig waren.

Der geläufige Begriff „Coronaleugner" führt in die Irre, weil kein halbwegs seriöser Kritiker der Infektionsschutzmaßnahmen und/

oder der Impfkampagnen die Existenz von SARS-CoV-2, sondern fast jeder nur eine pandemische Notlage der Bundesrepublik negierte. „Coronarebellen“ trifft ebenso wenig zu, denn es wurde ja nicht gegen das Virus oder die Pandemie aufbegehrt, sondern höchstens gegen den Staat und seine Repräsentant(inn)en. Und die abschätzige Bezeichnung der Aktivist(inn)en als „Covidioten“ war eine persönliche Beleidigung, mit der eine sachliche Auseinandersetzung zwischen den konträren Positionen verhindert wurde.

Den von der Parteivorsitzenden Saskia Esken popularisierten und von ihm als diffamierend empfundenen Ausdruck „Covidioten“ konterte der frühere SPD-Bundestagsabgeordnete Wolfgang Wodarg (2021, S. 29) mit dem Hinweis auf den engen geistigen Horizont von „Fachidioten“ und schrieb: „Wer [...] von Covidioten spricht, der möchte mit dieser Erniedrigung Andersdenkender selbst ein bisschen höher erscheinen. Es geht deshalb bei derartigen Versuchen nicht um Wissen, Wahrheit und Erkenntnis, sondern darum, Machtpositionen zu verteidigen.“

Zwar beschwerten sich Wodarg und seine Gesinnungsgenoss(inn)en zu Recht über ihre terminologische Abwertung durch solche Kampfbegriffe wie „Coronaleugner“, waren selbst aber nicht weniger zimperlich bei der Etikettierung ihrer Kontrahent(inn)en, die sie etwa als „Pandemisten“, „Berufspandemiker“, „Seuchenwächter“ oder „Schlafschafe“ bezeichneten. Da war sogar die Rede von einer „Impf-“ oder einer „Intensiv-Mafia“, in deren Machenschaften neben Chefärzten, Krankenhausbetreibern, Klinikleitungen und Geräteaufstellern auch Medizinerverbände, das Bundesgesundheitsministerium und das Robert Koch-Institut verstrickt seien (vgl. Lausen/van Rossum 2021).

Wodarg, der als Bundestagsabgeordneter die rot-grünen Gesundheitsreformen der „Schröder-Ära“ zusammen mit seinem damaligen Fraktionskollegen Karl Lauterbach kritisch begleitet und zuvor als Amtsarzt über ein Jahrzehnt lang das Gesundheitsamt in Flensburg geleitet hatte, genoss als Vorstands- bzw. Kuratoriumsmitglied von Transparency International (TI) und dem Institut Solidarische Moderne (ISM) bis zu seinen die Covid-19-Pandemie verharmlosenden Medienauftritten in Zivilgesellschaft und kritischer Öffentlichkeit hohes Ansehen. Anschlussfähig nach Rechtsaußen waren jedoch seine undifferenzierten Vorwürfe gegenüber den politischen Entscheidungsträger(inne)n im Kernbereich der staatlichen Exekutivgewalt: „Unsere Regierungen betrügen und nötigen uns absichtlich, ruinieren uns wirtschaftlich und rauben uns unsere Freiheiten. Wir könnten sofort ein normales Leben wie vor den Lockdowns führen, wenn wir aufhörten zu testen und wenn wir die unnützen Masken im Alltag ablegen würden." (Wodarg 2021, S. 355)

Bei einem nicht unerheblichen Teil der Bevölkerung stieß die Verpflichtung, in geschlossenen Räumen, Bussen und Bahnen sowie auf Wochenmärkten und belebten Einkaufsstraßen einen Mund-Nase-Schutz zu tragen, auf größeren Widerwillen. Kritiker/innen der staatlichen Infektionsschutzmaßnahmen verglichen sie mit der Verneigung vor dem „Gesslerhut" in der Sage und Friedrich Schillers Drama „Wilhelm Tell" als symbolträchtiger, aber eigentlich sinnloser Geste der Untertänigkeit: „Wer die Maske verweigert, symbolisiert damit, dass er das Klima der Angst und Unterwürfigkeit angesichts einer den herrschenden Interessen gemäß konstruierten Menschheitsgefahr nicht mitträgt. Der Nutzen der Masken für jene, die sie uns aufzwingen, ist evident. Ebenso offensichtlich ist aber die Sinnhaftigkeit einer offen zur Schau getragenen Ablehnung des Maulkorbs." (Wengraf 2020, S. 170) Eine in der Pandemie aus Gründen des Infektionsschutzes empfohlene und zweifellos unangenehm zu tragende Atemschutzmaske hatte allerdings mit einem Maulkorb (für Hunde) nichts, aber auch gar nichts gemeinsam.

Hinter der Covid-19-Pandemie wurde teilweise ein gigantisches Geschäft vermutet, das Pharmariesen und andere profitorientierte Anbieter im Medizin- bzw. Medizintechnikbereich machten: „Mit Masken, Tests und Impfstoffen werden viele Milliarden Euro aus öffentlichen Kassen abgegriffen." (Wodarg 2021, S. 63) Die von der Stiko empfohlenen Schutzimpfungen seien aber nicht bloß teuer, sondern auch riskant und ohne jeden medizinischen Nutzen. Genauso vernichtend fiel das Urteil des Spitzenkandidaten der Basisdemokratischen Partei Deutschland in Mecklenburg-Vorpommern für die Bundestagswahl am 26. September 2021 in Bezug auf den von Christian Drosten entwickelten PCR-Test aus:

„Der Test ist ein Götze geworden, wird verkauft wie Zahnseide und hat weder etwas mit einer Krankheit noch mit medizinischer Diagnostik zu tun." (ebd., S. 189)

Drosten avancierte sofort nach seinen ersten öffentlichen Stellungnahmen zum Feindbild Nr. 1 fast aller Fundamentalkritiker/innen der Pandemiepolitik des Bundeskabinetts. So veröffentlichte der Kölner Journalist Walter van Rossum (2021) im Verlag der Onlineplattform „Rubikon" ein Buch unter dem Titel „Meine Pandemie mit Professor Drosten. Vom Tod der Aufklärung unter Laborbedingungen", womit er sich an seinen Bestseller „Meine Sonntage mit ‚Sabine Christiansen'. Wie das Palaver uns regiert" aus dem Jahr 2004 anlehnte, welcher die TV-Talkshow gleichen Namens der Lächerlichkeit preisgegeben hatte.

Der Berliner Historiker Artur Aschmoneit (2021) hat die Karrieren von Christian Drosten und des eng mit diesem verbundenen Geschäftsmanns Olfert Landt nachgezeichnet, um aus seiner Perspektive eines Verharmlosers der Covid-19-Pandemie zu belegen, dass einzelne Personen an dieser hohe Geldsummen verdienten. Der mit Drosten seit Langem bekannte und befreundete Publizist Philipp Kohlhöfer (2021, S. 17), für dessen Buch über Pandemien der Berliner Virologe ein Vorwort geschrieben hat, widerspricht der These, dass sich dieser an – von ihm womöglich gar zu diesem Zweck „erfundenen" – Pandemien bereichere: „Er bekommt kein Geld für den PCR-Test, ist an keinem Labor beteiligt, verdient nirgends mit, macht seinen Podcast for free, und für das Vorwort habe ich ihm nichts bezahlt und der Verlag auch nicht." Drosten selbst bestreitet glaubhaft, durch die Testentwicklung reich geworden zu sein. Aber selbst wenn ihn Geldgier angetrieben hätte, ließe seine Geschäftstüchtigkeit ebenso wenig positive oder negative Schlussfolgerungen im Hinblick auf den Nutzen seines Diagnostiktests zu, wie seine mediale Omnipräsenz während der Covid-19-Pandemie das Niveau seiner fachlichen Expertise schmälerte.

Allerdings gaben die für das Pandemiemanagement verantwortlichen Politiker/innen ihren Kritiker(inne)n selbst immer wieder neue Nahrung. So ließ die SPD, als sie nach 16 Jahren gerade erst die Regierungsführung zurückgewonnen und Karl Lauterbach zum Bundesgesundheitsminister gemacht hatte, ihren

Bundesparteitag am 11. Dezember 2021 in Berlin sowohl von dem US-amerikanischen Pharmakonzern und Vakzinproduzenten Pfizer wie auch von dem Internetgiganten Microsoft sponsern, dessen Gründer Bill Gates aufgrund seines Engagements für Schutzimpfungen und durch hohe Spenden bedingten Einflusses auf die WHO im Zentrum der Verschwörungserzählungen von „Coronaleugnern" stand (vgl. dazu: Schwab 2023).

Die verbreitete Ablehnung von Schutzimpfungen macht Menschen für Verschwörungsmythen besonders empfänglich. Damit lässt sich einerseits halbwegs plausibel erklären, warum die Bevölkerung überhaupt durch entsprechende Gesetze „unter Impfdruck gesetzt" wird, und andererseits die eigene Angst vor Impfschäden in legitimen Widerstand gegen ein Komplott oder eine autoritäre Staatsmacht umdeuten. Überhaupt bildet der Gesundheitsbereich einen günstigen Nährboden für Verschwörungsideologien: „Das Feld ist mit existenziellen Ängsten und daraus resultierendem Misstrauen gegen die auf Wissenschaftlichkeit gegründete Medizin besetzt. Impfkritiker, die glauben, durch Impfung entstünde die Krankheit erst, die politische Machenschaften zur Dezimierung der Bevölkerung oder zur Kontrolle durch heimlich eingesetzte Chips argwöhnen, Corona als Erfindung der Pharmaindustrie vermuten, und Esoteriker, die sich dubiosen Wunderheilern anvertrauen, sind gläubige und willige Adressaten von Verschwörungsmythen." (Benz 2021, S. 88)

Für das massenhafte Nichtbefolgen der Infektionsschutzregeln und die in Deutschland überraschend große Impfskepsis macht der Wiener Publizist Robert Misik (2021) denn auch ein schon lange vorher bestehendes Misstrauen vieler Menschen gegenüber dem politischen System verantwortlich, die sich – seiner Ansicht nach oftmals zu Recht – nicht mehr vertreten und wahrgenommen fühlten: „Wie tief der Vertrauensverlust geht, zeigt sich auch in den anti-rationalistischen Revolten gegen das Pandemiemanagement und in Aufständen gegen die medizinische Wissenschaft. Jene, die in die Fänge einer solchen Ideologie geraten, verstricken sich in ein ganzes System der Falschinformation und sind bald bereit, die absurdesten Dinge zu glauben. Sie geraten in eine Dynamik der Selbstradikalisierung."

Die sozioökonomischen Spaltungstendenzen entluden sich während der pandemischen Krisensituation in heftigen politischen Spannungen. Nach anfänglicher Unterstützung des Regierungskurses schwang sich die AfD im Bundestag zur Vertreterin des „Volkszorns“ auf, fühlte sich als „parlamentarischer Arm“ der Protestbewegung (siehe dazu: Steffen 2021) und lehnte staatliche Infektionsschutzmaßnahmen wie den Lockdown grundsätzlich ab. In dem relativ kurzen Zeitraum zwischen Anfang März und Mitte April 2020 vollzog sie einen „radikalen Kurswechsel“, den Gudrun Hentges und Gerd Wiegel (2021a, S. 189) als rein taktisch bedingt, weil ausschließlich von einem gewandelten Nutzenkalkül für die Partei bestimmt ansehen. Die an der Universität zu Köln lehrende Hochschullehrerin und der Berliner Politikwissenschaftler haben das instrumentelle Verhältnis von Rechtsextremisten und -populisten zur Covid-19-Pandemie belegt und darüber hinaus analysiert, wie das Thema von der AfD über neurechte Theoretiker und die Identitären bis zu Neonazis des III. Weges und der NPD bzw. ihren Publikationsorganen wie *Compact* oder *Sezession* mit unterschiedlichen Schwerpunkten behandelt worden ist.

Hentges und Wiegel zeigen anhand zahlreicher Primärquellen, etwa Aufrufen, Flugblättern, Posts, Pressemitteilungen und Stellungnahmen von Parteifunktionären, dass weder im thematischen noch im strategischen Zugriff auf die Coronakrise nennenswerte Unterschiede zwischen der Alten und der sog. Neuen Rechten existierten: „Nationalismus und Globalisierungskritik, antisemitische Verschwörungsmythen, Rassismus und die Hoffnung, über die Proteste gegen die Corona-Maßnahmen größeren Einfluss auf die Bevölkerung nehmen zu können, sind in allen Strömungen der extremen Rechten gleichermaßen zu finden.“ (ebd., S. 204)

Obwohl die AfD – wenngleich mit einiger Zeitverzögerung – erkannte, dass ein parlamentarisches Repräsentationsdefizit entstanden war, weil sich die Fundamentalkritiker/innen der staatlichen Infektionsschutzmaßnahmen nicht vertreten fühlten, gelang es der Partei auch in der Folgezeit nicht, bei Wahlen politisches Kapital aus der Coronakrise zu schlagen. Vielmehr gingen ihre Stimmenanteile während des pandemischen Ausnahmezustandes sogar zurück.

Laut der *Bild*-Zeitung (v. 3.3.2021), die sich auf eine Videoschaltkonferenz zwischen Lothar Wieler und mehreren Chefärzten vom 14. Februar 2021 bezog, erkrankten Migrant(inn)en erheblich häufiger als Einheimische schwer an Covid-19 und stellten einen überproportional hohen Anteil an den Patient(inn)en auf Intensivstationen. Besonders oft seien Menschen islamischen Glaubens betroffen, hieß es weiter. Der RKI-Präsident wurde mit folgenden Worten zitiert: „Diese Gruppe besteht aus vier Millionen Menschen in Deutschland. Das entspricht einem Anteil von 4,8 Prozent. Auf den Intensivstationen liegen aber deutlich über 50 Prozent aus dieser Gruppe." Erstens gab es hierfür keinerlei empirische Belege, weil die Religionszugehörigkeit, Nationalität, ethnische Herkunft und der Geburtsort von Covid-19-Patient(inn)en nirgendwo erfasst wird. Hauptverantwortlich für eine stärkere Betroffenheit von Muslim(inn)en dürften zweitens weder „Parallelgesellschaften mitten in unserem Land" (so angeblich Wieler) noch der Bundesregierung beim Kommunizieren ihrer Infektionsschutzmaßnahmen entgegenstehende Sprachbarrieren sein. Viel eher könnten die schwierigen Arbeitsbedingungen und schlechten Wohnverhältnisse von Arbeitsmigrant(inn)en aus der Türkei und Geflüchteten eine höhere Infektiosität dieser Personengruppe bewirkt haben, falls es sie denn tatsächlich gab. Der kulturelle Faktor ist für die Ausbreitung eines Virus zwar nicht bedeutungslos, entscheidend sind aber die sozioökonomischen Verhältnisse.

Mehrsprachige „Anti-Corona-Scouts" und mobile Impfteams in „vulnerable Sozialraumgebiete" zu schicken, wie das manche Stadtverwaltungen getan hatten, als die Impfbereitschaft nachließ, war sinnvoll, die Aufhebung der Impfpriorisierung nach dem Lebensalter stellte aber eine positive Diskriminierung von Hochhaussiedlungen und sozial benachteiligten Wohnquartieren dar, ohne dass mit der extrem ungleichen Stadtentwicklung die strukturellen Ursachen des Problems beseitigt oder auch nur auf die kommunalpolitische Agenda gerückt worden wären.

Für die AfD war der Bericht des größten deutschen Boulevardblatts eine publizistische Steilvorlage, weil ihre Parlamentsabgeordneten schon während der sog. Flüchtlingskrise 2015/16 das politische Streitthema „Asyl" geschickt mit der angeblich von Geflüchteten ausgehenden Seuchengefahr verbunden hatten, um Ängste bei der einheimischen Bevölkerung zu schüren und Stimmung gegen eine humanitäre Flüchtlingspolitik zu machen (vgl. hierzu: Butterwegge/Hentges/Wiegel 2019, S. 83 f.). Auch jetzt wurde das Stereotyp des „Fremden" als Krankheitsüberträger wieder zum Kristallisationspunkt eines rassistischen Diskurses. Dass ausgerechnet Sachsen und Thüringen, wo nur sehr wenige Ausländer/innen, aber umso mehr AfD-Wähler/innen lebten, im Frühjahr 2021 die höchsten Covid-19-Inzidenzwerte aller Bundesländer aufwiesen, stützte diese Argumentation der vom Verfassungsschutz etwa zur selben Zeit als rechtsextremer Verdachtsfall eingestuften Partei jedoch nicht gerade.

AfD, NPD, Der Dritte Weg, Die Rechte, Holocaustleugner/innen, rechte Hooligans, Identitäre und QAnon-Anhänger/innen instrumentalisierten Sorgen vieler Mittelschichtangehöriger, die teilweise zu Recht fürchteten, durch Maßnahmen des Infektionsschutzes wie einen rigiden Lockdown in die Erwerbslosigkeit und/oder die Armut gedrängt zu werden. Veranstalter außerparlamentarischer, teilweise militanter Aktionen begründeten ihr politisches Engagement mit zynischen Schlagworten wie „Masken-Terror" und abstrusen Bezeichnungen wie „Merkill-Diktatur" oder „faschistisches Hygieneregime" für das parlamentarisch-demokratische Repräsentativsystem der Bundesrepublik.

Die im Februar 2021 als Splitterpartei unterschiedlicher Neonazigruppen gegründeten, vom Verfassungsschutz beobachteten „Freien Sachsen" veranstalteten in zahlreichen Gemeinden ihres Bundeslandes sog. Montagsproteste – ein harmlos klingender Name, der an frühere Demonstrationen von DDR-Bürgerrechtler(inne)n erinnern sollte, aber militante Aktionen bezeichnete. Damit wurde massiver Druck auf Landesparlament und -regierung ausgeübt, während die Inzidenzwerte des Freistaates immer neue Rekordstände erreichten. Wie aggressiv die rechtsextremen Gegner der Pandemiepolitik zu Werke gingen, zeigte sich nicht bloß am 3. Dezember 2021 bei einem Fackelaufmarsch vor dem Privathaus der sächsischen Gesundheitsministerin Petra Köpping (SPD) in Grimma, mit dem die Politikerin offenbar eingeschüchtert werden sollte, und bei einem per Telegram-Kanal geschmiedeten Mordkomplott gegen Michael Kretschmer (CDU), den Ministerpräsidenten des Bundeslandes. Ähnliches ereignete sich in Sachsen-Anhalt, wo die „Harzrevolte", eine Gruppe der extremen Rechten, ihr nicht genehme Kommunalpolitiker bedrohte.

„Querdenken", Verschwörungsmythen und die Radikalisierung der bürgerlichen Mitte

Unter den außerparlamentarischen Aktivitäten gegen das Pandemiemanagement der politisch Verantwortlichen sind vor allem die seit Ende März 2020 von der „Kommunikationsstelle demokratischer Widerstand" um den Publizisten und Dramaturgen Anselm Lenz organisierten „Hygienedemos" in Berlin und die im April 2020 von dem Stuttgarter Betriebswirt und IT-Unternehmer Michael Ballweg gegründete „Querdenken"-Initiative zu nennen. „Querdenken-711" – namensbildend war die Telefonvorwahl der baden-württembergischen Landeshauptstadt: 0711 – vereinte Mitglieder ganz unterschiedlicher Bevölkerungsgruppen, darunter sowohl Anthroposoph(inn)en, Esoteriker/innen, Evangelikale, Impfgegner/innen, Prepper wie auch Egozentriker/innen, Psychopath(inn)en und politische Querulant(inn)en der verschiedensten Art. Weil politisch offen nach Rechtsaußen, war sie auch für Demokratiefeinde wie „Reichsbürger/innen", Nationalpopulist(inn)en und Neonazis anschlussfähig.

Der Basler Soziologe Oliver Nachtwey hat zusammen mit Robert Schäfer und Nadine Frei die soziale Zusammensetzung der Aktivist(inn)en in einer allerdings nicht repräsentativen Studie untersucht. Sie kamen zu dem Ergebnis, dass sich die Protestbewegung überwiegend aus eher älteren und akademisch gebildeten Mittelschichtangehörigen rekrutierte. Folgt man Nachtwey, Schäfer und Frei (2020, S. 62), handelte es sich bei „Querdenken 711" um eine Bewegung, die sich den Kerninstitutionen der liberalen Demokratie entfremdet hatte und aus Enttäuschung über das Projekt der Moderne politisch von links nach rechts gewandert ist. Nachtwey, Frei und Schäfer (2021, S. 201) gelangten aufgrund des politischen Profils und der Einstellungsmuster von ihnen befragter Querdenker/innen zu dem Urteil, „dass es sich um eine Bewegung handelt, die eher von links kommt und nach rechts geht."

In einer Studie zur politischen Soziologie der Coronaproteste in Baden-Württemberg, die sie für die Landesvertretung der Heinrich Böll Stiftung verfasst hatten, unterschieden Nachtwey und Frei (2021, S. 30 ff.) vier gerade dort ideell und institutionell verankerte Milieus, denen sie eine besondere Affinität zu diesem nachsagten: das Alternativmilieu, das anthroposophische Milieu, das christlich-evangelikale Milieu und das bürgerliche Protest-Milieu.

Hinsichtlich der ersten beiden genannten Milieus hat sich Ulrike Baureithel im *Freitag* (v. 2.12.2021) kritisch mit diesem Erklärungsansatz auseinandergesetzt, der ihrer Meinung nach die – gemeinsamen – Formen mit den – unterschiedlichen, wenn nicht sogar gegensätzlichen – Inhalten verwechselt. Für wenig plausibel hält es die Journalistin in ihrem Artikel mit dem Titel „Unter Schwurblern Muff von 1968", dass eine aus der Schüler- und Studentenbewegung dieser Zeit hervorgegangene und im linken Milieu verwurzelte Gesinnungsgemeinschaft für den „Egoismus" und die sich jedem rationalen Argument widersetzende Position heutiger Impfverweigerer verantwortlich sein soll. „Denn die sich Ende der siebziger Jahre ausbildenden alternativen Strömungen zeichneten sich durch einen starken Gemeinschaftssinn und eine hohe Solidaritätsbereitschaft aus, gerade im und für das Kollektiv, das sehr international gedacht wurde. Auch waren sie alles andere als wissenschaftsfeindlich, die von ihnen angebotenen ‚Alternativen' wiesen vielmehr den Weg in die heutige ökologische Transformationsgesellschaft." (ebd.) Esoterische und anthroposophische Milieus waren demnach gerade nicht integraler Bestandteil, vielmehr eine verquere Reaktion auf die Protestbewegung und ein Sammelbecken für Menschen, denen sie zu theorielastig und dogmatisch erschien. Zwar hat die Außerparlamentarische Opposition (APO) gegen den Vietnamkrieg und die Notstandsgesetze sowohl Psychosekten wie auch pseudoreligiöse Gurus auf den Plan gerufen, diese jedoch nicht selbst hervorgebracht.

Weil die Anhänger/innen von „Querdenken" ein Grundmisstrauen gegenüber den verantwortlichen Politiker(inne)n, etablierten Medien und Wissenschaftler(inne)n, aber keine einheitliche

Ideologie oder Weltanschauung verband, sahen Kultur- und Sozialwissenschaftler/innen der Universität Konstanz darin eine „Misstrauensgemeinschaft“ aus Impfskeptiker(inne)n, Kritiker(inne)n der „Schulmedizin“, Anhänger(inne)n von Naturheilverfahren und Mitgliedern esoterischer Zirkel. Johannes Pantenburg, Sven Reichardt und Benedikt Sepp (2021, S. 29) attestierten diesem Kollektiv einen „dezidiert opponierenden Charakter“, der sich auf ein vornehmlich über „alternative“ Internetmedien verbreitetes „heterogenes Gegenwissen“ stütze: „Es ist stets gegen dominante Wissensbestände in Politik, Wissenschaft oder Gesellschaft gerichtet und wird somit politisch gegen entsprechende Institutionen, Persönlichkeiten und Maßnahmen mobilisiert.“

Ein ausgeprägter Generalverdacht gegenüber Institutionen und offiziellen Autoritäten erzeuge bei Querdenker(inne)n leicht eine Radikalisierungsdynamik, ohne dass immer elaborierte Verschwörungstheorien vorhanden sein müssten, meinten die Forscher/innen. Dominant seien vielmehr der Glaube an den „gesunden Menschenverstand“ als zuverlässiger Erkenntnisquelle, das dichotomische Gesellschaftsbild samt der Entgegensetzung von „wir“ bzw. „uns“ und „denen da oben“ sowie die Selbsterhebung über eine angeblich bewusst fehlinformierte Bevölkerungsmehrheit gewesen. „Die in diesen Deutungsmustern aufscheinende Unfähigkeit oder Unwilligkeit, die Existenz und Wirkmächtigkeit ungesteuerter, kontingenter Prozesse zu akzeptieren, schafft dabei Pfadabhängigkeiten, die zu extremeren verschwörungstheoretischen Überzeugungen führen können: Irgendjemand muss ja von den Pandemietoten, dem Einbruch der Wirtschaft und der Maskenpflicht profitieren.“ (ebd., S. 44 f.)

Bei den zahlreichen Demonstrationen, Kundgebungen und Mahnwachen der Initiative standen die Teilnehmer/innen meistens dichtgedrängt ohne Maske und Abstand beieinander. Kader rechtsextremer Parteien, Reichsbürger und organisierte Neonazis beschimpften die anwesenden Journalist(inn)en und verprügelten Gegendemonstrant(inn)en. Protestierenden, die Parolen wie „Merkel muss weg!“ brüllten, ging es oft gar nicht um die Sache selbst, also einen optimalen Gesundheitsschutz für die Bevölkerung insgesamt oder für vulnerable Bevölkerungsgruppen, sondern um aggressive Polemik gegenüber der Bundesregierung. Obwohl es genug inhaltliche Brüche und Widersprüche im Pandemiemanagement von Bund, Ländern und Gemeinden gab, die man hätte aufzeigen können, wirkte die Kritik daran weniger überzeugend als maßlos überzogen. Fanatiker und nicht etwa Fachleute gaben aufseiten der fundamentaloppositionellen Kräfte meistenteils den Ton an.

Hasstiraden und Hetzreden der Pandemieverharmloser, die Infektionsschutzmaßnahmen ablehnten, führten im Extremfall zur Anwendung von Gewalt: Am 18. September 2021 griff ein selbstständiger Softwareentwickler aus dem rechten „Querdenken"-Milieu im hessischen Idar-Oberstein zur Waffe und erschoss einen Schüler, der in einer Tankstelle jobbte und ihn an der Kasse vergeblich auf die Maskenpflicht hingewiesen hatte.

Unter den Pandemieverharmloser(inne)n und Impfskeptiker(inne)n befanden sich keineswegs nur solche Verschwörungsideolog(inn)en. Innerhalb der „Querdenken"-Bewegung grassierte aber „verqueres Denken", wie der Journalist Andreas Speit (2021) am Beispiel von bürgerlicher Anthroposophie, rechter Esoterik und radikalen Tierschützer(inne)n zeigt. Verschwörungsnarrative leuchteten vielen Anhänger(inne)n der Bewegung unmittelbar ein, weil sie zu erklären schienen, warum es überhaupt zu einer „P(l)andemie" kam, die das öffentliche Leben in Deutschland über zwei Jahre lang beherrschte: Da mussten doch wohl geheime Mächte am Werk sein, die Böses im Schilde führen, vor nichts zurückschrecken und nach der Weltherrschaft greifen!

Nicht bloß der Arm-reich-Gegensatz wurde im pandemischen Krisenmodus hautnah erfahrbar, sondern auch der Oben-unten-Gegensatz trat für alle Bürger/innen ohne wirtschaftliche Entscheidungsmacht und politischen Einfluss deutlicher zutage. In dieser Situation wurden negativ Betroffene von antisemitischen Verschwörungsmythen entlastet, die ihnen vermittelten, dass nicht sie, sondern andere, nämlich die Machenschaften dubioser Kräfte aus Hochfinanz oder Judentum, schuld an ihrer Unfähigkeit waren, Einfluss auf die Geschehnisse zu nehmen. Verschwörungsgläubigen geht es nicht um die Reduktion der Komplexität von sozioökonomischen Zusammenhängen, wie man ihnen oft unterstellt, denn antisemitische Narrative vereinfachen diese gar nicht, sondern verdunkeln sie nur.

Die beiden größten und von der internationalen Öffentlichkeit meistbeachteten Aktionen von „Querdenker(inne)n" fanden am ersten und am letzten August-Wochenende 2020 in Berlin statt. Nach der Großkundgebung am 1. August stießen die Veranstalter/innen auf erheblichen Widerspruch, weil sie eine Teilnehmerzahl von über einer Million angaben, was von unabhängigen Beobachter(inne)n zurückgewiesen und auf 10.000 bis 20.000 Teilnehmer/innen reduziert wurde. Nach der Kundgebung am 29. August sorgten rechte Demonstranten selbst im nichteuropäischen Ausland für helle Empörung, weil sie aufgrund unzureichender Absperrmaßnahmen bis zu den oberen Treppenstufen am Reichstagsgebäude vorgedrungen waren, wo sie lange schwarz-weiß-rote Reichs- und Reichskriegsflaggen schwenken konnten, ohne dass ihnen mehr als drei Polizisten entgegentraten. Auch wenn man für die erste Demonstration unter dem Motto „Sturm auf Berlin" mobilisiert hatte, war diese Aktion mit dem Sturm aufs Kapitol in Washington, den militante Trump-Anhänger am 6. Januar 2021 veranstalteten, um die offizielle Ausrufung Joe Bidens als US-Präsident durch beide Häuser des Kongresses zu verhindern, nicht vergleichbar. Eine weitere Protestkundgebung fand am 18. November 2020, dem Tag der Abstimmung über das *Dritte Gesetz zum Schutz der Bevölkerung bei einer epidemischen Lage von nationaler Tragweite*, in unmittelbarer Nähe des Reichstages statt.

Bei mehreren Kundgebungen in Ostdeutschland wurde 2020/21 der Versuch unternommen, das ursprünglich westdeutsche „Querdenken" in die Tradition von 1989 zu stellen (vgl. Panreck u.a. 2021, S. 108). „Freiheit durch Einheit" lautete eine Parole, mit der eine Parallele zwischen den Infektionsschutzmaßnahmen und dem SED-Regime hergestellt und das eigene Handeln als „zweite friedliche Revolution" gerechtfertigt wurde. Dass sich noch immer viele ehemalige DDR-Bürger/innen gedemütigt, sozial benachteiligt und als Bundesdeutsche zweiter Klasse fühlten, trug zusammen mit dem überkommenen Misstrauen gegenüber „obrigkeitsstaatlichen" Institutionen und Instruktionen nicht unerheblich dazu bei, dass man sich weniger gern impfen ließ.

Eher reichen die historischen Parallelen noch weiter zurück, erinnerte „Querdenken" doch nicht bloß sprachlich, sondern auch bezüglich der sozialen Zusammensetzung, der inhaltlichen Ausrichtung und der politischen Frontstellung an die „Querfront" gegen Ende der Weimarer Republik. Die damit bezeichnete Strategie war ebenfalls bemüht, ganz unterschiedliche Kräfte gegen das parlamentarische Repräsentativsystem zu vereinen. „Quer" zu den ideologischen Trennlinien der etablierten Parteien sollte ein die Reichswehrgeneralität, die Gewerkschaften und den „linken" Strasser-Flügel der NSDAP umfassendes Bündnis geschmiedet werden. Der Trierer Politikwissenschaftler Markus Linden (2021, S. 95) sieht den Ausgangspunkt dieser auch heute teilweise gewaltbereiten Allianz in einer Hinwendung der extremen Rechten zu einer instrumentellen Befürwortung von Unruhe und Aufruhr: „So sehr die Akteur*innen im Einzelnen von unterschiedlichen Motiven ausgehen, eint sie doch alle, dass sie dem angeblichen Unrechtsstaat ablehnend bis feindlich gegenüberstehen. Die daraus entstandene Melange aus Widerstandspropaganda und pseudointellektueller Diktaturanalogie transzendiert ideologische Widersprüche zu einer generellen Antibewegung gegen die parlamentarische Demokratie."

Betrachtet man ihr ausgesprochen dubioses Führungspersonal, hatten „Querdenker/innen" nicht immer hehre Motive, wenn sie Stimmung gegen „die da oben" und sogar gegen deren parlamentarisch-demokratisch getroffene Mehrheitsentscheidungen machten. Sie griffen jedoch die verständlichen Besorgnisse vieler Menschen in Deutschland auf, als sie zu Protestaktionen aufriefen. Unter den Sympathisant(inn)en von „Querdenken" befanden sich nicht bloß verbohrte Ideolog(inn)en und Querulant(inn)en, sondern auch zahlreiche Menschen, die unter dem ökonomischen und sozialen Krisendebakel litten. Leicht wurde verkannt, dass die staatlicherseits ergriffenen Infektionsschutzmaßnahmen gerade sozial benachteiligte Personengruppen überhart trafen. In einem von Albrecht Müller (2020), Mitbegründer und Herausgeber der „NachDenkSeiten", herausgegebenen Sammelband finden sich Schilderungen von Betroffenen, die erkennen lassen, wie stark die Pandemie den Alltag solcher Menschen zum Schlechten veränderte, ihr Leben erschütterte und sie verärgerte.

Zu selten erörterte man, ob Parlament, Regierung und Verwaltung während der pandemischen Ausnahmesituation genug Vorsicht im Hinblick auf die Einschränkung demokratischer Freiheiten walten ließen, wie sich auch Kapitalinteressen bei den restriktiven Maßnahmen des Infektionsschutzes eher durchsetzten als die Schutzinteressen vulnerabler Bevölkerungsgruppen: „Autohäuser wurden früh geöffnet, Kitas blieben lange geschlossen. Im öffentlichen Leben gilt die 1,5-Meter-Distanz. Am Arbeitsplatz muss oft Schulter an Schulter gearbeitet werden. Gottesdienste wurden früh als ‚systemrelevant' erklärt. Demonstrationen blieben lange Zeit verboten." (Kreilinger/Wolf/Zeller 2020, S. 189)

Für den Journalisten Matthias Meisner (2022, S. 9) war die Beteiligung „normaler" Bürger/innen an den Protesten gegen die Maßnahmen zur Eindämmung der Pandemie, zu denen auch rechtsextreme Gruppierungen mobilisierten, allerdings ein untrügliches Indiz dafür, dass sich die bürgerliche Mitte infolge der Coronakrise radikalisiert hatte, und eine Bedrohung der Demokratie. Während sich die als „Omikron" bezeichnete Virusvariante gegen Ende des Jahres 2021/Anfang des Jahres 2022 ausbreitete, fanden montags in zahlreichen Orten der Bundesrepublik unter dem Decknamen eines „Spaziergangs" größtenteils unangemeldete Demonstrationen gegen die Eindämmungsmaßnahmen der Regierungen statt (vgl. dazu: Begrich 2022). Ausschreitungen und Auseinandersetzungen mit der Polizei sorgten für große Medienaufmerksamkeit.

Ähnlich wie die Pegida-Anhänger/innen gegenüber der „Lügenpresse" hegten die Querdenker/innen besonders starke Vorbehalte gegenüber den etablierten Medien. Obwohl sich Querdenker/innen als einsame Rufer in der Wüste fühlten, die von den Meinungsmachern ignoriert oder diffamiert und von den politisch Verantwortlichen kriminalisiert wurden, stießen sie auf riesige mediale Resonanz. Dies führen Sebastian Koos und Nicolas Binder (2021, S. 295) nicht zuletzt auf die buntscheckige Zusammensetzung des an den Protestaktionen beteiligten Spektrums zurück, das sie als „Sammelbecken von Gruppen mit zum Teil sehr unterschiedlichen Weltanschauungen und politischen Wurzeln" charakterisieren. Trotz deren scheinbarer Unvereinbarkeit habe sich der Coronaprotest sehr bald institutionalisiert und seine Trägerschaft eine kollektive „Querdenken"-Identität herausgebildet, unterstützt durch den Verkauf von Merchandise-Artikeln, die regelmäßige Kommunikation auf Social-Media-Plattformen und zahlreiche Protestaktionen in ganz Deutschland.

Mancherorts kam es auch zu Gegendemonstrationen überparteilicher, breiter lokaler Bündnisse, auf denen wegen des Rechtsrucks der „Querdenken"-Bewegung besorgte Bürger/innen ein Zeichen setzen wollten. Als rechtsextrem kann man diese Protestbewegung gleichwohl nicht bezeichnen, weil ihre Anhängerschaft politisch viel zu heterogen war. Gudrun Hentges und Gerd Wiegel (2021b, S. 298) betonen, dass ihr ganz unterschiedliche Gruppen angehörten, die vor allem ihre Gegnerschaft zur Pandemiepolitik der Bundesregierung einte: „Während im Stammland von Querdenken, in Baden-Württemberg, vor allem das Spektrum der Impfgegner und -gegnerinnen aus einem oft anthroposophisch geprägten Milieu überwog, sah es in Sachsen ganz anders aus. Hier sammelten sich unter dem Label Querdenken Gruppierungen, die an die Teilnehmer der Pegida-Aufmärsche erinnerten, eine inhaltliche Nähe zur extremen Rechten aufwiesen und vielfältige direkte Kontakte zu dieser Szene unterhielten."

In ganz Deutschland war die Protestbewegung der Pandemieverharmloser/innen für solche Kräfte offen. Selbst organisierte Neonazis wurden nicht konsequent ausgeschlossen, was dem erklärten Kampf für Grundrechte und Demokratie natürlich wenig Überzeugungskraft verlieh. Malte Thießen (2021, S. 137 f.) plädiert trotzdem für eine differenzierte Wahrnehmung des Protests und seiner Träger: „Denn neben den Aluhüten und Rechten demonstrierten auch Menschen mit einer liberalen und kritischen Sicht auf die Gesellschaft." Er räumt jedoch ein, dass die anfangs ziemlich bunt zusammengesetzte Protestbewegung immer stärker von „Reichsbürgern" und Rechtsextremisten geprägt, also braun eingefärbt wurde und sich im Laufe der Pandemie zunehmend radikalisierte.

Das während der Covid-19-Pandemie mehrfach novellierte *Infektionsschutzgesetz* mit dem *Ermächtigungsgesetz* der Nazis zu vergleichen, die an Tore ihrer Konzentrationslager erinnernde

Aufschrift „Impfen macht frei" zu benutzen oder „Ungeimpft" auf einen Davidstern zu schreiben und sich als Kritiker/in des Infektionsschutzes mit den Jüdinnen bzw. Juden der damaligen Zeit gleichzustellen, war mehr als grotesk. Staatsanwälte taten gut daran, in solchen Fällen wegen Volksverhetzung zu ermitteln. Zumindest handelte es sich um eine politisch motivierte Geschichtsklitterung und eine böswillige Verharmlosung der Shoah. Ähnliches gilt für die Berufung einzelner „Querdenkerinnen" auf die antifaschistische Widerstandskämpferin Sophie Scholl und die NS-Verfolgte Anne Frank. Von einem Frontalangriff auf die persönliche Freiheit konnte im Zusammenhang mit pandemiebedingten Kontaktbeschränkungen und nächtlichen Ausgangssperren ebenso wenig die Rede sein wie von Kindesmisshandlung im Zusammenhang mit der Maskenpflicht.

Laut einer vom Wirtschafts- und Sozialwissenschaftlichen Institut der Hans-Böckler-Stiftung in Auftrag gegebenen Untersuchung waren gerade einkommensschwache, prekarisierte sowie stark von den ökonomischen und sozialen Folgen der Pandemie gebeutelte Personen mit den getroffenen politischen Entscheidungen unzufrieden, hingen aber mit zunehmender Dauer des Krisendebakels eher noch häufiger als materiell Bessergestellte obskuren Verschwörungsmythen an. Selbst die Entwicklung und Verimpfung eines Vakzins sowie die dadurch ermöglichte Senkung von Fall- und Todeszahlen hätten nicht zu einer Revidierung solcher Ansichten geführt, meint Andreas Hövermann (2021, S. 16), was deutlich mache, dass der Verschwörungsglaube unabhängig von der Pandemie wirke und nach dieser vermutlich ein anderes Mobilisierungsthema finde. Da sich die zitierte WSI-Studie auf Erwerbspersonen, d.h. den eher fester eingebundenen und finanziell bessergestellten Teil der Gesamtbevölkerung konzentriert hat, könne angenommen werden, dass Verschwörungsmythen und Corona-Skepsis kein Randphänomen seien, sondern bis weit in die Mitte der Gesellschaft hineinreichten. „Um eine langfristige Abkehr vom demokratischen Diskurs bei Vielen zu verhindern, gilt es Vertrauen zurückzugewinnen. Ein erster direkter, erfolgsversprechender Weg könnte hier die bessere finanzielle Abfederung der durch die Krise entstandenen finanziellen Folgen und damit der Kontrollverluste darstellen. Dies könnte das äußerst wichtige Vertrauen vermittelnde Gefühl zurückbringen, politisch mit seinen finanziellen Nöten und Sorgen gesehen und vertreten zu werden." (ebd., S. 17)

Einer zunehmenden Akzeptanz erfreute sich laut der WSI-Studie etwa die Behauptung, eine ökonomische Elite um den US-amerikanischen Multimilliardär Bill Gates verbinde mit der Pandemie den Plan zur Erringung der Weltherrschaft. Entgegen diesen Resultaten stellt Sebastian Koos (2021, S. 73) fest, dass für die an den Protestaktionen beteiligten Personen weniger die eigene Betroffenheit von der Pandemie oder der Pandemiepolitik als die gesamtgesellschaftlichen Auswirkungen das entscheidende Handlungsmotiv dargestellt hätten.

Sahra Wagenknecht (2021, S. 16), die als Politikerin ebenso zu den prominenten Impfskeptiker(inne)n zählte wie der Fußballprofi Joshua Kimmich und sich gleichfalls infizierte, führt das hohe Aggressivitätspotenzial im Streit über das richtige Pandemiemanagement auf die Lebensgefährlichkeit der Viruserkrankung einerseits sowie auf die Existenzgefährdung durch lange und harte Lockdowns andererseits zurück: „Menschen, die Angst haben, werden intolerant. Wer sich bedroht fühlt, will nicht diskutieren, er will sich zur Wehr setzen." Deshalb müsse es einer verantwortungsvollen Politik um den Abbau von Spaltungstendenzen und Zukunftsängsten gehen, meint die frühere Vorsitzende der Linksfraktion im Bundestag.

Bewusst missdeutet und in seiner Bedeutung für die transnationalen Konzerne maßlos überschätzt wurde von den meisten Kritiker(inne)n das als „Great Reset", großer Umbruch oder Neustart bezeichnete Modernisierungskonzept für Ökonomie, Gesellschaft, Geopolitik, Ökologie und Technologie, welches Klaus Schwab, Gründer und Vorstandsvorsitzender des Weltwirtschaftsforums, zusammen mit dem französischen Ökonomen Thierry Malleret entwickelt hat. Schon die analytische Prämisse, von der Schwab und Malleret (2020, S. 12) ausgingen, dass nämlich die Welt des Jahreswechsels 2019/20 aufgrund einer pandemiebedingten Zäsur nicht mehr existiere, erscheint mehr als gewagt. Schließlich hat sich an den internationalen Macht- und den politischen Herrschaftsverhältnissen im globalen Maßstab ebenso wenig etwas geändert wie an den (monopol)kapitalistischen Wirtschaftsstrukturen.

Wolfgang Wodarg (2021, S. 308) sah bereits in der Ankündigung des Großen Umbruchs einen Putschversuch, weil er, statt demokratisch entstanden zu sein, dem Plan eines plutokratischen Regimes entspringe: „Der Great Reset ist eben nicht das Ergebnis eines großen Volksentscheids, sondern wurde von nicht durch eine Wahl Legitimierten international geplant, inszeniert, finanziert und gesteuert – mit ihrem und unserem Geld, ihrem Einfluss und mit den für sie erreichbaren oder durch sie erpressbaren Menschen."

Jens Berger (2021, S. 64), Chefredakteur des Internetportals „NachDenkSeiten", hielt die Covid-19-Pandemie nicht für den Auslöser, sondern für einen Beschleuniger jener sozioökonomischen Entwicklung, die Neoliberale bereits seit Jahrzehnten vorantreiben, und fragte, ob die Anhänger des Great-Reset-Erklärungsansatzes noch nichts vom Washington Consensus gehört hätten: „Dieses ideologisch geprägte ‚Wirtschaftsprogramm' hat über den Internationalen Währungsfonds und die Weltbank die Grundlage für die neoliberale Umwälzung unseres Wirtschaftssystems gelegt." Ökonomisierung, Marktliberalisierung und Deregulierung sind weder etwas Neues noch das Ergebnis der Pandemiepolitik, die von den etablierten Parteien und ihren Vertreter(inne)n betrieben worden ist. Auch verwundert es nicht, dass eine Pandemie wie jede Krise vom Großkapital seinen Verwertungsinteressen gemäß instrumentalisiert wird. So nutzte das Management die Coronarezession in zahlreichen Unternehmen, um Restrukturierungsprogramme, betriebliche Rationalisierungsmaßnahmen und Personalabbau durchzusetzen oder zu rechtfertigen (vgl. Detje/Sauer 2021, S. 24 ff.).

Verena Kreilinger, Winfried Wolf und Christian Zeller (2020, S. 190) beharrten ebenfalls darauf, dass kein abgesprochenes, koordiniertes Handeln dunkler Mächte vorgelegen, sondern der Zufall die Szenerie beherrscht und höchstens ein situatives Ausnutzen der sich bietenden Gelegenheiten zur Machtsteigerung durch Spitzenpolitiker und zur Profitmaximierung durch Kapitalmarktakteure stattgefunden hat: „Die Superreichen, die Regierenden und die großen Konzerne und Banken nutzen die Corona-Krise aus – so, wie sie jede Krise nutzen. Doch die Aussage, es gäbe einen konkreten ‚großen Plan', ist falsch." Dafür sprechen nicht zuletzt die Interessengegensätze zwischen den einzelnen Wirtschaftssektoren, Branchenverbänden und Kapitalfraktionen, deren Existenz diese an einem koordinierten Vorgehen während der Pandemie hinderten. Auch die Herrschenden sind im Finanzmarktkapitalismus der Gegenwart eben kein homogener Machtblock, sondern haben unterschiedliche Interessen, Zielsetzungen und strategische Konzepte.

Was die kanadische Journalistin Naomi Klein (2021) unter Bezugnahme auf den US-amerikanischen Ökonomen Milton Friedman als „Schockstrategie" in einem neoliberal umstrukturierten, marktradikalen Kapitalismus bezeichnet, birgt für die Machthaber so große Risiken, dass sie höchstens in Wirtschafts- bzw. Finanzkrisen und gesellschaftlichen Umbruchsituationen dazu greifen, ohne selbst die Katastrophen zu verursachen, deren situative Ausnutzung ihnen die Realisierung weitreichender Pläne und die schnellere Durchsetzung eigener Interessen ermöglicht. Von der Covid-19-Pandemie profitierten auch eher weniger bedeutende Kapitalfraktionen: Pharmaindustrie, Atemmasken-, Desinfektionsmittel- und Testhersteller, Labordienstleister sowie Internet- und Versandhandel sind politisch nicht gerade sehr einflussreich, wenn man sie mit der Metall- und Elektroindustrie, dem Maschinenbau, großen Rüstungskonzernen sowie Automobil- und Flugzeugherstellern vergleicht.

Teilweise äußerten Pandemieverharmloser/innen und Impfskeptiker/innen leicht nachvollziehbare, manchmal auch durchaus berechtigte Kritik an der Entwicklung einzelner Gesellschaftsbereiche, etwa der Wissenschaft, der medizinischen Forschungslandschaft oder des Hochschulwesens: „Unsere Universitäten, Forschungsinstitute und große Teile der wissenschaftlichen Infrastruktur sind entweder schon in privater Hand oder in großem Maße abhängig von Drittmitteln, die private Sponsoren zweckgebunden vergeben." (Wodarg 2021, S. 33) Auch die Lobbyeinflüsse der Pharmaindustrie und anderer Wirtschaftszweige spielten in der Diskussion über die Covid-19-Pandemie nur eine untergeordnete Rolle, wenn sie überhaupt zur Sprache kamen.

Rechtspopulisten, Rechtsextremisten und Neonazis instrumentalisierten den Protest, indem sie möglichst als Mitveranstalter größerer Demonstrationen auftraten und versuchten, allen Teilnehmer(inne)n ihre Hetzparolen, Verschwörungsideologien und antidemokratischen Inhalte vorzugeben. Dass diese Bemühungen größtenteils erfolgreich waren, zeigte die schrittweise Radikalisierung der „Querdenken"-Bewegung. In der politischen und Medienöffentlichkeit galten die Aktionen daher schnell als von rechten Kräften unterwandert oder gesteuert (vgl. dazu: Kleffner/Meisner 2021; Naumann/Kamann 2021).

Seitens der politischen Entscheidungsträger wurde die tiefgreifende Spaltung der Gesellschaft nicht verhindert oder gemindert, sondern teilweise noch Öl ins Feuer gegossen. Als ein Beispiel unter vielen mag dienen, dass Bundesgesundheitsminister Jens Spahn (CDU) in der vierten Welle, als erst zwei Drittel der Bevölkerung doppelt geimpft waren, von einer „Pandemie der Ungeimpften" sprach, die er damit zum Sündenbock machte und denen sein Nachfolger Karl Lauterbach (SPD) bloß noch Zugang zu ihrem Arbeitsplatz, zu Lebensmittelgeschäften, zu Drogerien und Apotheken gewähren wollte. Ein weiteres Negativbeispiel lieferte Frank Ulrich Montgomery, Vorstandsvorsitzender des Weltärztebundes (World Medical Association, WMA), als er die Ungeimpften in einer Talkshow gar beschuldigte, eine „Tyrannei" gegenüber den mehrheitlich Geimpften auszuüben und ihnen freiheitsbeschränkende Maßnahmen zu oktroyieren. Schließlich forderte IW-Direktor Michael Hüther in der *Welt* (v. 10.11.2021) finanzielle Sanktionen für Impfunwillige, etwa höhere Krankenversicherungsbeiträge oder Selbstbehalte. Dem schlossen sich Ärztevereinigungen an, die für eine Kostenbeteiligung immer noch Ungeimpfter an den Krankenhausleistungen plädierten, falls sie mit einer Coronainfektion in eine Klinik eingeliefert bzw. auf einer Intensivstation behandelt werden müssten.

Der mediale Alarmismus und der politische Aktionismus trugen weder zu einer Befriedung des Konflikts noch zu einer Versachlichung der öffentlichen Diskussion bei. Indem man sowohl erklärte Impfgegner/innen wie auch stark verunsicherte oder übervorsichtige Impfskeptiker/innen für die schweren Erkrankungen bzw. den Tod vieler Mitbürger/innen verantwortlich machte und sie gemeinsam an den Pranger stellte, wurde das gesellschaftliche Klima vielmehr erst recht vergiftet.

Egal, wie man zur Impfung gegen SARS-CoV-2/Covid-19 stand, ein zwingender Grund zur Verunglimpfung ergab sich aus dieser Haltung nicht. Anstatt die vielen an der Wirksamkeit, Sicherheit und/oder Zuverlässigkeit von Vakzinen weiterhin Zweifelnden mit Demokratiefeinden und rechten Fanatikern in einen Topf zu werfen, hätte man ihre Argumente ernstnehmen und sie mit aussagekräftigen Studien überzeugen müssen. Denn pauschale Schuldzuweisungen auf der einen und dubiose Verschwörungserzählungen auf der anderen Seite vertieften nur die Gräben zwischen den politischen Lagern. Je länger die Pandemie und die mit ihr verbundenen Einschränkungen des Alltagslebens dauerten, desto mehr verhärteten sich die Fronten, bis jeder Meinungsaustausch zwischen den Kontrahent(inn)en nahezu unmöglich war.

Jens Berger (2021, S. 110) äußerte Unmut darüber, dass man die Kritiker/innen des Regierungskurses ausgegrenzt habe, anstatt den Dialog mit ihnen zu suchen: „Die Ängste vor dem Virus wurden stetig nicht nur bedient, sondern sogar massiv angefacht. Die sozioökonomischen Ängste wurden ganz einfach ignoriert. Und diejenigen, die Angst vor Überwachung, Demokratieverlust und dauerhaften Einschnitten ihrer Freiheit hatten, wurden dämonisiert – Querdenker, Reichsbürger oder Nazis seien sie und ohnehin bekloppt." Zwar gab es Versuche einer Zusammenführung der unterschiedlichen, wenn nicht gegensätzlichen Positionen, Erfolg in dem Bemühen, eine gemeinsame Lösung des Problems zu finden, war ihnen aber nicht beschieden.

2 Auswirkungen der Pandemie auf die Geschlechter, die Generationen und ihr Verhältnis zueinander

Unterschiedlich stark betroffen von der Covid-19-Pandemie waren nicht bloß – wie gesehen – die einzelnen Bevölkerungsschichten, sondern auch und gerade die einzelnen Altersgruppen: Junge und alte Menschen standen sogar lange im Mittelpunkt der öffentlichen Diskussionen über das Ansteckungs- bzw. Erkrankungsrisiko, den Infektionsschutz und Schutzmaßnahmen wie das Impfen. Teilweise wurden die verschiedenen Alterskohorten unter Betonung der angeblich mangelnden „Generationengerechtigkeit" auch gegeneinander ausgespielt. Gleichfalls sehr unterschiedlich erlebten die Geschlechter den wiederholten Lockdown und die pandemische Ausnahmesituation. Frauen und Mütter trugen die schwerste Last in Bezug auf die Betreuung von Kleinkindern sowie die häusliche Unterstützung der Schulkinder im Hybrid- bzw. Wechselunterricht und beim E-Learning (Homeschooling, Distanzlernen).

Zwar wird der Diskurs darüber, wie sich Pandemie auf die verschiedenen Generationen und ihr Verhältnis zueinander ausgewirkt hat, im Folgenden aufgegriffen. Dabei stehen jedoch Kinder und Jugendliche im Vordergrund, weil sie von den Auswirkungen und Folgen der Covid-19-Pandemie noch sehr viel länger betroffen sein dürften (vgl. dazu: Fokken 2020; Drerupp 2022; Klundt 2022). Die älteren Menschen bedurften der Rücksichtnahme und Hilfe ihrer Mitbürger/innen vielleicht noch mehr, wurden aber, wenn man etwa an Kleinstrentner/innen, Pflegebedürftige und Heimbewohner/innen denkt, gleichfalls eher im Stich gelassen. Nur gestreift wird das Problem der Geschlechterungleichheit, etwa im Zusammenhang mit Einkommensverlusten sowie dem Homeoffice und dem Homeschooling, die Alleinerziehende, mithin vor allem Frauen, übermäßig belastet haben.

2.1 Das erschöpfte Geschlecht: Frauen und Mütter im Ausnahmezustand

Neben der Klassen- stellte sich laut dem in St. Gallen lehrenden Philosophen Dieter Thomä (2020, S. 52) während der Pandemie die Geschlechterfrage in aller Schärfe, weil die Mehrheit der besonders Exponierten weiblichen Geschlechts war und eher zu den Geringverdienenden gehörte. Entlassen wurden im Lockdown zuerst geringfügig Beschäftigte, darunter überwiegend Frauen, Leih- bzw. Zeitarbeitende und junge Menschen, die auch nicht so schnell wieder eingestellt wurden.

Familien, Kinder und Jugendliche zählten hierzulande ebenso wie weltweit zu den Hauptleidtragenden der Covid-19-Pandemie. Waren beide Elternteile berufstätig, blieben meist die Mütter und nicht die – häufig besser verdienenden Väter – bei ihren gemeinsamen Kindern, wenn deren Bildungs- und Betreuungseinrichtungen für längere Zeit schlossen (vgl. Müller u.a. 2020, S. 336). Da sie häufig ihre Arbeitszeit reduzieren oder ihren Jahresurlaub opfern mussten und die Wohnungen der Alleinerziehenden im Durchschnitt sehr viel kleiner sind als die anderer Haushaltstypen, waren die psychischen Belastungen durch einen Lockdown für Frauen enorm. Zugenommen hat daher zweifellos auch die Ungleichheit der Geschlechter, waren es doch hauptsächlich Frauen, die im Erwerbsleben zurückstecken mussten, weil sich ihr Beruf und die Familie aufgrund der Reprivatisierung bzw. Deprofessionalisierung der Kinderbetreuung noch weniger miteinander vereinbaren ließen als sonst. Bettina Kohlrausch und Aline Zucco (2020), Direktorin bzw. Mitarbeiterin des Wirtschafts- und Sozialwissenschaftlichen Instituts der Hans-Böckler-Stiftung, sprechen in diesem Zusammenhang von einer „doppelten Benachteiligung“ der Frauen durch weniger Erwerbseinkommen und mehr Sorgearbeit. Was insbesondere Alleinerziehende wegen der ihnen auferlegten Beschränkungen, behördlichen Vorgaben und bestehenden Ängste während der Pandemie leisteten, wird bis heute nicht angemessen gewürdigt.

Schon kurz nach Beginn des ersten bundesweiten Lockdowns äußerte Jutta Allmendinger, Präsidentin des Wissenschaftszentrums Berlin für Sozialforschung, wiederholt die Befürchtung, Mütter und Väter bzw. Männer und Frauen könnten in alte Rollenklischees zurückfallen und der Geschlechtergerechtigkeit damit einen Bärendienst erweisen. Allmendinger (2020, S. 46) verwies auf die Ergebnisse einer WZB-Umfrage zum Alltag der deutschen Bevölkerung in Zeiten von Corona und sprach von einer „Retraditionalisierung" des Geschlechterverhältnisses: „Es geht um den Verlust der Selbstbestimmtheit von Frauen, von Respekt, von Rechten."

Die Bielefelder Sozialwissenschaftlerin Alexandra Scheele (2021, S. 136 f.) hat mehrere Geschlechterdimensionen untersucht, von denen sie die Sorgearbeit, den Arbeitsmarkt und die häusliche Gewalt besonders hervorhebt, um zu belegen, „dass die Verschärfung von Geschlechterungleichheiten während der Pandemie kein zufälliger Nebeneffekt ist, sondern dass sich auch in dieser Krise – ähnlich wie in vorherigen Krisen – strukturelle Widersprüche hinsichtlich der Ordnung der Geschlechter und der Organisation der Geschlechterverhältnisse zeigen."

Erwerbstätigkeit und Elternschaft gerieten in der pandemischen Ausnahmesituation gleichermaßen unter Druck. Durch die Rückverlagerung von Betreuungs-, Erziehungs- und Bildungsaufgaben in die Familien veränderte sich auch die Kindheit grundlegend. Christian Alt, Andreas Lange, Thorsten Naab und Alexandra Langmeyer (2020, S. 304) gehen von einer Refamiliarisierung durch die Pandemie aus, verbunden mit einer temporären Deinstitutionalisierung von Kindheit und Jugend aufgrund der Schließung von Kitas, Schulen und Vereinsangeboten, woraus ihrer Meinung nach vermehrt Einsamkeitserfahrungen resultierten: „Das familiale Funktionieren ist eine zentrale Stellschraube für das Einsamkeitserleben der Kinder. Wie gut es Eltern gelingt, Berufstätigkeit, Homeoffice und Kinderbetreuung in Einklang zu bekommen, steht im Zusammenhang mit dem Einsamkeitserleben der Kinder."

Die soziale Ungleichheit der Geschlechter hat sich durch die Pandemie selbst wie durch die ergriffenen Infektionsschutzmaßnahmen verschärft. „Maßnahmen wie Kontaktbeschränkungen, Kindergarten- und Schulschließungen oder die Einschränkung von Dienstleistungsberufen waren gesundheitspolitisch gut begründet. Gleichstellungspolitisch waren sie ein Armutszeugnis, weil strukturelle Benachteiligungen weiblicher Erwerbsarbeit und traditionelle Mehrbelastungen in Haus und Familie unberücksichtigt blieben." (Thießen 2021, S. 119)

Von der pandemiebedingten Retraditionalisierung des Geschlechterarrangements waren auch Frauen negativ betroffen, die sich im Beruf fest etabliert hatten. Die staatlichen Stellen griffen in alle Facetten des öffentlichen, aber auch in wichtige Teilbereiche des privaten Lebens ein, und zwar derart gravierend, dass diese substanzielle Veränderungen erfuhren wie nie zuvor in Friedenszeiten. Die beiden Erziehungswissenschaftler Elisabeth Tuider und Jörg Fischer (2021, S. 8) sprechen in diesem Zusammenhang von einer „Rekonfiguration des Sozialen", weil die Frage aufgeworfen und entschieden worden sei, wer unter welchen Bedingungen arbeiten, lernen oder leben darf: „Was wertvolle und was nicht so wertvolle Arbeit ist, wer Grenzen überschreiten darf und wer nicht, welche Pendelmigration also die gewünschte und welche die unerwünschte ist, wurde in Coronazeiten nicht nur thematisiert, sondern reguliert." Nur das Spargelstechen und das Erdbeerenpflücken durch ausländische Saisonarbeiter/innen habe im ersten Lockdown als so wichtig gegolten, dass Arbeitsmigrant(inn)en für diese Tätigkeiten eingesetzt werden konnten.

2.2 Senior(inn)en als besonders gefährdete, aber schlecht geschützte Bevölkerungsgruppe

Während vor allem junge, kräftige und durchtrainierte Menschen nach einer Ansteckung mit dem neuartigen Coronavirus teilweise ohne Symptome blieben, fielen der Pandemie viele alte, vorerkrankte und körperlich geschwächte Personen zum Opfer. Covid-19 galt zuerst als reine Lungenerkrankung, bis sich herausstellte, dass auch viele andere Organe betroffen sein können und der ganze Körper geschädigt wird: Thrombosen, Herzinfarkte, Schlaganfälle und Nierenleiden werden ebenfalls durch das als SARS-CoV-2 bezeichnete Virus ausgelöst. Wie sich zeigen sollte, machen auch neurologische Spätfolgen vielen Infizierten erheblich zu schaffen.

Wegen der zahlreichen Todesfälle unter den Senior(inn)en gerieten die alten Menschen sofort nach Ausbruch der Covid-19-Pandemie ins Zentrum der öffentlichen Aufmerksamkeit. Schließlich waren zunächst erheblich mehr als 50 Prozent der „Coronatoten" Hochbetagte, d.h. über 80 Jahre alt. Weit über die Hälfte aller Todesfälle gab es in den Alten- und Pflegeheimen, wo viele gesundheitlich beeinträchtigte Personen auf engem Raum zusammenlebten, aber auch betreut und versorgt werden mussten. Wenn das Virus, etwa durch Besucher/innen, das Personal, Reinigungskräfte oder Lieferant(inn)en, in eine solche Einrichtung hineingelangte, war die Ansteckungsgefahr für Senior(inn)en ausgesprochen hoch.

Verschiedentlich wurde bemerkt, dass „Physical Distancing" ein treffenderer Begriff als „Social Distancing" wäre, wofür Manfred Spitzer (2020, S. 193 f.) in seinem Buch „Pandemie. Was die Krise mit uns macht und was wir aus ihr machen" als Beispiel das Telefonieren wählt, bei dem sich trotz körperlicher Distanz soziale Nähe herstellen lässt. Einsamkeit war besonders für viele alte Menschen ein großes Problem, welches hauptsächlich daher rührte, dass vor allem zu Beginn der pandemischen Notsituation regelmäßige Besuche von lieben Freund(inn)en und/oder nahen Angehörigen, Umarmungen zur Begrüßung und zärtliche Berührungen unterbleiben mussten. Für jüngere Personen bot die Virtualisierung ihrer Sozialkontakte bzw. die Viralisierung ihrer zwischenmenschlichen Beziehungen im Lockdown eher eine sinnvolle Alternative zu körperlichen Begegnungen.

Nur zu Beginn der Pandemie sah es fast so aus, als hätte sie zu einer „generationensolidarische(n) Stimmung des Helfens" gegenüber Alten und verletzbaren Menschen geführt (siehe Klundt 2021a, S. 103). Noch während der ersten Infektionswelle im Frühjahr 2020 musste die Vulnerabilität der Senior(inn)en jedoch als Begründung für die Forderung herhalten, sie vollständig zu isolieren, um das gesellschaftliche Leben nicht drastisch herunterfahren zu müssen. In den Senioren- und Pflegeheimen litten viele alte Menschen ganz enorm unter den zu ihrem Schutz ergriffenen

Maßnahmen, konnten sie doch über einen längeren Zeitraum keinen Besuch empfangen oder sich nur hinter einer Glasscheibe mit ihren engsten Angehörigen unterhalten. Auf diese Weise förderten Abstandsregelungen und Aufenthaltsbeschränkungen tendenziell die Vereinsamung und die soziale Isolation, von der alte, arme und in beengten Wohnverhältnissen lebende Menschen ohnehin am stärksten bedroht sind.

Durch die Verstärkung der Tendenz zum „Wegschließen“ alter Menschen befürchtete Frank Schulz-Nieswandt (2020, S. 120) einen sozialpolitischen Rollback-Effekt: „Die in der Corona-Situation nochmals in gesteigerter Form praktizierte pauschale Stigmatisierung der Schutzbedürftigkeit der vulnerablen Gruppe der ‚Alten‘ kappt die gerade erst im langsamen und widerspruchsvollen Wachstum befindliche Sozialraumöffnung der Heime, die an das normale Wohnen und Leben im Quartier und somit im Kontext von Nachbarschaft als lokalen sorgenden Gemeinschaften anknüpft.“

Massiv verletzt wird laut Schulz-Nieswandt (2021, S. 23) das „Grundrecht des alten Menschen auf Selbstgefährdung als Ausdruck der Selbstbestimmung mit Blick auf das ebenso grundrechtlich kodifizierte Teilhaberecht“, wodurch er zum „sozialen Tod“ verurteilt sei. Statt einer während der Covid-19-Pandemie seiner Ansicht nach auf die Spitze getriebenen „Kasernierung“ von Greisinnen und Greisen forderte der Kölner Hochschullehrer (ebd., S. 26) eine „Politik der Lebensqualität“ in der Pandemie, die seiner Meinung nach bedeutet hätte: „Sicherung des Optimums an Normalität unter Achtung der Würde der Person unter Einbezug von Hygienekonzepten zur Vermeidung fahrlässiger Risikogenerierungen, was nicht nur den Extremfall der pathologischen Wahrnehmungsweisen und hysterische Wahneinstellungen im Sinne der Corona-Leugnung ausschließt, sondern auch fahrlässige Unterkomplexität der Hygieneregelungskonzepte und ihre Umsetzung.“

Selbst wenn alte Menschen nicht als „Verschlusssache“ behandelt wurden, wie sich Schulz-Nieswandt ausdrückt, hat die Covid-19-Pandemie den Pflegenotstand in Deutschland unübersehbar wie nie zuvor gemacht. Der auf vielen Balkonen in ritualisierter

Form gespendete Applaus für Krankenschwestern, Altenpfleger und sonstige Angehörige „systemrelevanter" Berufe war eine rein symbolische Anerkennung, aber keine echte Solidarität. „Eine solidarische Politik der Arbeit sollte die seit Corona weiter verbreitete Einsicht in die ‚Systemrelevanz' wohlfahrtsstaatlicher Infrastrukturen und Dienstleistungen nutzen, um (trotz erwartbar leerer öffentlicher Kassen) deren Ausbau und Re-Kommunalisierung zu fordern – gegen den Widerstand derer, die an Solidarität appellieren, aber faktisch vor allem für die Entlastung von Unternehmen sowie die Privatisierung von Reproduktionsrisiken und -kosten eintreten." (Mayer-Ahuja/Detje 2020, S. 496)

„Systemrelevanz" war eine mehr als zweifelhafte Kategorie, wenn darunter nur die Fähigkeit der Beschäftigten zum reibungslosen Funktionieren in einem Gesundheitssystem verstanden wurde, das man vorher weitgehend „kaputtgespart" und gemäß der Profitlogik des bestehenden Wirtschaftssystems umstrukturiert hatte. Auch der Solidaritätsbegriff wurde instrumentalisiert und zur Problemlösung missbraucht, weil man im neoliberalen Sinne an die „Selbstverantwortung" der Individuen appellierte, statt die strukturellen Ursachen der Probleme zu benennen. „In einer Gesellschaft, die ‚Solidarität' den sorgenden Subjekten als persönliche Verhaltensanforderung auferlegt, liegt in der politisch vermittelten Selbstgewissheit, dass die Pandemie ‚allein solidarisch' bewältigt werden könne, keine emanzipatorische Verheißung, sondern eine potenziell autoritäre Drohung." (Lessenich 2020, S. 182)

Die unterbezahlten Krankenschwestern, Erzieherinnen, Altenpfleger, Supermarktkassiererinnen und Lkw-Fahrer hat man wegen ihres Einsatzes für das Gemeinwohl während der Pandemie zu „Held(inn)en des Alltags" erklärt. Vorschnell wurde hierfür der Solidaritätsbegriff reklamiert, dessen klassenpolitische Bedeutung ebenso verschüttet ist wie seine Herkunft aus der Arbeiterbewegung. „Solidarität" wurde auch gegenüber den alten Menschen eingeklagt. Nötig ist wegen der sozioökonomischen Zerklüftung des Landes aber nicht eine abstrakte Solidarität zwischen unterschiedlichen Generationen, sondern ein Interessenausgleich innerhalb jeder Generation. Sowohl die Kinder- wie die Altersarmut dürften während der Pandemie zugenommen haben, denn auch unter den Senior(inn)en trafen Einkommensverluste hauptsächlich solche Personen, die schon vor der Pandemie eher Niedrigeinkommen hatten (vgl. Vogel/Gordo/Stuth 2020).

Alters- und Kinderarmut (vgl. hierzu: Butterwegge u.a. 2012; Butterwegge/Butterwegge 2021, S. 45 ff.) bleiben in einem so wohlhabenden, wenn nicht reichen Land wie der Bundesrepublik ein Armutszeugnis für die Gesellschaft, den Sozialstaat und vor allem die politisch Verantwortlichen. Rücksichtnahme auf die Mitmenschen ist – nicht allein in einer Pandemie – ausgesprochen vernünftig und notwendig, aber noch lange keine Solidarität. Solidarität bezweckt nämlich viel mehr, als den Mitmenschen keinen Schaden zuzufügen. Sie beinhaltet darüber hinaus, die materielle Situation einer bestimmten Personengruppe, der man selbst angehört, oder eines ihrer Mitglieder zu verbessern, die soziale Ungleichheit zu verringern und mehr Gerechtigkeit zu schaffen, also die Gesellschaft im positiven Sinn zu verändern.

Aufgrund ihrer hohen Morbiditäts- und Mortalitätsrate durch eine Infektion mit dem neuartigen Coronavirus wurden die Senior(inn)en pauschal zur Hoch- und Hauptrisikogruppe erklärt. Stephan Lessenich sprach daher in einem Gastbeitrag für die *taz* (v. 18.3.2021) unter dem prägnanten Titel „Das Virus Ungleichheit“ von „ungleichheitspolitischen Phantomdebatten“, die den öffentlichen Diskurs bestimmt hätten, wenn von „den Alten“ die Rede war, ohne dass ihre extreme soziale Heterogenität berücksichtigt wurde. Daraus zog der neue Direktor des Frankfurter Instituts für Sozialforschung den zutreffenden Schluss: „Wer hier nicht von Klassenunterschieden reden möchte, sollte eigentlich schweigen.“

Silke van Dyk, Stefanie Graefe und Tine Haubner (2021, S. 193) wiesen darauf hin, dass Ältere nicht etwa „von Natur aus“ anfälliger für eine Infektion mit dem als SARS-CoV-2 bezeichneten Virus und die Covid-19-Pneumonie sind, ihr erhöhtes Krankheitsrisiko vielmehr eine soziale Komponente hat: „Gesundheitszustand und Lebenserwartung sind in Deutschland, wie in den meisten anderen Ländern auch, hochgradig klassenspezifisch verteilt: So leben die einkommensstärksten 20 Prozent der Männer hierzulande fast neun Jahre länger als die einkommensschwächsten 20 Prozent." Zudem können sich jüngere Menschen ebenfalls mit SARS-CoV-2 infizieren, schwer an Covid-19 erkranken und daran sterben. Zwar wurden die Spätfolgen (Post-Covid-Syndrom) in den Medien relativ selten thematisiert, sie dürften aber gerade für schon im Kindes- oder Jugendalter erkrankte Personen gravierend sein.

Als besondere Risikofaktoren erwiesen sich im fortgeschrittenen Lebensalter schwere Vorerkrankungen und ein geschwächtes Immunsystem. Von den hauptsächlich in den hoch entwickelten Industriestaaten auftretenden „Zivilisationskrankheiten" sind auch hierzulande viele Millionen Menschen betroffen, darunter vor allem ältere. Zu den Hauptursachen zählt eine ungesunde Ernährungs- und Lebensweise, deren Folgen sich erst mit zunehmendem Alter zeigen: Herz-Kreislauf-Probleme, Adipositas, Bluthochdruck, Diabetes, Raucherlunge und Krebserkrankungen. Eine erhebliche Rolle spielen nicht zuletzt die Atemwegserkrankungen infolge der dauerhaft hohen Feinstaubkonzentration in den städtischen Ballungsräumen.

Helga Pelizäus, Leiterin des Forschungsbereichs „Alter(n) und Digitalisierung" an der Universität der Bundeswehr München, und Jana Heinz, Privatdozentin an der TU München, beklagen einen unangemessenen, „fast paternalistischen Zugriff auf die Älteren" während der Covid-19-Pandemie, wofür sie zwei Gründe nennen: Einerseits habe man die Heterogenität des Alters völlig ignoriert, in dem sich rüstige und gesunde Senior(inn)en ebenso befänden wie hinfällige Hochbetagte. Andererseits habe man ein viel zu simples und eher defizitäres Altersbild gezeichnet, das die Autonomie der Senior(inn)en negiere: „Es leistet einer Altersdiskriminierung Vorschub, die nicht nur auf institutioneller und organisatorischer Ebene wirkt, sondern die sich ebenfalls in den Köpfen der Menschen verfestigt. Die Vielfalt des Alters zeigt sich nicht nur in sozialen und gesundheitlichen Unterschieden, sie drückt sich zum Beispiel auch in der großen zeitlichen Lebensspanne aus, die mit einem vereinfachten Altersbild nicht adäquat abgebildet wird." (Pelizäus/Heinz 2020, S. 15)

Einschneidend war die Pandemie gerade für jene Menschen, die sich auf einen sorgenfreien Ruhestand gefreut und Fernreisen sowie Besuche von Verwandten, Freunden und Bekannten ins Auge gefasst hatten, deren Lebens(abend)planung nun allerdings über den Haufen geworfen wurde. Da sich ältere Menschen besonders häufig ehrenamtlich betätigen und eine große Stütze karitativer Organisationen bilden, führte ihr durch persönliche Vorsicht begründeter Ausfall schon bald nach Beginn der Pandemie auch zu einer spürbaren Schwächung der Zivilgesellschaft. Auf unterschiedlichen Feldern, wo freiwilliges Engagement dieser Personengruppe zur Aufrechterhaltung der Sozial-, Gesundheits- und Erziehungsdienste unerlässlich ist, stagnierte die Arbeit, als viele ältere Ehrenamtliche ihre Tätigkeit im Frühjahr 2020 einstellen mussten, um sich selbst vor einer Ansteckung zu schützen: „Der so entstandene Mangel an Unterstützer*innen betrifft soziale Träger und Hilfsprojekte in allen Bereichen – Kindern fehlen ihre Wahlopas, den Tafeln die Aktiven in der Lebensmittelausgabe, Senior*innen der ehrenamtliche Besuchsdienst." (Springer 2020, S. 170)

2.3 Mangelt es an Generationengerechtigkeit oder sind Jugendliche politische Sündenböcke?

Was die Rolle von Kindern und Jugendlichen bei der Verbreitung des neuartigen Coronavirus betrifft, blieb lange ungeklärt, ob bei dieser Altersgruppe von einer weniger hohen Ansteckungsgefahr als bei Erwachsenen auszugehen war. Deshalb ließ sich weder die Frage beantworten, ob sich junge Menschen häufiger oder seltener ansteckten und ob sie ihre Eltern, Lehrer/innen und Erzieher/innen trotz eines bei ihnen oft asymptomatischen Verlaufs der Erkrankung infizieren konnten, noch die Frage, ob Kindertagesstätten und Schulen ähnlich wie Alten- und Pflegeheime, Schlacht- und Fleischbetriebe, Logistikzentren und Großbaustellen zu „Corona-Hotspots" werden konnten und deshalb im Lockdown zusammen mit Gaststätten, Geschäften sowie Kultur-, Sport- und Freizeiteinrichtungen geschlossen werden sollten. Die öffentliche Brandmarkung der Minderjährigen als „Virenschleudern" bzw. „Superspreader" bewegte gleichwohl die Gemüter.

Covid-19 ist zwar (noch) keine Kinderkrankheit wie Diphterie, Masern, Keuchhusten und Scharlach, kann junge Menschen aber genauso treffen wie alte, wenngleich dies bei Ersteren schon aufgrund der besseren körperlichen Verfassung und mangelnder Vorerkrankungen seltener mit einem schweren Verlauf geschieht. Wegen ihres überwiegend asymptomatischen Krankheitsverlaufs galten Kinder zu Beginn der Pandemie weder als Risikogruppe noch als Virenüberträger. Erst während der folgenden Infektionswellen wurde erkennbar, dass Kleinkinder, Schüler/innen und Jugendliche wegen des häufigeren Auftretens von stärker ansteckenden Mutanten sehr wohl gefährdet waren. Neben der akuten Erkrankung drohten ihnen überdies Long Covid und das Pädiatrische Inflammatorische Multiorgan-Syndrom (Pediatric Inflammatory Multisystem Syndrom, PIMS). Dabei handelt es sich um eine plötzliche Überreaktion des Immunsystems, die zwar nur selten auftritt, aber Wochen nach einer meist symptomfrei verlaufenen SARS-CoV-2-Infektion zu Ausschlag und hohem Fieber führt.

Oft hieß es, „die Jungen" hätten durch ihre fehlende Infektionsfurcht, ihre mangelnde Rücksichtnahme auf die Risikogruppen und ihren zu laxen Umgang mit dem Coronavirus das Leben „der Alten" gefährdet. Diesen wurde umgekehrt vorgeworfen, die nachwachsende Generation für die Aufrechterhaltung ihrer eigenen Gesundheit in Mithaftung genommen, den Bewegungsspielraum junger Menschen über Gebühr eingeschränkt und deren allgemeine Entwicklungsmöglichkeiten dauerhaft verschlechtert zu haben. Da die Senior(inn)en als vulnerable Gruppe besonderen Schutz verdienten, wurden sie sowohl früher als die übrigen Altersgruppen geimpft wie auch eher wieder von Einschränkungen befreit, was denjenigen Argumente lieferte, die einen „Krieg der Generationen" heraufziehen sehen.

Die während der pandemischen Ausnahmesituation massiv aufbrechenden Risse im Gesellschaftsgefüge wurden überwiegend als Generationenkonflikte interpretiert, wenn nicht sogar bewusst als solche inszeniert, um von den sozioökonomischen Interessengegensätzen und den hieraus resultierenden Verteilungskämpfen zwischen Klassen und Schichten abzulenken. Hingegen wurde die für das bestehende Wirtschaftssystem weiterhin zentrale Konfliktlinie zwischen Kapital und Arbeit im Zusammenhang mit der Covid-19-Pandemie viel zu selten thematisiert. Sonst wäre stärker ins Blickfeld geraten, dass sich die gegensätzlichen Klasseninteressen und die unterschiedlichen sozialen Lagen der einzelnen Gesellschaftsschichten nunmehr wieder schärfer konturierten als in der vorangegangenen Dekade, die den meisten Wirtschaftsunternehmen als lang anhaltende Boomphase größere Verteilungsspielräume geboten hatte.

Hans-Jürgen Urban und Christoph Ehlscheid (2020, S. 30), Bereichsleiter beim Vorstand der IG Metall, bemängeln generell, dass der primäre Verteilungskonflikt zwischen den Besitzern von Real- und Finanzkapital einerseits sowie ihren Lebensunterhalt aus Lohnarbeit oder prekärer Soloselbstständigkeit bestreitenden Menschen andererseits häufig durch das Narrativ vom „Krieg der Generationen" überlagert werde.

Nach der vorübergehenden Beruhigung des Infektionsgeschehens im Frühsommer 2020 wurde die junge Generation wegen ihrer angeblichen Lust auf illegale „Coronapartys" für die bald darauf wieder steigenden Covid-19-Erkrankungen von Älteren während der zweiten Welle dieser Pandemie verantwortlich gemacht. Als die Grundrechts-, Ausgangs- und Kontaktbeschränkungen für Geimpfte ebenso wie für Covid-19-Genesene am 9. Mai 2021 wegfielen, gehörten Kinder und Jugendliche nicht zu den unmittelbaren Nutznießer(inne)n, weil noch kein Impfstoff für sie zugelassen war. Auch die Impfpriorisierung der Älteren bot aber keinen Grund, um von „Jugendmissachtung" und einer „Rentokratie" zu sprechen, wie dies der Blogger Sascha Lobo in einer Kolumne des *Spiegels* (v. 5.5.2021) tat: „Corona hat mit pandemischer Gnadenlosigkeit offengelegt, wie wenig junge Menschen zählen in Deutschland."

Nicht die Generationen hat die Pandemie in zwei (sich womöglich feindlich gegenüberstehende) Lager geteilt, sondern jede Generation auf eine spezifische Weise. Sowohl unter den Jungen wie unter den Alten wurden die Personen je nach ihrer Klassenlage, ihrem gesellschaftlichen Status und ihrem Bildungsgrad anders von dem neuartigen Coronavirus getroffen. Da es sich bei den einzelnen Generationen keineswegs um homogene Personengruppen handelt, bewirkte die sozioökonomische Ungleichheit, dass die Covid-19-Gefährdung unter den Alten ebenso wie unten den Jungen ganz unterschiedlich ausfiel (vgl. Mayer-Ahuja/Detje 2020, S. 495).

Trotzdem breitete sich in Medienberichten und im Alltagsbewusstsein der Bürger/innen die Sorge aus, die nachwachsende Generation müsse später für jene riesigen Schuldenberge aufkommen, mit denen Regierung und Parlament die staatlichen Überbrückungshilfen, Rettungspakete und Fördermaßnahmen finanziert hätten. Das sei, so war vielfach zu hören, zwar wegen der Ausnahmeklausel für „Naturkatastrophen" sowie „außergewöhnliche Notsituationen, die sich der Kontrolle des Staates entziehen und die staatliche Finanzlage erheblich beeinträchtigen" (Art. 115 Abs. 2 Satz 6 GG), bei der „Schuldenbremse" verfassungskonform, aber ein klarer Verstoß gegen das Gebot der Generationengerechtigkeit, welchem die politisch Verantwortlichen auch sonst zu wenig Beachtung schenken würden.

Das in den allgemeinen Sprachschatz eingegangene Wort „Generationengerechtigkeit" ist jedoch wenig mehr als ein politischer Kampfbegriff. Denn abgesehen davon, dass gerade jüngere oder heute noch gar nicht geborene Menschen später den Nutzen davon haben, wenn die eigene Volkswirtschaft trotz schwerer Krisen wie einer Pandemie und ihrer desaströsen Folgen nicht kollabiert, sondern Wirtschaftswachstum und individueller Wohlstand durch öffentliche Investitionen halbwegs gesichert werden, ignoriert dieser Terminus, dass Gläubiger und Schuldner/innen grundsätzlich derselben Generation angehören. Schließlich leihen reiche Zeitgenossen dem Staat viel Geld, das dieser häufig erst Jahrzehnte später den Erb(inn)en, also ihren eigenen Kindern und Enkel(inne)n, mit Zinsen zurückzahlt. Umgekehrt lastet der Schuldendienst auf den Bürger(inne)n gleichen Alters, die ihre Verpflichtung zu Tilgungsleistungen und Zinszahlungen ebenfalls weitervererben. Anders gesagt, sind die Forderungen eines Teils der betreffenden Generation die Verbindlichkeiten eines anderen Teils dieser Generation, weil sich die Bundesrepublik größtenteils nicht im Ausland, sondern bei ihren eigenen wohlhabenden oder reichen Bürgern verschuldet.

Zwischen den Generationen findet durch die 2020/21 vermehrte Kreditaufnahme des Staates mithin überhaupt keine Finanztransaktion statt, weshalb in diesem Zusammenhang von einer intergenerationalen Ungerechtigkeit gar nicht die Rede sein kann. Der gesamte Vorgang ist verteilungspolitisch neutral und deshalb unter Gerechtigkeitsaspekten unproblematisch. Sofern ausländische Kapitalanleger dem Bund – manchmal übrigens sogar zu Minuszinsen – Geld leihen, verringert sich Deutschlands enormer Leistungsbilanzüberschuss, was ein positiver Nebeneffekt ist. Denn die Forderungen deutscher Gläubiger gegenüber dem Ausland sind weiterhin erheblich höher als die Forderungen ausländischer Gläubiger gegenüber Deutschland (vgl. Sandte/Winkler 2020).

Michael Klundt, Professor für Kinderpolitik an der Hochschule Magdeburg-Stendal, hat gezeigt, dass schon lange vor der Covid-19-Pandemie eine Diskursverschiebung von der sozialen zur Generationengerechtigkeit stattgefunden hat, wodurch diejenigen begünstigt werden, denen es im Großbürgertum um Besitzstandswahrung geht. Man instrumentalisiert die Kinder, deren Interessen man im „Kampf der Generationen" gegen die Alten zu schützen vorgibt, verteidigt aber in Wirklichkeit seine eigenen. Da werden die vermeintlichen „Gräben zwischen den Generationen" thematisiert, aber die Gräben innerhalb jeder Generation zugeschüttet, welche man früher auf Klassengegensätze zurückgeführt hätte, falls dem keine ideologischen Scheuklappen im Weg standen. „Der wirkliche Verteilungskonflikt und zentrale gesellschaftliche Widerspruch basiert auf dem sozioökonomischen Antagonismus zwischen Kapital und Arbeit und wird entlang dieser Linie in sozialen Auseinandersetzungen auf nationaler, europäischer und internationaler Ebene ausgetragen." (Klundt 2008, S. 265) Wer in einen „Altersklassenkampf" (Reimer Gronemeyer) zieht bzw. ihn etwa bei der Impfstoffverteilung oder bei der Schuldentilgung drohen sieht, verschleiert die mit dem altmodisch wirkenden Klassenkampfbegriff nur allzu treffend beim Namen genannten Interessengegensätze zwischen unterschiedlichen Bevölkerungsgruppen.

2.4 Lehrkräfte, Schüler/innen und Familien am Limit: Bildungsbe(nach)teiligung während der Pandemie

Zusammen mit der Covid-19-Pandemie selbst führten die Kontaktbeschränkungen, das Homeoffice vieler Eltern sowie vorübergehende Kita- und Schulschließungen zu einer tiefgreifenden Veränderung des Familienlebens, aber auch der Kindheit selbst. Wie die für Kinder bzw. Jugendliche zugänglichen Bistros, Diskotheken, Musikclubs, Fitnessstudios, Einzelhandelsgeschäfte, Kinos, Theater und Museen wurden am 13. März 2020 auch die Schulen, Kindertageseinrichtungen und Horte in Deutschland aufgrund der Leitlinien von Bund und Ländern zur weiteren Beschränkung sozialer Kontakte im öffentlichen Bereich wochenlang geschlossen. Kitas hielten zwar teilweise eine Notbetreuung aufrecht, die sich jedoch im Wesentlichen auf den Nachwuchs von Eltern bzw. Elternteilen beschränkte, deren Berufstätigkeit für die Sicherung der kritischen Infrastruktur erforderlich war. Das galt wegen ihrer „Systemrelevanz" aber nur für Beschäftigte im medizinischen, Gesundheits- und Pflegebereich, in der staatlichen Verwaltung, im Justizsektor, in Schulen, in der Kinder- und Jugendhilfe, in der Behindertenhilfe sowie in der Krisen- und Konfliktberatung, in der Lebensmittelversorgung, in der öffentlichen Daseinsvorsorge und in bestimmten Medien, sofern eine Unabkömmlichkeitserklärung des Arbeitgebers beigebracht wurde.

Während intensiv darüber gestritten wurde, ob man die Tätigkeit von Baumärkten, Biergärten und Bundesligisten unterbinden dürfe, gab es fast keine öffentlich vernehmbare Widerrede, als Kindertagestätten, Schulen und Jugendzentren im ersten Lockdown geschlossen wurden. Die meisten Minderjährigen konnten von März bis April/Mai 2020, von Dezember 2020 bis Februar/März 2021 und von April bis Mai/Juni 2021 nicht oder nur sporadisch in die Kita, zur Schule oder in den Hort gehen. Sie litten schon deshalb stark unter dem mehrmaligen Lockdown, weil der Kontakt zu ihren Großeltern vermieden werden musste, die aufgrund ihres hohen Ansteckungs- und Erkrankungsrisikos auch nicht mehr als „Ersatzbetreuerinnen" oder „-betreuer" für den Nachwuchs ihrer Kinder zur Verfügung standen. Die meisten anderen

Besuchsmöglichkeiten für gestresste Familien entfielen gleichfalls, weshalb die eigene Wohnung zum permanenten Aufenthaltsort und einzigen Lebensmittelpunkt für junge Menschen wurde.

Lockdown-Situationen waren für die meisten Familien (einschließlich der Großeltern), Kinder und Jugendliche extrem belastend. Die im März 2020 unvorbereitet erfolgten Kita- und Schulschließungen warfen sie infolge anfangs fehlender Regelungen zu Verdienstausfällen und zum Homeoffice mit gleichzeitig zu leistender Kinderbetreuung und Homeschooling, strengen Kontaktverboten, abgesperrten Spiel- bzw. Bolzplätzen und Freizeittreffs sowie einem weitgehenden Stillstand des öffentlichen Lebens auf sich selbst und ihre eigenen vier Wände zurück. Viele Eltern unterlagen dabei einer „Dreifachbelastung“ (Gerda Holz/Antje Richter-Kornweitz) als Arbeitnehmer/innen, Kinderbetreuer/innen und Erzieher/innen bzw. Lehrer/innen, was insbesondere Alleinerziehende bis an oder sogar über ihre physische und psychische Belastungsgrenze brachte.

Auf junge Menschen wirkte sich die Pandemie laut Klaus Zierer (2021, S. 26 f.) durch einen Rückgang der Lernleistungen, psychische Belastungen und körperliche Defizite, die sie mit sich brachte, sehr negativ aus. Die kindlichen Bildungschancen waren in der Bundesrepublik mindestens ebenso ungleich verteilt wie die Infektionsrisiken. In beiden Fällen spielten die soziale und ethnische Herkunft sowie der familiäre Hintergrund eine Hauptrolle. Wie im Bildungsbericht 2020 festgestellt wurde, bestand sogar die Gefahr, dass sich die „Schere zwischen sozial benachteiligten und privilegierteren Kindern und Jugendlichen“ aufgrund der Covid-19-Pandemie weiter öffnete; fraglich erscheint jedoch, ob eine weitere Verschärfung der Bildungsungleichheit durch „professionell ausgewählte und begleitete digitale Lehr-Lern-Gelegenheiten“ verhindert werden kann, wie die Autorengruppe Bildungsberichterstattung (2020, S. 150) glaubte.

Dass die Bildungschancen der Kinder maßgeblich vom Sozialstatus, Bildungsniveau und Geldbeutel der Eltern abhängen, ist ein altbekanntes, jedoch nach wie vor ungelöstes Kardinalproblem des mehrgliedrigen Schulwesens, das sich aufgrund der pandemiebedingten Schulschließungen sowie der während dieser Zeit erprobten Modelle eines Distanz- und Wechselunterrichts (abwechselnder Präsenzunterricht in der Schule und Fernunterricht zuhause) in zweierlei Hinsicht erheblich verschärft hat: Einerseits waren Schulen mit einem hohen Sozialindex, d.h. einem überdurchschnittlich hohen Anteil von Schüler(inne)n im Hartz-IV-Bezug, nach den vom Land Nordrhein-Westfalen erhobenen COSMO-Daten (Corona-Schnellmeldung online) während des „angepassten Regelbetriebs" im zweiten Halbjahr 2020 häufiger von (Teil-) Schließungen betroffen, die einen Übergang vom Präsenz- zum Distanzunterricht erzwangen. Daher befanden sich andererseits überproportional häufig gerade jene Schüler/innen im Distanzunterricht, deren soziale, familiale, wohnliche und technische Voraussetzungen dafür besonders ungünstig waren (vgl. Schräpler u.a. 2021, S. 303).

Auch in dieser Hinsicht wirkte die Pandemie eher polarisierend als egalisierend auf junge Menschen: Kinder und Jugendliche ohne eigene digitale Endgeräte und einen WLAN-Anschluss im Elternhaus wurden abgehängt und sozial ausgegrenzt, während sich Kinder mit guter technischer Ausstattung und stabiler Internetverbindung häufiger in eine virtuelle Welt zurückzogen, wo man leicht den Bezug zur Realität verlieren kann. Da es in den Städten zwar funktionell gestaltete Spielplätze oder „Plastikhüpfwelten", aber kaum noch natürliche Spielräume gibt, verlagert sich das Leben der Minderjährigen seit geraumer Zeit ohnehin von den Straßen und Gärten der Nachbarschaft mehr in die elterliche Wohnung (vgl. Schwarz/Martin 2021, S. 316). Dieser fragwürdige Trend dürfte sich aufgrund der Lockdown-Erfahrung verstärkt haben, was weder der Gesundheit von Kindern und Jugendlichen guttut noch ihr Verhältnis zur Natur stärkt.

Die öffentlichen Debatten über die Verschärfung der Bildungsungleichheit durch längere Schulschließungen bergen zwei Gefahren: Erstens übersieht man leicht, dass es sich dabei um ein Strukturproblem handelt, das auch schon vor der Covid-19-Pandemie bestand; zweitens sieht man Defizite im Hinblick auf die Ausstattung sozioökonomisch benachteiligter Elternhäuser mit digitaler Technik fälschlicherweise als Hauptursache für die „aufgehende Bildungsschere" an, wohingegen die qualitativen Unterschiede beim Distanzunterricht unberücksichtigt bleiben, der mancherorts gut und andernorts gar nicht funktioniert hat.

Homeschooling war für Eltern, Schülerinnen und Schüler keineswegs gleich Homeschooling. Vielmehr überraschte sachkundige Beobachter/innen die große, mit einer strukturellen Bildungs- und Teilhabeungerechtigkeit verbundene Heterogenität der schulischen Betreuung (vgl. Christiansen/Steinmayr 2020, S. 60). Da gab es Schulen mit einer überwiegend soziökonomisch benachteiligten Schülerschaft in herausfordernden Lagen, in denen manch eine Lehrkraft wegen vermuteter Ausstattungsmängel der Elternhäuser und/oder von in der Schulkultur verbreiteter Defizitorientierungen im Hinblick auf digitale Kompetenzen der Schüler/innen einen Fernunterricht für ihre mehrheitlich benachteiligten Schüler/innen anfangs gar nicht erst in Betracht gezogen hat. Andere Lehrkräfte wiederum stießen schnell an ihre Grenzen, wenn es im Lockdown darum ging, überhaupt Kontakt zu allen Schüler(inne)n bzw. ihren Elternhäusern herzustellen und aufrechtzuerhalten. Der postalische Versand oder das Bringen und Abholen von Arbeitsblättern am Wochenbeginn ersetzten weder Rückmeldungen zur Aufgabenbearbeitung noch den sozialen Austausch von Lehrkräften mit Schüler(inne)n, etwa über das kindliche Wohlbefinden und dessen Gefährdung. Mehrheitlich bekamen die (älteren) Schüler/innen nach den üblichen Startschwierigkeiten durchaus einen gut organisierten Online-Distanzunterricht angeboten, mit dem sie gut zurechtkamen und sogar Lernfortschritte machten.

Offenbar verbrachten jedoch fast alle Schüler/innen bei geschlossenen Schulen weniger Zeit mit schulbezogenem Lernen als mit passiver Mediennutzung. Ludger Wößmann, Leiter des ifo Zentrums für Bildungsökonomik, und seine Mitarbeiter/innen wiesen darauf hin, dass die Art des angebotenen Distanzunterrichts zwischen Schüler(inne)n aus Familien von Akademiker(inne)n und Nichtakademiker(inne)n im ersten Lockdown deutlich variiert hat: Erstere erhielten häufiger Online-Lernangebote und individuelle Gespräche mit der Lehrkraft, Letztere dafür mehr zu bearbeitende Arbeitsblätter und seltener Rückmeldungen zu ihren Bearbeitungen derselben (vgl. Wößmann u.a. 2020, S. 33).

Überhaupt nahm der private Medienkonsum wegen behördlich untersagter, nachlassender oder gestörter Außenkontakte drastisch zu. Und es war ja keineswegs Bildungsfernsehen, das bei den Kids hoch im Kurs stand und den Weg auf ihr Smartphone oder ihr Tablet fand. Bevorzugt wurden stattdessen Videospiele und Abonnements der Streamingdienste Amazon Prime und Netflix in Anspruch genommen. Aber auch das Musikstreaming-Geschäft von Spotify und Apple Music erlebte pandemiebedingt einen rasanten Aufschwung. Vielfach trat somit Zerstreuung durch die Massenmedien an die Stelle von Erziehung durch die Eltern und von Bildung durch Lehrkräfte. Weil arme Minderjährige aus Langeweile besonders viel Zeit vor dem heimischen Bildschirm verbrachten, stiegen die Energiekosten der Familie und nahmen Fälle des Cybermobbings massiv zu.

Im ersten Lockdown war der Mangel an digitalen Endgeräten eines der Hauptprobleme vieler Schüler/innen. Auch mussten sich die Schulen mitsamt ihren Lehrkräften erst auf den Distanzunterricht einstellen und ihn organisieren lernen, während digitale und datenschutzkonforme Schulplattformen vielerorts noch gar nicht etabliert waren. Die üblichen Bildungsangebote trotz geschlossener Schule aufrechtzuhalten, gelang sehr unterschiedlich und war stark vom Alter der Lerngruppen, ihren Mediennutzungskompetenzen und der sozioökonomischen Lage ihrer Elternhäuser abhängig: Grundschulkinder ohne gefestigte Lese- und Schreibkompetenzen im Distanzunterricht zu motivieren und „mitzunehmen“, erwies sich für Lehrkräfte als am schwierigsten. Daher erhoben Grundschulen neben Abschlussklassen zuerst den Ruf nach Wiederöffnung. Insbesondere an weiterführenden Schulen mit vielen in beengten Wohnverhältnissen lebenden Jugendlichen ohne stabilen Internetanschluss, digitale Endgeräte und eigenen Drucker sowie mit Eltern, die sich mit der von ihnen erwarteten schulischen Unterstützung ihrer Kinder überfordert sahen, verloren die Lehrkräfte den Kontakt zu nicht wenigen Schüler(inne)n mit der Folge, dass für diese schlicht und einfach kein Unterricht mehr stattfand.

Die Aufgabe, sämtliche Schüler/innen mit digitalen Endgeräten auszustatten, damit sie am Distanzlernen teilnehmen konnten, wurde nie zufriedenstellend gelöst. Monatelang lehnten die Jobcenter eine Übernahme der Kosten digitaler Endgeräte für Kinder von Hartz-IV-Bezieher(inne)n, die sich im Homeschooling befanden, etwa mit der Begründung ab, dass es sich dabei nicht um einen laufenden, sondern einen pandemiebedingten Mehrbedarf handle. Nur aufgrund mehrerer Urteile von Sozialgerichten wurden Laptops oder Tablets mit Zubehör wie einem Drucker als nicht vom Regelsatz gedeckter Sonderbedarf anerkannt. Zwar legte der Bund zusammen mit den Ländern am 15. Mai 2020 ein Sofortprogramm in Höhe von 550 Millionen Euro für den digitalen Unterricht auf. Damit sollten die Bildungseinrichtungen bedürftigen Schüler(inne)n einen Zuschuss von 150 Euro für die Anschaffung entsprechender Geräte gewähren und professionelle Online-Lehrangebote erstellen, wodurch sich jedoch kaum spürbare Verbesserungen in den 16 Bundesländern erzielen ließen. Bei dem zwei Jahre vorher zwischen Bund und Ländern geschlossenen „DigitalPakt Schule" waren die Vergaberichtlinien derart kompliziert, dass bis zum Beginn der Pandemie erst ein Bruchteil der bis zum Jahr 2024 bewilligten Gesamtsumme von fünf Milliarden Euro abgerufen wurde.

Erst ab 1. Januar 2021 wurde alleinstehenden und alleinerziehenden Hartz-IV-Bezieher(inne)n im Regelbedarf 38,89 Euro monatlich für die Handynutzung zugestanden, obwohl sie bereits seit mehreren Jahren zum soziokulturellen Existenzminimum gehörte. Auch stieg der Regelbedarf trotz dieser Erhöhung nur um 14 Euro von 432 auf 446 Euro. Genau einen Monat später wies die Bundesagentur für Arbeit ihre Jobcenter an, den Anspruch auf Übernahme der Kosten für digitale Endgeräte rückwirkend ab Jahresanfang anzuerkennen. Wenn diese für das Homeschooling benötigt, aber nicht von den Schulen bereitgestellt wurden, war ein Zuschuss in Höhe von bis zu 350 Euro fällig. Abgesehen davon, dass dieser Geldbetrag kaum ausreichte, um Geräte von guter Qualität anzuschaffen, löste er auch ein weiteres Problem sozial benachteiligter Familien nicht: Oft fehlt armen Kindern ein eigenes Zimmer und damit ein ruhiger Arbeitsplatz, der ihnen ein konzentriertes Lernen ermöglichen würde. Mehr als ihre materiell bessergestellten Klassenkamerad(inn)en waren diese Kinder im Homeschooling überfordert.

Somit schuf das Distanzlernen noch mehr Lerndistanz ausgerechnet bei solchen Kindern, die man in der (Medien-)Öffentlichkeit ohnehin als Teil „bildungsferner“ Familien abqualifiziert. Mithin erhöhte sich die Gefahr ihres funktionalen Analphabetismus im späteren Lebensverlauf. Zusätzlich vergrößerten in migrierten Familien die bestehenden Sprachbarrieren das Problem: Sprachen die Eltern kein oder nur wenig Deutsch, konnten sie auch nicht als „Ersatzlehrkräfte“ herhalten. Auf diese Weise wurde die Schülerschaft aus sozial benachteiligten Elternhäusern im Extremfall regelrecht abgehängt und die schon vor Ausbruch der Pandemie bestehende Bildungsungleichheit zementiert.

Familien mit einer anderen Herkunftssprache bzw. Eltern ohne gute Deutschkenntnisse sahen sich aufgrund sprachlicher Barrieren meist nicht in der Lage, ihren Nachwuchs bei den Lern- und Hausaufgaben zu unterstützen. Von Schüler(inne)n aus Familien anderer Herkunftssprachen berichteten Lehrkräfte, dass sich deren – noch nicht gefestigte – Deutschkenntnisse nach Phasen der Schulschließung massiv verschlechtert hatten. Dies traf insbesondere für Kinder aus geflüchteten Familien zu, deren Zuwanderung zeitlich zumeist erst kurz zurücklag und die in der Regel als Seiteneinsteiger/innen ohne Deutschkenntnisse in das Schulsystem eintraten. Sie besuchten in der Regel zunächst Internationale oder Vorbereitungsklassen mit Fokus auf dem Deutscherwerb (und ggf. der Alphabetisierung in lateinischer Schriftsprache). Als Grund für die Verschlechterung der deutschsprachigen Kompetenz wurde zumeist das Fehlen der täglichen Sprachpraxis des Deutschen in Schulen und im Unterricht angegeben, weil sich die Kinder während des wiederholten Lockdowns fast ausschließlich in ihren Familien aufhielten und dort in der Herkunftssprache kommunizierten. Schulschließungen und Distanzunterricht steigerten auf diese Weise das Ausmaß der Bildungsungleichheit.

Stefan Huber und Christoph Helm (2020) gingen in einem „Schulbarometer“ für rund 8.300 online befragte Schüler/innen zwischen acht und 20 Jahren aus Deutschland, Österreich und der Schweiz der Frage nach, welchen Einfluss die Qualität des „Fernunterrichts“, familiäre Merkmale und die Verfügbarkeit häuslicher Ressourcen auf den Lernerfolg und -aufwand sowie die Lernemotionen während der ersten Schulschließungen ab Mitte März 2020 in den drei Ländern hatten. Insbesondere die Selbstständigkeit der Schüler/innen und die Qualität des Fernunterrichts erwiesen sich als einflussreich, während mit zehn Prozent bloß für einen kleinen Teil der Befragten das Fehlen einer adäquaten technischen Ausstattung und elterlicher Unterstützung einen Hinderungsgrund für erfolgreiches Lernen darstellte. Schüler/innen aus sozioökonomisch (stark) benachteiligten Elternhäusern wurden als „(Bildungs-)Verlierer/innen" der Pandemie identifiziert. Schulen mit einem hohen Anteil an benachteiligten Schüler/innen stünden deshalb vor besonders großen Herausforderungen, hieß es.

Nachfrageseitig erwuchs die Bildungsungleichheit im Homeschooling nicht zuletzt aus familiären Gegebenheiten, dem häuslichen Umfeld und dem sozialen Milieu. Diese ungleichheitsproduzierenden Faktoren hatte das bestehende Bildungssystem trotz Ganztagsausbaus und anderer pädagogischer Reformbemühungen jahrzehntelang viel zu wenig kompensiert. Die monatelangen Schulschließungen während der Covid-19-Pandemie warfen Kinder und Jugendliche noch stärker auf ihre Lebens- und Wohnbedingungen zurück, deren Ungleichheit auf die Bildungschancen durchschlugen: Schließlich hielten sich die Schüler/innen eine ganze Zeitlang mehr im eigenen Zimmer oder im Wohnzimmer der Familie als im Klassenraum auf.

Insbesondere sozial benachteiligte Familien stellte die Unterstützung bei den Schulaufgaben unter diesen Rahmenbedingungen auf eine harte Bewährungsprobe. Denn ihnen fehlten die dafür benötigten Ressourcen, als da sind: genügend Freizeit, um sich eingehend mit den Kindern befassen zu können; ausreichend finanzielle Mittel, um erforderliche Nachhilfestunden bezahlen zu können; gute schulische Kenntnisse und pädagogisch-didaktische Kompetenzen (zur Bewältigung des Lernstoffs). So befürchteten viele Bildungswissenschaftler/innen, dass das Schuljahr 2020/21 für nicht wenige Schüler/innen ein verlorenes sein würde, weil die Möglichkeiten, um Verpasstes nachzuholen, nicht ausreichten. Hingegen konnten akademisch gebildete Eltern aus der Mittelschicht ihren Kindern viel eher behilflich sein, als Lehrkraftersatz fungieren und den Ausfall schulischen Präsenzunterrichts größtenteils kompensieren, sodass die Sprösslinge dieser materiell besser situierten Familien trotz des Distanzunterrichts durchaus Lernfortschritte verzeichnet haben dürften.

Während der Sommermonate des Jahres 2020, in denen sich das Infektionsgeschehen fast überall spürbar beruhigte, eine zweite Welle, d.h. eine neuerliche Verschärfung des Infektionsgeschehens im Herbst und Winter 2020/21 allerdings durchaus vorhersehbar war, haben es die politischen Entscheidungsträger/innen versäumt, für die Schulen analog zu Gaststätten, Hotels, Kinos, Theatern, Opernhäusern, Galerien und Museen passende Hygienekonzepte zu entwickeln. So stellte der Bund erst seit dem Herbst 2020 zur coronagerechten Um- bzw. Aufrüstung raumlufttechnischer Anlagen für öffentliche Gebäude 500 Millionen Euro bereit, und in den meisten Ländern machten die Schulträger von diesem Angebot nur selten Gebrauch. Auch in den Kindertageseinrichtungen wurden die Aufenthalts- und die Arbeitsbedingungen der frühpädagogischen Fachkräfte nicht verbessert. Dabei hätte die rechtzeitige Beschaffung von Trennscheiben, wirksamen Belüftungsanlagen und Luftfiltern die Ansteckungsgefahr für Erzieher/innen und Kinder in solchen Einrichtungen durchaus minimieren können.

Betriebs- und Personalräte sowie die Gewerkschaften der Beschäftigten im Kinderbetreuungs- und Bildungsbereich forderten einen wirksamen Gesundheitsschutz für das Personal. Kitas und Schulen hätten bloß dann offengehalten werden sollen, hieß es aus gutem Grund, wenn für entsprechende Schutzmaßnahmen gesorgt war. Sicherheit vor einer Virusinfektion lasse sich nur gewährleisten, sofern die Klassen- und Gruppengröße verringert, durch geeignete technische Vorkehrungen für eine ausreichende Lüftung der Räume im Winter gesorgt, der Mund- und Nasenschutz für Beschäftigte durch zertifizierte FFP2-Masken sichergestellt, ein Stufenplan für den Präsenz-, Wechsel- und Fernunterricht aufgestellt sowie die Unterstützung durch Betriebsärzte und Fachkräfte für Arbeitssicherheit gewährleistet werde.

Statt wirksame Präventions- und Infektionsschutzmaßnahmen an den Schulen zu ergreifen, beließen es die politisch Verantwortlichen allzu oft bei gebetsmühlenartig wiederholten Empfehlungen, außerhalb der Klassenräume die AHA-Regel nicht zu ignorieren, die durch eine „A+L"-Regel (App zur Coronawarnung herunterladen und regelmäßiges Lüften) zur Verringerung des Ansteckungsrisikos ergänzt wurde. Dies führte ein paar Monate später dazu, dass junge Menschen beim Präsenzunterricht, der umso stärker Priorität genoss, je weiter die Pandemie fortschritt, stundenlang mit Winterkleidung und einer Mund-Nase-Bedeckung dichtgedrängt in eiskalten, weil ständig durchlüfteten oder regelmäßig quergelüfteten Klassenzimmern saßen.

Der heimliche Primat von Wirtschaft, Konjunktur und Arbeitsmarkt gegenüber Kindern, Familie oder Zivilgesellschaft verschärfte die Lage der unmittelbar Betroffenen und vergrößerte die sozialen Ungleichheiten, wie Gerda Holz und Antje Richter-Kornweitz (2020, S. 11) schon nach dem ersten Lockdown feststellten. Vor dem zweiten bundesweiten Lockdown und danach wurde in der Öffentlichkeit kaum ein Thema so kontrovers diskutiert wie die Frage, ob Schulen und Kindertageseinrichtungen überhaupt geschlossen bzw. ab wann sie wieder geöffnet werden sollten. Auch in den Beratungen zwischen Bund und Ländern spielte das Thema eine zentrale Rolle.

Dass man Schulen und Kitas im Herbst 2020 nicht sofort wieder schloss, war vermutlich weniger der Rücksichtnahme auf die von Bildungsbenachteiligung bedrohten Kinder als der Rücksichtnahme auf die Unternehmen im eigenen Land geschuldet, denen sonst wegen der Kinderbetreuungspflichten die Arbeitskräfte gefehlt hätten. Wenn sich Spitzenpolitiker der etablierten Parteien gegen die Schließung von Schulen und öffentlichen Betreuungseinrichtungen aussprachen, gewann man häufig den Eindruck, dass sie eher die Funktionsfähigkeit zentraler Wirtschaftsbereiche als den Infektionsschutz der Kinder im Auge hatten. Dass es ihm nicht in erster Linie um die Gesundheit und das Wohl der Kinder oder ihr Recht auf Bildung, sondern um die Wettbewerbsfähigkeit der Wirtschaft und die Gewinne der Unternehmen ging, ließ der bayerische Ministerpräsident Markus Söder (CSU) durchblicken, als er die Offenhaltung der Kitas und Schulen trotz damals wieder steigender Infektionszahlen auf einer Pressekonferenz nach der Sitzung seines Landeskabinetts am 27. Oktober 2020 folgendermaßen begründete: „Schule und Kita hat ja den Sinn und Zweck, die Wirtschaft am Laufen zu lassen. Wenn Eltern keine Betreuung haben, gibt es keine Wirtschaft.“ Tatsächlich konnten Eltern, die ihre Kinder betreuen oder beschulen mussten, schlecht zur Arbeit gehen und den störungsfreien Weiterbetrieb von Produktionsstätten gewährleisten.

Als die Aufhebung der staatlichen Infektionsschutzmaßnahmen für bestimmte Personengruppen und Lebensbereiche zur Diskussion stand, gaben Politiker/innen, denen eine möglichst schnelle Öffnung von Schulen und Kindertageseinrichtungen am Herzen lag, die Parole „Kinder zuerst!“ aus. Dass die meisten Schulen im März 2021 vorzeitig in steigende Inzidenzwerte hinein öffneten, ohne dass es genug Schnelltests und eine schlüssige Teststrategie gab, nachdem Bundeskanzlerin Angela Merkel und die Ministerpräsident(inn)en bei ihren Beratungen am 10. Februar 2021 den Öffnungen im Kinderbetreuungs- und Bildungsbereich oberste Priorität eingeräumt hatten, wies in dieselbe Richtung.

Unternehmerverbände und Wirtschaftslobbyisten, die auf schnelle und weitergehende Lockerungen im Geschäftsleben drängten, benutzten Kitas und Schulen als argumentativen Türöffner für ihre Forderungen. So wies IW-Direktor Michael Hüther im *Kölner Stadt-Anzeiger* (v. 12.2.2021) auf die vermehrten psychischen Schäden bei Kindern und Jugendlichen im Lockdown hin, um gleichzeitig zu bemerken, dass nicht jeder virusbedingte Todesfall zu verhindern sei: „Im Grundgesetz steht die Würde des Menschen, nicht isoliert der Gesundheitsschutz.“ Dies hatte der CDU-Politiker Wolfgang Schäuble unter Bezug auf Artikel 1 der Verfassung schon vorher konstatiert, als er im April 2020 gegenüber dem Berliner *Tagesspiegel* äußerte, es sei „in dieser Absolutheit“ falsch, dass alles andere vor dem Schutz des Lebens zurückzutreten habe. Der damalige Bundestagspräsident hatte auf die wechselseitige Beschränkung der Grundrechte hingewiesen, den herausgehobenen Stellenwert des Rechts auf Leben und körperliche Unversehrtheit in der Verfassung allerdings ebenfalls ignoriert.

Wegen der politischen Grundsatzentscheidung für eine möglichst lange Offenhaltung von Schulen und Kitas war die relative Zusatzbelastung der Minderjährigen im zweiten Lockdown zwar geringer als im ersten. Die erneute Schließung von Schulen für den Präsenzunterricht ab 14. Dezember 2020 hat die in Deutschland ohnehin sehr stark ausgeprägte Bildungsungleichheit aber noch weiter verschärft, zumal das gesamte Schuljahr 2020/21 von Quarantäne- und Schließzeiten geprägt war. Spätestens während des mehrfach verlängerten und verschärften „Lockdowns light" zeigte sich, dass Laptops und funktionierende Server im Homeschooling die Lehrer/innen beim (vor der Pandemie vielleicht kaum geschätzten oder sogar verhassten) Präsenzunterricht ebenso wenig ersetzen können wie Videokonferenzen oder Chats den persönlichen Kontakt zwischen Jugendlichen. Erziehung und Bildung im emphatischen Sinn braucht die Begegnung, den Austausch und die Face-to-face-Kommunikation zwischen Lehrenden und Lernenden. Für die Letzteren gilt, dass sie auch untereinander in persönlichem Kontakt bleiben müssen.

Zwar verfügten die meisten Schüler/innen im Frühjahr 2021 aufgrund der inzwischen erfolgten Beschaffung von Tablets und anderen Endgeräten durch Bund, Länder und Kommunen zumindest über ein digitales (Leih-)Endgerät, aber auch dieses Problem war keineswegs endgültig gelöst: Gerade Schulen mit einer benachteiligten Schülerschaft standen vor großen Herausforderungen und konnten nicht alle Schüler/innen bedarfsgerecht mit Endgeräten ausstatten, sodass es weiterhin Schüler/innen gab, die allenfalls mit einem Handy auf digitale Unterrichtsangebote und Materialien zugreifen konnten. Solche digitalen Ausstattungsmängel trafen besonders (in Sammelunterkünften lebende) Kinder aus Internationalen oder Vorbereitungsklassen sowie Kinder, an denen eine diesbezügliche Bedarfsabfrage von Schulen zum Beispiel aufgrund von Sprachbarrieren oder Kommunikationsmängeln gegenüber dem Elternhaus vorbeilief. Selbst der postalische Versand von Arbeitsblättern wurde offenbar notgedrungen weiter praktiziert. Auch waren manche Schulen immer noch nicht an ein stabiles WLAN angeschlossen. Trotz eines Digitalisierungsschubs ließ sich Hybridunterricht mit geteilten Klassen selbst im zweiten Jahr der Pandemie in den wenigsten Schulen durchführen.

Dass auch im Lockdown des Frühjahrs 2021 längst nicht alle Probleme, die sich zu Anfang der Schulschließungen offenbart hatten, gelöst waren, illustriert eine zweite repräsentative Elternbefragung des ifo Zentrums für Bildungsökonomik (vgl. Wößmann u.a. 2021). Durch den Distanzunterricht trat mit durchschnittlich 4,3 Stunden statt vor der Pandemie 7,5 Stunden täglich immer noch ein starker Lernzeitverlust ein; fast ein Drittel (32%) der Schüler/innen verbrachten bloß zwei Stunden oder weniger täglich mit Lernen, während die mit passiver Mediennutzung verbrachte Zeit bei allen gestiegen war. Das Lernen fand überwiegend in Form des eigenständigen Erarbeitens von Unterrichtsinhalten statt, denn Videokonferenzen erreichten nicht alle: 18 Prozent der Schüler/innen hatte gar keinen Videounterricht, 39 Prozent nur einmal wöchentlich. Auch wenn mehr Schüler/innen als im ersten Lockdown ein wöchentliches Feedback der Lehrkräfte zu den von ihnen abgegebenen Aufgaben erhielten, mussten immer noch rund 20 Prozent der Schüler mittels Arbeitsblättern in Papierform bedient werden, weil keine Lernplattformen nutzbar waren. Die Hälfte der Eltern beklagten, dass ihre Kinder die Lernzeit zuhause wenig konzentriert und effektiv nutzten, wozu auch beigetragen haben könnte, dass 21 Prozent der Schüler/innen keine Möglichkeit hatten, Arbeitsblätter zuhause auszudrucken, rund 25 Prozent immer noch nicht über einen stabilen Internetanschluss und 30 Prozent über kein eigenes Zimmer verfügten. Es zeigte sich schließlich auch, dass leistungsschwächere Kinder und solche aus Nichtakademikerhaushalten in allen Punkten höhere Nachteile hatten, etwa weniger Zeit mit Lernen verbrachten, seltener Online-Unterricht und ein Feedback der Lehrkräfte erhielten und zudem seltener Förderangebote, etwa in den Ferien, angenommen hatten als Akademikerkinder.

Selten gab es so viele finanziell überforderte, psychisch „ausgebrannte" und total erschöpfte Familien wie im pandemischen Ausnahmezustand 2020/21. Erst im Herbst 2020 bekamen Eltern 300 Euro als „Corona-Kinderbonus" und im Frühjahr 2021 noch einmal 150 Euro pro Kind. Flüchtlingsfamilien und Geduldete gingen jedoch leer aus. Zwar half der in zwei Raten ausgezahlte Geldbetrag den Familien im Hartz-IV-Bezug etwas, weil er nicht auf das Arbeitslosengeld II bzw. das Sozialgeld angerechnet wurde. Allerdings wurden Familien mit dieser Einmalzahlung abgefunden, während man kriselnden Unternehmen eine längerfristig wirksame Förderung gewährte. Ebenso wünschenswert wie eine kontinuierliche wäre eine passgenauere Hilfe für unterschiedliche Personengruppen gewesen.

Neben materiellen Einbußen brachte die Pandemie für ohnehin unterprivilegierte Familien auch in anderer Hinsicht ungewohnte Belastungen mit sich. Kinder und Jugendliche mussten während des wiederholten Lockdowns zuhause bleiben und konnten wegen geschlossener Schulen, Kitas oder Horte ihren gewohnten Tagesrhythmus nicht mehr einhalten. Zusätzlich verunsichert wurden Eltern, Erzieher/innen und Lehrer/innen, die zu jener Zeit ohnehin am Limit waren, durch eine kontroverse Berichterstattung der Massenmedien, vage Interviewäußerungen der politisch Verantwortlichen und inkonsistente Vorschriften der staatlichen Behörden. Dem vielstimmigen Chor von Politiker(inne)n und in der Medienöffentlichkeit monatelang beinahe omnipräsenten Expert(inn)en – Virolog(inn)en, Infektiolog(inn)en, Epidemiolog(inn)en, Immunolog(inn)en, Intensivmediziner(inne)n und Medizinethiker(inne)n – konnten sie oftmals wenig Verlässliches entnehmen.

Während des mehrfach unterbrochenen, länger andauernden und erst im April 2021 von der „Bundesnotbremse“ abgelösten Lockdowns mussten Kinder und Jugendliche erneut ausbaden, was die politisch Verantwortlichen an Vorsorgemaßnahmen in Kitas und Schulen versäumt hatten. In den höheren Jahrgangsstufen vor allem der Gymnasien gingen die wochenlangen Schulschließungen größtenteils mit einer überstürzten Digitalisierung des Unterrichts (Hybridunterricht, Homeschooling und E-Learning) einher, wodurch sich die Benachteiligung von Kindern aus finanzschwachen Familien im Bildungsbereich weiter verstärkte. Denn nicht immer waren die Ausstattungsmängel in Bezug auf Technik im eigenen Haushalt befriedigend gelöst, was nötig gewesen wäre, um nicht ins Hintertreffen gegenüber materiell bessergestellten Klassenkamerad(inn)en zu geraten.

Schüler/innen der Klassenstufen 10 oder 12/13, die vor zentralen Prüfungen standen, klagten über erhebliche Lernrückstände aufgrund des häufigen Unterrichtsausfalls. Sie waren in großer

Sorge angesichts der schwierigen eigenen Prüfungsvorbereitung zuhause und der unter widrigsten Umständen stattfindenden Abschlussprüfung. Die mehrstündigen Leistungskursklausuren unter Atemschutzmasken zu schreiben, war kein Vergnügen und der Konzentration wenig zuträglich. Wegen ihres womöglich als zweitklassig angesehenen „Corona-Abis" fürchteten manche Schüler/innen, im Extremfall lebenslang berufliche Nachteile zu erleiden.

Sozial benachteiligte Familien fühlten sich im Homeschooling von der Schule häufiger als materiell bessergestellte Elternhäuser nicht genug unterstützt, was sich negativ auf die Erwartungen hinsichtlich der Entwicklungsperspektiven und Zukunftsaussichten ihrer Kinder niederschlug und häufig zu einer Verringerung der Bildungsaspirationen führte (vgl. Boockmann u.a. 2021, S. 46 ff.). Bernhard Boockmann, Jascha Dräger, Philipp Kugler, Reinhard Pollak und Susanne Vögele (ebd., S. 12), die im Auftrag des Bundesarbeitsministeriums die Auswirkungen der Coronakrise auf die soziale Mobilität untersucht haben, vermuten deshalb, „dass Kinder aus Elternhäusern mit niedrigem sozialem Status infolge der COVID-19-Pandemie nicht nur kurzfristig, sondern auch in Bezug auf künftige langfristige Ergebnisse benachteiligt sein werden. Insofern ist von einem Rückgang der sozialen Mobilität aufgrund der COVID-19-Pandemie auszugehen."

Nie zeigten sich die Unterfinanzierung, die Ausstattungsmängel und die Personalnot von Kitas, Schulen und Einrichtungen der Jugendhilfe deutlicher als während der Pandemie. Wenn mehrere (früh)pädagogische Fachkräfte aufgrund gesundheitlicher Beeinträchtigungen, problematischer Vorerkrankungen oder häuslicher Quarantänemaßnahmen ausfielen, brach in den meisten Kitas und Schulen der ohnehin stark eingeschränkte Betrieb zusammen. Selbst im Wechselunterricht mit konstanten halben Lerngruppen, der eine mögliche Alternative zum bloßen Digitalunterricht darstellte, waren die Klassen deutscher Schulen zu groß (hohe Klassenfrequenz) und die Klassenräume (geringe Quadratmeterzahl) zu klein, als dass Lehrer/innen und Schüler/innen genügend Abstand zueinander hätten halten können.

Hätten die deutschen Schulen ähnlich viel Lehrpersonal wie diejenigen in den skandinavischen Ländern, wo „Teamteaching" kein Fremdwort mehr ist, weil das gemeinsame Unterrichten einer Klasse durch mindestens zwei Lehrkräfte längst zum Berufsalltag gehört, und würden hier genauso viele Schulpsychologinnen und Schulsozialarbeiter wie dort beschäftigt, wären auf dem Höhepunkt der Pandemie nicht bloß geringere Probleme beim Übergang zum Wechselunterricht aufgetreten, sondern auch erheblich weniger Kinder aus sozial benachteiligten Familien unnötigerweise durch Fernunterricht gestresst worden oder im Homeschooling ganz auf der Strecke geblieben.

Die Art des schulischen Lernens von Kindern und Jugendlichen hatte sich seit dem ersten Pandemiesommer völlig verändert. Während die offenen Lernformen unter dem Zwang der Verhältnisse wieder zurückgedrängt wurden, erfuhr der Frontalunterricht eine überraschende Renaissance. Zu den Schüler(inne)n aus Mittelschicht- und Oberschichtfamilien kamen die Lehrer/innen gewissermaßen ins eigene Kinderzimmer, wenn auch nur digital im Rahmen von regelmäßigen Videokonferenzen. Zu den übrigen Schüler(inne)n kamen sie teilweise gar nicht mehr, weil diese aus Gründen der materiellen Unterprivilegierung, des Fehlens eines häuslichen Internetzugangs oder der technischen Inkompetenz ihrer Eltern außerstande waren, sich einzuschalten.

In einer digitalen Zweiklassengesellschaft scheitern zwangsläufig jene Kinder, die gar keinen oder nur einen beschränkten Zugang zum schnellen Internet, zu einem Computer und zu einem Drucker haben. Wenn sie von sämtlichen Onlineangeboten im Bildungs- und Kulturbereich wie auch von den Gruppenchats ihrer Peergroup ausgeschlossen waren, fühlten sich die Betroffenen wie „Kinder zweiter Klasse", die einfach nicht dazugehören.

Eine (erfolgreiche) Teilhabe am Distanz-, Hybrid- und Wechselunterricht setzte nicht bloß einen Internetanschluss, die Ausstattung mit geeigneten Endgeräten und die Fähigkeit zu selbstständigem Lernen, sondern auch Kompetenzen im Umgang mit digitalen Medien voraus. Schon vor der Pandemie waren die computer- und informationsbasierten Kompetenzen der Schüler/innen in Deutschland im internationalen Vergleich mittelmäßig sowie die Ausstattung mit mobilen Endgeräten, der WLAN-Zugang in der Schule und die Verfügbarkeit von Lernmanagementsystemen, aber auch die Teilnahme von Lehrkräften an Fortbildungsveranstaltungen zu diesem Kompetenzbereich sogar unterdurchschnittlich.

Zugleich deutet sich eine Verstärkung der sozialen Ungleichheit durch eine Ungleichverteilung der digitalen Kompetenzen zwischen Schüler(inne)n verschiedener Schulformen und nach der sozialen Herkunft an. Laut der International Computer and Information Literacy Study (ICILS), einer international vergleichenden Schulleistungsstudie, lagen die mittleren Kompetenzwerte, die Gymnasiast(inn)en erreichten, deutlich vor jenen der Achtklässler/innen anderer Schulformen der Sekundarstufe I (vgl. Eickelmann u.a. 2019, S. 13 ff.). Für das Erreichen nur der ersten und/oder zweiten von fünf Kompetenzstufen erwies sich das an der Zahl der Bücher im heimischen Haushalt gemessene „kulturelle Kapital" der Familie als besonders einflussreich: 43,1 Prozent der Achtklässler/innen aus Familien mit niedrigem, aber bloß 18,8 Prozent der Achtklässler/innen aus Familien mit hohem kulturellem Kapital verfügten über geringe rudimentäre bzw. basale Kompetenzen (vgl. Senkbeil u.a. 2019, S. 314 ff.). Je nach der sozialen Herkunft fiel die Ungleichheit bei den computer- und informationsbezogenen Kompetenzen der Schüler/innen zudem in Deutschland höher aus als in fast allen anderen Staaten. Verstärkt wird die Ungleichheit durch ein anderes Nutzerverhalten: Sozial privilegierte Kinder und Jugendliche nutzen digitale Medien eher instrumentell, etwa zur Informationsbeschaffung und zum Lernen, als zur Selbstdarstellung oder sozial interaktiven Unterhaltungs-Orientierung. Auch verfügen sie offenbar über eine längere Erfahrung, größere Expertise und ein breiteres Spektrum von Nutzungsoptionen.

Durch die Covid-19-Pandemie hat die Digitalisierung der Kinderzimmer, der Schulen und des Unterrichts einen kräftigen Schub erhalten, wurde die Bundesrepublik doch bisher von der IT-Lobby als in dieser Beziehung unterentwickelt hingestellt. Manchmal ist eine Medizin aber schlimmer als die Krankheit, deren Heilung sie bewirken soll. Ausgerechnet während der Covid-19-Pandemie erreichte die „Smartphone-Epidemie" (Manfred Spitzer) ihren Höhepunkt. Gerald Lembke, Studiengangleiter für Digitale Medien an der Dualen Hochschule Baden-Württemberg Mannheim, und der Wirtschaftsjournalist Ingo Leipner stehen digitalen Medien sowie ihrem Einsatz im Unterricht zumindest für Grundschüler/innen reserviert gegenüber. Beide haben in Buchveröffentlichungen analysiert, welche politökonomischen Interessen dahinterstehen, sich aber auch mit den sozialen Folgen beschäftigt (vgl. Leipner 2020; Lembke/Leipner 2020). High-Tech-Konzerne, die kaum Steuern zahlen und damit den Staaten jene Einnahmen vorenthalten, die etwa für mehr Frühförderungsmaßnahmen zugunsten sozial Benachteiligter verausgabt werden könnten, machen Gewinne mit dem Verkauf digitaler Lernprogramme für arme Kinder, während ihre Topmanager und andere reiche Eltern ihren eigenen Sprösslingen selbst die Handynutzung verbieten. Auch deshalb vertiefen digitale Medien die ökonomische und soziale Spaltung der Gesellschaft.

Aufgrund der Schulschließungen im Zuge der Pandemie sowie der durch diese beschleunigten Digitalisierung des Bildungsbereichs droht eine Vergrößerung der herkunftsbedingten Unterschiede in der gesellschaftlichen Teilhabe von Kindern und Jugendlichen. Denn es kam zu einer digitalen Spaltung der jungen Generation. Die bereits zuvor bestehenden Ungleichheiten der Bildungsschancen haben sich in der Krisensituation vertieft und verfestigt, weil den Elternhäusern mehr Einfluss zukam und die meisten Schulen schlecht für die Pandemie gerüstet waren. Die bisherigen Antworten von Staat, Wirtschaft und Gesellschaft auf diese Herausforderungen sind wenig zufriedenstellend. Ungelöst bleibt die für den gesellschaftlichen Zusammenhalt entscheidende Frage, wie man sozial ausgegrenzten und abgehängten Kindern gewissermaßen nachholend bessere Chancen auf eine doch noch erfolgreiche Bildungsteilhabe bieten kann.

Fraglich ist, ob die pandemiebedingten Lernrückstände durch das von der Großen Koalition im Mai 2021 aufgelegte „Aktionsprogramm Aufholen nach Corona für Kinder und Jugendliche" mit einem Volumen von zwei Milliarden Euro beseitigt wurden. Bezweifeln kann man einerseits, ob Lernrückstände durch Nachhilfestunden und Förderkurse überhaupt aufzuholen sind, sowie andererseits, ob sich die von der Pandemie stark geplagten Kinder und Jugendlichen in den Sommerferien dafür gewinnen ließen, zumal solche Programme erfahrungsgemäß eher von leistungsstärkeren Schüler(inne)n aus „gutem Hause“ nachgefragt werden, nicht aber von ihren sozial benachteiligten Altersgenoss(inn)en. Profitiert haben dürften noch am ehesten Lehramtsstudierende, Stiftungen und kommerzielle Nachhilfeträger. Bei dem im August 2021 gezahlten „Kinderfreizeitbonus“ in Höhe von 100 Euro pro Kind gingen Minderjährige leer aus, die Unterhaltsvorschuss und deshalb kein Sozialgeld bezogen, obwohl ihre Familie auf Hartz-IV-Niveau lebte. Davon betroffen waren fast 200.000 Kinder und Jugendliche, also rund zehn Prozent.

2.5 Was die Pandemie hinterließ: Kinder der Ungleichheit in einer zerklüfteten Gesellschaft

Über zwei Jahre lang hat die Covid-19-Pandemie das Leben der Minderjährigen hierzulande mit wenigen Unterbrechungen beherrscht, und zwar von morgens bis abends ebenso wie nachts, weil viele Kinder und Jugendliche nicht (gut) ein- oder durchschlafen konnten. Zu den Existenzsorgen armutsgefährdeter Familien gesellte sich bei ihnen nun die für sensible Zeitgenoss(inn)en besonders unangenehme Infektionsangst. Vornehmlich für kleine Kinder, die nichts über Virusinfektionen und Infektionskrankheiten wissen konnten, war das neuartige Coronavirus ein ebenso rätselhaftes wie unheimliches Phänomen, welches sie in Angst und Schrecken versetzte. Außerdem beeinträchtigten Arbeitsplatzverluste, Phasen der Kurzarbeit sowie Quarantäne- und Isolationsmaßnahmen das Familienklima.

Noch härter traf es Kinder mit Behinderungen, Einschränkungen und Assistenzbedarf, weil sie etwa in der Förderschule nun häufig ganz auf sich allein gestellt waren. Kinderpsychiatrien und Psychotherapeut(inn)en schlugen Alarm, weil die Verhaltensauffälligkeiten bei Minderjährigen signifikant zunahmen. Vermehrt beobachtet wurden Konzentrationsschwierigkeiten, extreme Stimmungsschwankungen, Angststörungen, depressive Verstimmungen, unkontrollierte Gefühlsausbrüche, Entwicklungsverzögerungen und Aggressionen verschiedener Art.

Für junge Menschen im Transferleistungsbezug fiel ab Mitte März und erneut ab Mitte Dezember 2020 von heute auf morgen das seit dem 1. August 2019 im Rahmen des „Bildungs- und Teilhabepakets“ (BuT) kostenfrei zur Verfügung gestellte Mittagessen weg. Aufgrund einer Ausnahmeregelung im *Sozialschutz-Paket II* von CDU, CSU und SPD konnte es zwar seit Ende Mai 2020 statt in Kitas, Schulen und Jugendclubs auch zu den Familien nach Hause geliefert oder von diesen abgeholt werden, was aber selten geschah, weil es Umsetzungsschwierigkeiten organisatorischer Art gab. Nur ein Bruchteil der BuT-anspruchsberechtigen Kinder erhielten beispielsweise Lunchpakete, Essenslieferungen oder Gutscheine für Lebensmittelgeschäfte, um entfallende Mahlzeiten zu kompensieren. Voraussetzung dafür war, dass vor Ort engagierte Caterer, Einrichtungs- bzw. Schulträger und Kommunalverwaltungen zusammenarbeiteten.

Jungen und Mädchen ging die geregelte Alltagsstruktur in der pandemischen Ausnahmesituation noch viel eher verloren als Erwachsenen, die sich aufgrund ihrer größeren Lebenserfahrung und Anpassungsfähigkeit leichter an einen total veränderten Tagesablauf gewöhnen konnten. Teilweise wurde durch die rigiden Schutzvorschriften und vielfältigen Beschränkungen des Privatlebens während der Covid-19-Pandemie geradezu verunmöglicht, was Kindheit bzw. Juvenilität heute ausmacht, und die Jugend in ein Verhaltenskorsett gezwängt, das sie wie vorzeitig gealterte Erwachsene agieren ließ.

Die pandemiebedingten Einschränkungen des Privatlebens und der persönlichen Bewegungsfreiheit durch staatliche Infektionsschutzmaßnahmen trafen Jugendliche und Heranwachsende besonders hart, weil diese in aller Regel kontakt-, kommunikations- und reisefreudiger sowie erlebnishungriger sind als Erwachsene. Minderjährige halten sich daher seltener zuhause auf, treffen normalerweise mehr Freunde, Freundinnen und Bekannte, flanieren, feiern und flirten gern mal, nutzen aber auch häufiger und intensiver öffentliche Räume, die hierzulande während des wiederholten Lockdowns weitgehend geschlossen blieben. Dies galt für Jugendzentren und -clubs, Bars, Bistros, Cafés, Diskotheken, Kneipen, Restaurants, Fitnessstudios und Kinos genauso wie für Spielplätze und Sportstätten. Während der Profifußball zumindest ohne Zuschauer/innen bald wieder aufgenommen werden konnte, wurde der Amateur- und Breitensport von den zuständigen Behörden für lange Zeit unterbunden.

Je länger die pandemiebedingten Einschränkungen des Alltags dauerten, umso mehr nahm die Lebensqualität von Minderjährigen in Deutschland ab. Unter dem wiederholten Lockdown litt die Quantität, aber auch die Qualität der zwischenmenschlichen Beziehungen. Trotz vermehrter Nachbarschaftshilfe breiteten sich Kontaktarmut, Einsamkeit und soziale Isolation aus, weil die Netzwerke von Freund(inn)en, Bekannten und Kolleg(inn)en rissen. Minderjährige, die wegen der Kontaktbeschränkungen ihre Freunde, Freundinnen und Klassenkamerad(inn)en nicht mehr treffen konnten, sich aber wegen der im ersten Lockdown aus Hygienegründen gesperrten Spielplätze und Sportanlagen selbst dort nicht mehr aufhalten konnten, klagten besonders dann unter größerer Vereinsamung, wenn sie Einzelkinder waren oder keine ungefähr gleich alten Geschwister hatten. Während des zweiten, länger andauernden Lockdowns hatten diese Minderjährigen stark unter Erlebnisarmut, Bewegungsmangel und Langeweile zu leiden.

85 Prozent der Eltern, die das ifo Zentrum für Bildungsökonomik befragen ließ, hatten beobachtet, dass sich ihre Kinder sehr viel seltener mit Freunden trafen, und 76 Prozent stuften dies als große Belastung für die Kinder und Jugendlichen ein. Auch die sozialen Kompetenzen hatten nach Elternmeinung durch die Schulschließung abgenommen, und deutlich mehr Eltern als im ersten Lockdown gaben an, der Streit mit ihren Kindern habe zugenommen. Besorgniserregend fielen die Einschätzungen zur sozioemotionalen Lage der Kinder aus, denn emotionale Probleme – Traurigkeit, Ängste, Nervosität – sowie mangelnde Konzentrationsfähigkeit hatten ebenfalls deutlich zugenommen (vgl. Wößmann u.a. 2021, S. 45 ff).

Dass die Pandemie betroffenen Kindern psychisch mindestens ebenso stark zusetzte wie ihren Familien, zeigten bereits Untersuchungen aus dem Lockdown im Frühjahr 2020. Erwähnt sei hier die COPSY-Studie (Corona und Psyche) als erste deutschlandweite repräsentative Untersuchung zur psychischen Gesundheit und Lebensqualität von Kindern und Jugendlichen während der Pandemie. Über 1.000 junge Menschen zwischen elf und 17 Jahren sowie mehr als 1.500 Eltern waren dafür unter Leitung von Ulrike Ravens-Sieberer, Forschungsdirektorin der Klinik und Poliklinik für Kinder- und Jugendpsychiatrie, -psychotherapie und -psychosomatik des Universitätsklinikums Hamburg-Eppendorf, im Mai/Juni 2020 befragt worden. Die meisten Kinder und Jugendlichen empfanden den Unterricht und das Lernen (im Homeschooling) als anstrengender als vor der Pandemie (65%). Sie berichteten von häufigeren Streitigkeiten in der Familie (27%) und eine Verschlechterung des Verhältnisses zu ihren Freund(inn)en (39%). Besonders stark belastet fühlten sich Minderjährige, deren Eltern einen niedrigen Bildungsabschluss aufwiesen, die einen Migrationshintergrund hatten und/oder die auf einer Wohnfläche von weniger als 20 Quadratmeter pro Person lebten, d.h. „aus sozial benachteiligten Verhältnissen" kamen (vgl. Ravens-Sieberer u.a. 2021, S. 254 f.).

Durch die Monotonie der Pandemie bedingt, erschienen Kindern und Jugendlichen die Jahre 2020 und 2021 als bleierne Zeit, in der sie wenig oder keine Entwicklungsfortschritte machen konnten. Die zwei Jahre dauernde Ausnahmesituation bedeutete für junge Menschen eine besondere Herausforderung. Denn für sie waren über 24 Monate (in diesem Fall der Besorgnis, der Unsicherheit und der Beschränkungen ihres Handlungsspielraums) eine sehr viel längere Zeitspanne als für Erwachsene. Gerade in der Adoleszenz wirken aufgezwungene Vereinzelung, Vereinsamung und soziale Isolation, die für junge Menschen mit dem wiederholten Lockdown bisweilen verbunden waren, deprimierend und demoralisierend, weil diese Lebensphase für die Persönlichkeitsentwicklung der Betroffenen und die Frage, wie selbstbewusst sie als Erwachsene auftreten können, von entscheidender Bedeutung ist.

Schul- und Kitaschließungen während des wiederholten Lockdowns haben sich zwar spürbar auf das Familienklima sowie das Wohlbefinden sämtlicher Kinder und Jugendlichen ausgewirkt, aber in unterschiedlicher Weise (vgl. Holz/Richter 2020, S. 7). Materiell privilegierte Eltern bewerteten die zusätzlich in und mit der Familie verbrachte Zeit als durchaus positiv, zumal bei ihnen meist ein geräumiges Kinderzimmer und ein großer Garten vorhanden waren. „Vor allem in sozio-ökonomisch besser gestellten Familien zeigte sich eine Entschleunigung des Alltags, eine Abnahme von Stress, zugleich gab es mehr Zeit für Gemeinsamkeiten, was Eltern wie Kindern/Jugendlichen entgegenkam. Man rückte näher zusammen, etwa bei gemeinsamen Spiele-, Fernseh- oder Kochabenden." (Gravelmann 2022, S. 134)

Als weitaus problematischer schätzten Expert(inn)en die Lage in armen und armutsgefährdeten Familien ein, deren Wohnverhältnisse überwiegend beengt sind. Das galt etwa für SGB-II-Bedarfsgemeinschaften, deren Mitglieder in einer größeren Stadt lebten (vgl. Schridde 2021, S. 198 f.). Die gereizte Stimmung mancher Familienmitglieder, die zuhause „eingesperrt" waren, entlud sich in Partnerschaftskonflikten und häuslicher Gewalt. Kinder fühlten sich der Pandemie hilflos ausgeliefert, ohnmächtig und handlungsunfähig. Hatten sie schon vorher unter familiären Problemen gelitten, plagten sie nun vermehrt Zukunftssorgen. Psychosozial am meisten belastet waren jene Kinder und Jugendlichen, die ohnehin unter großem Stress standen und Ess-, Schlaf- oder Zwangsstörungen hatten. Sie wurden teilweise noch ängstlicher, schweigsamer und lustloser. Viele gerieten völlig aus dem seelischen Gleichgewicht, was sich mit dem Ende der Pandemie nicht automatisch erledigt haben dürfte.

An den für die Betroffenen ungewohnten und teilweise unverständlichen Einschränkungen der Pandemie zerbrach so manche Kinderfreundschaft, weil sich Kleinkinder plötzlich in unterschiedlichen Gruppensettings ihrer Betreuungseinrichtung wiederfanden und nicht mehr wie gewohnt aufeinandertrafen. Manchmal trat durch diese Kontaktunterbrechung auch ein sozialer Entfremdungseffekt zwischen ihren Familien ein, und zwar insbesondere dann, wenn sie unterschiedlichen Bevölkerungsschichten angehörten und deshalb kaum inhaltliche Berührungspunkte und wenige Kontaktmöglichkeiten außerhalb des gewohnten Begegnungsraums in Schule oder Kita existierten.

Kinder brauchen nicht bloß andere Kinder, wie es immer heißt, sondern auch gemeinsame Treffpunkte, um miteinander feiern, chillen, spielen, reden, lernen, herumtollen, musizieren, tanzen und/oder Sport treiben zu können. Als sie aufgrund des mehrmaligen Lockdowns nicht wie gewohnt zur Schule, in die Kindertagesstätte oder den Hort gehen konnten, aber auch Jugendzentren geschlossen waren, fehlte Minderjährigen das für ihre Persönlichkeitsentwicklung neben der Familie wahrscheinlich Allerwichtigste. Denn die Schule ist viel mehr als eine Bildungsinstitution, nämlich ebenso wie die Kita, der Hort oder der Jugendclub auch ein Ort des sozialen Kontakts, der Freundschaften und des Austausches mit Gleichaltrigen.

Die nichtakademische, stärker von Prekarisierung bedrohte Jugend litt während der Covid-19-Pandemie unter einem signifikanten Rückgang des Lehrstellenangebots in krisengeschüttelten Branchen und Betrieben. Offenbar folgte der „Generation Praktikum", die zur Jahrtausendwende mit unbezahlten oder minderbezahlten Tätigkeiten abgespeist wurde, statt sozialversicherungspflichtige Arbeitsverhältnisse zu erhalten, im Zeichen der Coronakrise eine „Generation kein Praktikum", der 2020/21 weder genug Ausbildungs- noch genug Praktikumsplätze zur Verfügung standen. Deshalb machte bald die Warnung vor einer „verlorenen Generation" die Runde.

Seit der Vereinigung von BRD und DDR begannen in keinem Jahr so wenig junge Menschen eine Berufsausbildung wie 2020, denn die Zahl der neu geschlossenen Ausbildungsverträge sank um fast zehn Prozent gegenüber dem Vorjahr. Zwar waren im Januar 2021 nur knapp ein Zehntel mehr 15- bis 24-Jährige als (jugend)arbeitslos registriert als im selben Monat des Vorjahres, zu vermuten ist allerdings, dass sich viele Heranwachsende nicht bei den Jobcentern gemeldet oder aus der Not eine Tugend gemacht und ihre Schullaufbahn verlängert bzw. sich einen Studienplatz gesucht haben. Denkt man an die künftigen Berufsaussichten der jungen Leute, erhöhte sich die Ungleichheit zwischen der akademischen und der nichtakademischen Jugend dadurch weiter.

Obwohl der Bund ein Programm „Ausbildungsplätze sichern" auflegte, das es der Agentur für Arbeit ermöglichte, jenen Unternehmen, die weniger als 250 (später: 500) Beschäftigte hatten und trotz wirtschaftlicher Schwierigkeiten verstärkt ausbildeten, eine „Azubi-Prämie" in Höhe von maximal 3.000 Euro bzw. ab 1. Juni

2021 sogar 6.000 Euro pro Lehrstelle zu zahlen, fiel es Schulabgänger(inne)n während der Pandemie schwerer als früheren Jahrgängen, einen für sie passenden Ausbildungsplatz zu finden. 67.800 junge Menschen gingen im Jahr 2021 leer aus. Wo die Einkommen sowieso niedriger sein werden als bei akademisch Gebildeten und hochqualifizierten Fachkräften, wurde der Start ins Berufsleben dadurch zusätzlich erschwert, verzögert oder verhindert.

Auch die akademische Jugend wurde sozial und ökonomisch stärker gespalten. Da nur zwölf Prozent der 2,8 Millionen Studierenden vor der Pandemie staatliche Unterstützung nach dem *Bundesausbildungsförderungsgesetz* (Bafög) erhielten und mehr als zwei Drittel von ihnen einen Nebenjob hatten, gehörten sie größtenteils zu den Krisenopfern. Studierende, die von ihren Eltern nicht unterstützt werden (konnten) und/oder mit ihrem Bafög-Satz nicht auskamen, verloren wegen des ersten Lockdowns im Frühjahr 2020, daraus resultierender Geschäftsaufgaben und Betriebsschließungen häufig ihren Nebenjob (z.B. in der Gastronomie), der ihren Lebensunterhalt bis dahin mit gesichert hatte. Da sie weder Kurzarbeiter- noch Arbeitslosengeld I oder II erhalten konnten, waren akuter Geldmangel und manchmal der Abbruch des Studiums die Folge, es sei denn, dass es ihnen gelang, einen Aushilfsjob im (Lebensmittel-)Einzelhandel oder bei einem Lieferdienst zu bekommen.

Wohnten notleidende Studierende nicht ohnehin dort, kehrten manche von ihnen während der Pandemie aus Kostengründen ins Elternhaus zurück. Die beliebte und preiswerte Wohnform der studentischen WG wies eine höhere Ansteckungsgefahr auf, weil man seinen Kommiliton(inn)en und deren Besucher(inne)n in der Gemeinschaftsküche schlecht aus dem den Weg gehen kann. Ihre zumeist relativ kleinen Zimmer, die Studierenden sonst hauptsächlich als Schlaf- und Ruheraum dienen, wurden angesichts der besonders lange geschlossenen Hochschulen zum permanenten Arbeitsplatz umfunktioniert. Auch war der Gang zur Lebensmitteltafel eine mögliche Alternative zur ebenfalls dichtgemachten Mensa, wo viele Studierende vorher preiswert gegessen hatten.

Wurden die Studierenden zuerst auf zinslose Kredite der Kreditanstalt für Wiederaufbau verwiesen, so konnten sie später die

Überbrückungshilfe aus einem Notfallfonds des Bundes in Höhe von maximal 500 Euro erhalten. Dies war aber nur dann der Fall, wenn sie weniger als diesen Betrag auf ihrem Konto hatten. Viele der Anträge wurden abgelehnt, meistenteils mit der Begründung, dass zwar eine finanzielle Notlage bestehe, diese aber schon vor der Pandemie existiert habe (vgl. Meyer auf der Heyde 2020, S. 31). Hieraus zog Achim Meyer auf der Hyde den Schluss, dass die Studienfinanzierung eines Teils der Kommiliton(inn)en aus der unteren Mittelschicht prekär sei, weil ihre Familien den ihnen zustehenden Elternunterhalt nicht leisten könnten. Man brauche deshalb eine Strukturreform der staatlichen Studienfinanzierung und ein Bafög, das existenzsichernd sei, wieder mehr Studierende erreiche und für nationale Krisensituationen einen generellen Öffnungsmechanismus vorhalte, meinte der damalige Generalsekretär des Deutschen Studentenwerks (DSW).

Für zwei finanziell nicht auf Rosen gebettete Heranwachsende, Marius Sackers und Jens Jaschik (2020, S. 125), zeichnete sich ein wegen der Infektionsgefahr riskanter Job beim Spargelstechen anstelle des Sommersemesters 2020 ab, während sie die damit unvergleichliche Luxussituation der Studierenden aus „besseren Kreisen" in dem Beitrag für einen Sammelband über die Covid-19-Pandemie folgendermaßen beschrieben: „Für die Kinder von reichen Eltern ist die Corona-Krise wie Semesterferien mit Einschränkungen. Die Miete wird von Mama und Papa bezahlt, arbeiten müssen sie während des Studiums sowieso nicht." Die sonst üblichen Abiturfeiern, Schüleraustausche und Auslandssemester, bei denen man leicht neue Freundschaften schließen kann, entfielen während der Pandemie ganz.

Man unterschätzt meistenteils die Bedeutung des einer Alterskohorte wie den „68ern" gemeinsamen Erfahrungsschatzes für das Leben, die Einstellung und das Weltbild der betreffenden Personen. So dürfte das einschneidende Schicksal der pandemischen Ausnahmesituation, des wiederholten Lockdowns und der vielfältigen Einschränkungen des „normalen" Lebens gerade Kinder, Jugendliche und Heranwachsende stark prägen. Astrid Erll (2021, S. 47) vermutet daher wohl zu Recht, dass die Gruppe während der Covid-19-Pandemie ungefähr 17-bis 24-Jähriger eine Generation im Sinne des Soziologen Karl Mannheim bilden wird. Ob die für alle Gesellschaftsmitglieder schwierige „Coronazeit“ darüber hinaus ins kollektive Gedächtnis auch der übrigen Alterskohorten und damit der Bevölkerung insgesamt eingeht, also die „Generationsschwelle“ überwindet, hängt im Wesentlichen davon ab, ob die Pandemie im historischen Rückblick als nicht bloß einschneidendes, sondern auch transformatives, also Wirtschaft, Staat und Gesellschaft fundamental veränderndes Ereignis wahrgenommen wird (vgl. ebd., S. 48).

Man kann von einer „Generation Corona“ sprechen, weil das Virus ihr Aufwachsen erheblich beeinträchtigt und die Pandemie als biografische Zäsur gewirkt, sie mehr als Erwachsene vorübergehend aus der Bahn geworfen und sich ihnen der Kontaktmangel als kollektive Schlüsselerfahrung möglicherweise für Jahrzehnte ins Gedächtnis gebrannt hat. Simon Kannenberg (2021) ging hinsichtlich der Covid-19-Pandemie von einer „Generationenkrise“ aus, betrachtete die Fixierung auf Infektions- bzw. Inzidenzzahlen als falsch und plädierte dafür, den Blick auf das Wohl der Jungen statt auf einen Lockdown zu richten. Stimmen, die vor den Schäden der Infektionsschutzmaßnahmen für die kommende Generation warnten, fanden seiner Meinung nach in der Öffentlichkeit kaum Gehör. Aus lauter Angst vor der Pandemie sei der Blick auf die Gegenwart gerichtet, während für die Perspektiven wenig Platz bleibe. Dabei müsse weniger Besitzstandswahrung als Zukunftsorientierung im Zentrum aller Bemühungen stehen.

Wenngleich die Hygieneauflagen des Staates keinen gezielten Freiheitsentzug für seine Bürger/innen darstellten, wie Querdenker/innen behaupteten, war zu befürchten, dass Ausgangsbeschränkungen, die Verringerung sozialer Kontakte, die Einführung sozialer Abstandsformationen, die Maskenpflicht, die Verbreitung digitaler Formate und die Kontrolle informeller sozialer Netzwerke die Identitätsentwicklung von Kindern und Jugendlichen erheblich behinderten (vgl. Bernhard 2021, S. 58). Schließlich enthielt ihnen die „neue Coronawelt“ eine Vielzahl wichtiger Erfahrungen vor, ohne die eine optimale Entfaltung ihrer Persönlichkeit kaum gelingt, weil sie für ihre Subjektwerdung auf interpersonelle Beziehungen fundamental angewiesen sind. Erst später dürfte sich zeigen, welche Folgeschäden der wiederholte Lockdown für die Entwicklung von Minderjährigen hat.

Gleichwohl widerspricht der Marburger Erziehungswissenschaftler Benno Hafeneger (2021, S. 37) der These von einer verlorenen Corona-Generation, und zwar mit der Begründung, dass es die Jugend als homogene Gruppe gar nicht gebe, sondern höchstens „Jugenden" im Plural, wobei er altersbezogene, soziale und kulturelle Differenzierungen zu erkennen glaubt: „Dazu zählen insbesondere die unterschiedlichen sozialen Lebens- und Wohnbedingungen, häuslichen und materiellen Ressourcen sowie die Zeitbudgets von Erwachsenen mit mehr oder weniger schützenden Umgebungen und sicheren Beziehungen."

Dieter Dohmen und Klaus Hurrelmann (2021, S. 277) vertreten die Auffassung, dass der Begriff „Generation Corona" immer dann vorschnell benutzt werde, wenn man irgendeine ungünstige Entwicklung kritisieren wolle. Die beiden Bildungsforscher fassen das „geflügelte Schlagwort" sehr viel enger und verwenden den Terminus nur, wenn es um „grundlegendere und nachhaltige strukturelle Einschränkungen bzw. Verschlechterungen der Zukunftschancen einer größeren Gruppe von Kindern, Jugendlichen und jungen Erwachsenen" geht, die sich ursächlich auf die Gegebenheiten während der Covid-19-Pandemie zurückführen lassen. Dohmen und Hurrelmann weisen auf die Verstärkung der im Bildungssystem ohnehin existierenden sozialen Segregation hin und leiten daraus eine unterschiedlich starke Belastung von Schüler(inne)n aus mehr und solchen aus weniger begüterten Familien ab: „Egal aus welcher Perspektive man die Auswirkungen der Corona-Pandemie auch betrachtet, die Ergebnisse passen zusammen und verstärken den Befund, dass es vor allem die Kinder und Jugendlichen aus sozial benachteiligten Familien sind, die von der Pandemie überproportional beeinträchtigt sind und somit Gefahr laufen, zur Generation Corona zu zählen." (ebd., S. 280)

Je schwächer die Finanzkraft, der soziale Status und die physische bzw. psychische Fitness eines Menschen war, umso stärker traf ihn in der Regel die Coronakrise. Der Pädagoge Reinhold Gravelmann (2022, S. 66 ff.) hat dies für mehrere Gruppen junger Leute in prekären Lebenslagen gezeigt: Kinder armer Eltern, Jugendliche mit Migrationshintergrund, junge Geflüchtete, Kinder und Jugendliche mit Behinderungen bzw. körperlichen, sensorischen, kognitiven oder seelischen Beeinträchtigungen sowie jene, die sich in Einrichtungen der Kinder- und Jugendhilfe (Vollzeitpflege, Heimerziehung und andere betreute Wohnformen sowie sozialpädagogische Einzelbetreuung) befanden. „Gleichgültig, ob als Jugendliche mit einem Migrationshintergrund, als junge Menschen mit einer Behinderung oder aus Armutsverhältnissen oder ob sie sogar von einer Kumulation dieser Lebenslagen betroffen sind, für diese jungen Menschen stellte die Pandemie eine deutlich erhöhte Herausforderung mit negativen Implikationen dar. Auch die Nachwirkungen der Pandemie etwa in der Schule oder beim Berufseinstieg, auf die Integration in die Arbeitswelt sowie bei den zu erwartenden Sparmaßnahmen zur Konsolidierung der öffentlichen Haushalte werden sie in besonderem Maße treffen." (ebd., S. 79 f.)

Ähnliches gilt für die residentielle oder sozialräumliche Segregation, unter der Kinder und Jugendliche schon vor der Pandemie stärker litten als Erwachsene. Der Weimarer Sozialwissenschaftler Frank Eckardt (2020, S. 113) befürchtet aufgrund der hierzulande kontinuierlich wachsenden Segregation, die junge Menschen „unter ihresgleichen" und häufig „unterschichtet" aufwachsen lässt, „dass in Zukunft milieuübergreifende gemeinsame Lebenserfahrungen und Narrative fehlen werden, mit denen sich die späteren Erwachsenen verschiedener sozialer Herkunft verständigen können. Segregation verhindert somit die für eine lokale und nationale Krisenreaktion notwendige Entwicklung sozialer Empathie."

Dass sich die Miet- und Wohnungsfrage zu der sozialen Frage entwickelt hat, unter welcher einkommensschwache Familien heute am meisten leiden, hat die Pandemie den Menschen noch deutlicher vor Augen geführt. Denn in einem Haus mit großem Garten ließ sich der Lockdown natürlich sehr viel leichter ertragen und die Rückkehr zum Regelbetrieb der Schulen und Kindertagesstätten viel entspannter abwarten, als dies einer Familie in zwei, drei Zimmern am Stadtrand oder in einer Mehrbettsammelunterkunft für Flüchtlinge und Wohnungslose möglich war. Vermutlich wurden in den Gärten von Eigenheimen wohlhabender Mittelschichtfamilien nie mehr Kindertrampolins, Klettergerüste, Planschbecken und Sandkästen aufgestellt bzw. eingerichtet als während des ersten Lockdowns im Frühjahr 2020.

Schon vor der Pandemie waren die Wohnbedingungen junger Menschen hierzulande sehr unterschiedlich, denn sie reichten von einer Sammelunterkunft für Flüchtlinge im Niemandsland bis zu einer schlossähnlichen Villa mit Seegrundstück. 80 Prozent der Familien verfügten immerhin über mindestens ein Zimmer pro Haushaltsmitglied, wie SOEP-Daten für 2018 zeigen (vgl. Geis-Thöne 2020, S. 5). Weniger als einen Raum pro Haushaltsangehörige/r zur Verfügung hatten insbesondere Mehrkinderfamilien (rund 50%), „bildungsferne" Familien, solche mit Migrationshintergrund (rund 40%) und im Hartz IV-Bezug (rund 30%). Obwohl 85 Prozent aller Zwölfjährigen ein eigenes Zimmer bewohnten, traf dies deutlich seltener für Gleichaltrige aus „bildungsfernen" (63%), SGB-II-Leistungen beziehenden (64%), Familien mit Migrationshintergrund (67%) sowie aus Mehrkinderfamilien (71%) zu. Dies dürfte sich für Betroffene im Lockdown sowie beim Distanz- und Hybridlernen als besonders problematisch herausgestellt haben. Die drei zuletzt genannten Gruppen bewerteten ihre Wohnung zu mehr als einem Drittel als (viel oder etwas) zu klein. Einen eigenen Schreibtisch etwa zur Hausaufgabenerledigung hatten zwar fast 90 Prozent aller Zwölfjährigen, die Anteile lagen aber erheblich niedriger bei Kindern im Hartz-IV-Bezug (69%) und aus „bildungsfernen" Familien (72%). Diese gruppenspezifischen Einschränkungen der Minderjährigen beim Wohnen bereits vor der Pandemie weisen auf die unterschiedlichen Belastungen und familiären Ressourcen hin, denen junge Menschen angesichts geschlossener Kitas und Schulen ausgesetzt waren.

Reinhold Gravelmann (2022, S. 34 ff.) hat zahlreiche Studien zur Lage von Jugendlichen in der Pandemie ausgewertet. Er fand methodische Mängel und inhaltliche Defizite bei einem Großteil der Untersuchungen, die vor allem in sozialer Hinsicht als selektiv gelten müssen: „In den Befragungen junger Menschen drangen Stimmen von Jugendlichen mit Flucht- oder Migrationshintergrund, mit Behinderungen (soweit dies äußerlich erkennbar war bzw. in den Artikeln erwähnt wurde), mit niedrigem Bildungsstand oder besonders prekären Lebensbedingungen kaum durch bzw. diese Jugendlichen wurden nicht erreicht oder nicht gesondert befragt." (ebd., S. 57)

Sabine Andresen, Lea Heyer, Anna Lips, Tanja Rusack, Wolfgang Schröer, Severine Thomas und Johanna Wilmes (2021, S. 35) plädierten ebenfalls dafür, die Jugend differenziert zu betrachten: „Genauso wie in älteren Generationen, wirken sich soziale Ungleichheiten auf das Erleben der Pandemie aus. Doch in der jungen Generation manifestieren sich diese erlebten Ungleichheiten nachhaltiger und können insbesondere mittel- und langfristige Folgen nach sich ziehen." Die Frankfurter Erziehungswissenschaftlerin Sabine Andresen und ihre Koautor(inn)en empfahlen, diese Forschungslücke zu schließen, und regten Untersuchungen zur Situation junger Menschen in prekären und marginalisierten Lebensverhältnissen an. Erhebungen unter jungen Wohnungslosen oder Familien in Armutslagen, die sie als Beispiel nannten, blieben jedoch aus.

Für die Kinder aus sozial benachteiligten oder armutsgefährdeten Familien, denen man zu wenig Aufmerksamkeit schenkte, war die im Lockdown verhängte Kontaktsperre gegenüber Erzieherinnen und Lehrern, ihren nach oder neben den Eltern wichtigsten erwachsenen Bezugspersonen, ein traumatisches Erlebnis, das in Einzelfällen panikartige Reaktionen auslöste. Oftmals fiel solchen Kindern die Decke auf den Kopf, gab es im häuslichen Bereich doch noch seltener als sonst Anregungen und Abwechslungen.

Selbst wenn die Pandemie für immer überwunden sein sollte, hat sie zu einer Krise der Kindheit geführt und Kinder der Krise hinterlassen. „Elementare Schutz-, Fürsorge- und Beteiligungsrechte von Kindern und Jugendlichen sind in der Corona-Krise in Deutschland verletzt worden." (Klundt 2021b, S. 90) Genannt seien in diesem Zusammenhang die etwa drei Millionen Kinder im Berechtigtenkreis des Bildungs- und Teilhabepakets, denen ihr kostenfreies Mittagessen in der Bildungs- oder Betreuungseinrichtung von heute auf morgen zunächst ersatzlos gestrichen wurde. Maßnahmen der Kinder- und Jugendhilfe wurden vielfach eingestellt oder reduziert. Nur sporadisch oder gar nicht mehr erreichbar waren seit Pandemiebeginn die Angebote der offenen Jugend-, Jugendsozial- und Jugendbildungsarbeit. „Seminare, Kurse und Tagungen, Projekte, Exkursionen, internationale Begegnungen und Ferienfreizeiten, sportliche und kulturelle Aktivitäten, erlebnis- und erfahrungsbezogene Ansätze mussten abgesagt werden." (Hafeneger 2021, S. 42)

Kinderrechte und Kinderschutz wurden in der Pandemie entweder vernachlässigt oder sogar ausgehebelt. Was in dieser Ausnahmesituation für Erwachsene vielleicht ein akuter Geld- und Zeitmangel war, erlebten Kinder in einer zu kleinen Wohnung hauptsächlich als Bewegungsmangel. Wenn die Familie auf engstem Raum zusammenlebte, stieg während des wiederholten Lockdowns oder einer Quarantäne- bzw. Isolationsmaßnahme das Risiko für Kinder und Jugendliche, Opfer gewaltsamer Übergriffe und sexuellen Missbrauchs durch ihre (Stief-)Väter zu werden. Da die Betreuungseinrichtungen, Kontaktstellen und Beratungsbüros vielfach geschlossen waren, blieben Vernachlässigung und häusliche Gewalt eher unentdeckt, weshalb von einer höheren Dunkelziffer auszugehen ist.

Den öffentlichen Diskurs, der noch kurz zuvor maßgeblich durch die fantasievollen Aktionen der „Fridays for Future"-Bewegung, ihr Engagement für einen wirksamen Klimaschutz und ihre Forderung nach einem Systemwechsel („System change, not climate change!") geprägt worden war, vermochten junge Menschen während der Pandemie nicht zuletzt deshalb kaum noch zu beeinflussen, weil ihnen die persönlichen Treffen mit Gleichgesinnten fehlten. Beschlüsse wie die Entscheidung der Bundeskanzlerin und der Ministerpräsident(inn)en, große Bereiche des gesellschaftlichen Lebens für längere Zeit stillzulegen, wurden ohne vorherige Anhörung von Kindern und Jugendlichen gefasst. Dass diese mit am stärksten von den Schließungen und Kontaktbeschränkungen betroffen sein würden, hätten alle politisch Verantwortlichen vorher wissen müssen.

Alle gesundheits-, wirtschafts- und sozialpolitischen Maßnahmen, die Parlament und Regierung während der Covid-19-Pandemie ergriffen, wurden über die Köpfe von Kindern und Jugendlichen hinweg beschlossen. Obwohl sich die Bundesrepublik durch ihre Ratifizierung der UN-Kinderrechtskonvention verpflichtet hat, Kinder in allen sie betreffenden Fragen anzuhören, wurden sie in die Willensbildungs- und Entscheidungsprozesse zunächst nicht einbezogen. Mitglieder des Forschungsverbundes „Kindheit – Jugend – Familie in der Corona-Zeit“ haben Jugendliche, Heranwachsende und junge Erwachsene zwischen 15 und 30 Jahren online nach ihren subjektiven Eindrücken während der Pandemie befragt. Durch ihre JuCo-Studien fanden sie bestätigt, „dass junge Menschen selbst kaum gehört und in die Entscheidungen nicht einbezogen wurden und werden. Auch in der Kinder- und Jugendhilfe bestimmten vor allem die Erwachsenen, wie es während der Pandemie in den Einrichtungen weitergeht.“ (Lips u.a. 2021, S. 121)

Erst als Jugendverbände und erwachsene Kritiker/innen öffentlich monierten, dass man die jungen Menschen weder konsultiert noch rechtzeitig darüber informiert hatte, was geschehen sollte, eröffnete Franziska Giffey, damals Bundesministerin für Familie, Senioren, Frauen und Jugend, am 2. Februar 2021 einen digitalen Dialog mit Jugendlichen und jungen Erwachsenen. Gut einen Monat später lud Giffey zu einem „Jugend-Hearing“ ein, bei dem sie mit Betroffenen und deren Interessenvertretungen, Fachorganisationen der Jugendhilfe und Wissenschaftler(inne)n über das Thema „Corona, Jugend und die Folgen“ diskutierte.

Am 19. Mai 2021 trat Giffey wegen anhaltender Plagiatsvorwürfe gegenüber ihrer Dissertation und wegen der offenbar bevorstehenden Aberkennung ihres Doktortitels durch die FU Berlin zurück. Statt sofort eine fachkundige Nachfolgerin oder einen fachkundigen Nachfolger für das gerade mitten in der Pandemie enorm wichtige Ressort zu benennen, ließ es die SPD kommissarisch mit von der damaligen Bundesjustizministerin Christine Lambrecht übernehmen. In der pandemischen Ausnahmesituation das für die Familien, Senior(inn)en, Frauen sowie Kinder und Jugendlichen zuständige Ressort über einen längeren Zeitraum als vier Monate unbesetzt zu lassen, bildete ein fatales Signal, wie gering der Stellenwert dieses Personenkreises für die Regierungsparteien war.

Angebote der Kinder- und Jugendhilfe wie etwa Hilfen zur Erziehung in den Familien wurden vielfach eingestellt oder reduziert.

Nur sporadisch oder gar nicht mehr erreichbar waren seit Pandemiebeginn die Angebote der offenen Jugendarbeit und der Jugendsozialarbeit. Einen höheren Beratungsbedarf hatten bereits während des ersten Lockdowns hauptsächlich in finanzschwachen Familien lebende Kinder und Jugendliche. „Diese haben sich deutlich häufiger an Lehrkräfte, pädagogische Fachkräfte, Ärztinnen bzw. Ärzte, Pfarrerinnen bzw. Pfarrer und Imame gewandt als junge Menschen ohne finanzielle Belastungen." (Berngruber/Gaupp 2021, S. 24) Mit den (armen) Kindern und Jugendlichen wurde indes auch die Kinder- und Jugendhilfe als wichtige Anlaufstation von der Pandemie geschwächt und vieler Handlungsmöglichkeiten im Hinblick auf Beratung, Behandlung und Begleitung ihrer Adressat(inn)en beraubt.

Dadurch geriet die Soziale Arbeit als Profession regelrecht in eine Sinnkrise, der man durch mehr Onlineangebote von Beratungsstellen und stärkere Digitalisierung des Zugangs allein schwerlich Herr werden konnte. Andreas Mairhofer, Christian Peucker, Liane Pluto und Eric van Santen (2021, S. 67) bemerkten, dass im Fachdiskurs der Kinder- und Jugendhilfe statt eines nüchternen Abwägens der Vor- und Nachteile digitaler Angebote eine „Digitalisierungeuphorie" herrsche: „Es werden besonders die Chancen der digitalen Kommunikation betont, während die mit Digitalisierungsprozessen einhergehenden Voraussetzungen und Herausforderungen nur selten in den Blick genommen werden."

Mechthild Seithe (2021, S. 39) beklagt, dass die für hilfebedürftige Minderjährige zuständige Profession in den Politikerreden nicht vorgekommen sei: „Die Regierung und die öffentliche Meinung haben die Soziale Arbeit und insbesondere die Jugendhilfe in der Krise genauso marginalisiert wie deren Klientel." Dass die Kinder- und Jugendhilfe ausgerechnet in einer gesellschaftlichen Krisensituation, die Armutslagen verfestigt, Bildungsbenachteiligung durch Schulschließungen verstärkt sowie Heranwachsende mit ihren Ängsten auf sich selbst und ihre Familien zurückgeworfen hat, nur eingeschränkt handlungsfähig war, kann gravierende Folgewirkungen zeitigen.

3. Die polarisierende Wirkung der nächsten Krisen und Kriege

Kaum war die von SARS-CoV-2 ausgelöste Krankheit während des Jahres 2022 in den endemischen Zustand übergegangen, hielten andere, sich überschneidende oder wechselseitig verstärkende Krisen sowie kontrovers diskutierte Kriege das Land in Atem. Während sich die gesundheitlichen Folgen der Pandemie (Long und Post Covid, ME/CFS oder Post Vac) zum Teil erst jetzt bemerkbar machten (vgl. dazu: Rücker 2023) und die Prozesse wegen Abrechnungsbetrugs in Testzentren oder Steuerhinterziehung bei Maskendeals stattfanden, war die Gesellschaft bereits mit weiteren Problemen konfrontiert. Unter Berufung auf den Berliner Politökonomen Elmar Altvater (2010), der einer „Jahrhundertkrise von Wirtschaft und Finanzen, von Politik und Natur" seine Vision einer „solidarischen und solaren Ökonomie" entgegengestellt hat, verwendet der Wiener Hochschullehrer Ulrich Brand (2011, S. 24) den Begriff der „multiplen Krise", welcher keine Addition verschiedener, voneinander unabhängiger Krisendimensionen unterstelle, sondern die inneren Zusammenhänge erhelle, ohne dabei Ungleichzeitigkeiten und Spezifika der einzelnen Aspekte zu negieren.

Das kaskadenhafte Krisengeschehen stellt die Bundesrepublik vor ganz neue Herausforderungen. Hatte die Covid-19-Pandemie erste Preisschübe ausgelöst, etwa bei Nahrungsmitteln und Energie, so verteuerten sich fossile Brenn- und Kraftstoffe infolge des Ukrainekrieges sowie der westlichen Sanktionen gegen Russland noch mehr. Hierdurch gerieten Menschen, die mit ihrem Einkommen ohnehin nicht über den Monat kamen, stark unter Druck. Umgekehrt profitierten Rüstungskonzerne und ihre (Mit-)Eigentümer nach Beginn des Ukrainekrieges am 24. Februar 2022 von der veränderten Lage, die nicht bloß in Deutschland zu einem Wandel der Sicherheitspolitik führte. Dabei bestätigte sich einmal mehr, dass existenzielle Krisen die Reichen reicher und die Armen zahlreicher machen.

3.1 Ukrainekrieg und Nahostkonflikt als deutsche Konfliktherde

Hans-Jürgen Burchardt (2021, S. 8) hat in seinem „Pandemischen Manifest“ früh darauf hingewiesen, dass die Coronakrise „häufig als Zeitenwende, als epochales Ereignis mit weitreichenden Wirkungen“ begriffen und von zahlreichen Menschen auch so wahrgenommen worden sei, was den Kasseler Hochschullehrer veranlasste, daraus unter Berufung auf den Historiker Reinhart Koselleck (1973) und dessen Dissertation „Kritik und Krise“ gewisse Chancen für eine positive Zukunftsgestaltung abzuleiten: „Krisen sind [...] historische Ausnahmesituationen, in denen ein frisches Handeln gegen die tradierten gesellschaftlichen Prinzipien und die daraus emanierenden Handlungsimperative nicht garantiert werden kann, aber auch nicht unmöglich ist. Krisen sind Weggabelungen, von denen höchst unterschiedliche Pfade gesellschaftlicher Entwicklung abzweigen können.“

Auch der aus Chile stammende Wirtschaftsjournalist und Publizist Ricardo Gómez Pomeri (2022, S. 4 f.) charakterisierte die Covid-19-Pandemie als Zeitenwende, die uns in ein neues Leben hineinkatapultiert habe, in dem nicht mehr viele Ungewissheiten steckten, sondern alles ungewiss sei und bleibe: „Sie hat viele Gewissheiten entzaubert, die wir für Selbstverständlichkeiten unseres Gemeinwesens erachteten, Gewissheiten, die wir wohl kaum hinterfragt hätten, wenn das Coronavirus es nicht getan hätte: dass unsere Gesellschaft mit Hilfe von Expertenwissen und wissenschaftlichen Analysenmethoden immer eindeutige Problemlösungen finden und auf der Grundlage von guten Praktiken (Englisch: ‚good practices‘) handeln könne; dass unser Staat – vor allem unser Gesundheits- und unser Bildungssystem – effizient und technologisch auf der Höhe der Zeit sei; dass er vorsorglich handele und für Innovation und Kreativität offen sei, dass unser Föderalismus auch unter den schwierigsten Bedingungen krisentauglich und handlungsfähig sei; dass wir Selbstverantwortung und Solidarität in unserer Gesellschaft selbstredend voraussetzen können; dass der Staat in der Lage sei, Problemlösungskapazitäten in der Gesellschaft zu aktivieren und die Menschen als mündige Bürger zu behandeln; dass der moderne Mensch und die moderne pluralistische Gesellschaft resilient seien."

Der Historiker Volker Reinhardt (2020, S. 235) hatte jedoch vor zu viel Optimismus gewarnt und empfohlen, die Wirkmächtigkeit von Seuchen nicht zu überschätzen, weil bisher noch keine Epidemie jemals eine „neue Epoche" eingeleitet habe: „Solche Theorien sind nichts als intellektuelle Prunkrhetorik, die mit ihren ebenso kühnen wie unbeweisbaren Vorhersagen der Gegenwart den schaurig-schönen Kitzel der Zeitenwende verschaffen soll."

Bundeskanzler Olaf Scholz gab am 27. Februar 2022 eine Regierungserklärung zur aktuellen Lage ab, in der er von einer „Zeitenwende in der Geschichte unseres Kontinents" sprach, diesen Begriff gleich mehrfach verwendete und ihn mit Blick auf den drei Tage zuvor ausgebrochenen Ukrainekrieg populär machte: „Wir erleben eine Zeitenwende. Und das bedeutet: Die Welt danach ist nicht mehr dieselbe wie die Welt davor. Im Kern geht es um die Frage, ob Macht das Recht brechen darf, ob wir es Putin gestatten, die Uhren zurückzudrehen, in die Zeit der Großmächte des 19. Jahrhunderts, oder ob wir die Kraft aufbringen, Kriegstreibern wie Putin Grenzen zu setzen." (BT- Plenarprotokoll 20/19, S. 1350)

Ulrich Menzel (2023, S. 8), vormals Professor für Internationale Beziehungen und Vergleichende Regierungslehre an der TU Braunschweig, wendet sich gegen ein zu enges Verständnis des Begriffs „Zeitenwende", das seiner Meinung nach eine „viel epochalere Wende" verschleiert, an der die Welt stehe: „Es reduziert den Begriff auf das Kriegerische, verwendet ihn aus einer eurozentrischen Perspektive, weil es nur auf den Krieg in Europa fokussiert ist, es unterschlägt, daß es in den letzten Jahren nicht nur einen, sondern eine ganze Kette von Anlässen gegeben hat, von einer Zeitenwende zu sprechen, und es macht sie vor allem an einem Ereignis, gar an einem Tag, nämlich dem 24. Februar 2022, fest." Menzel, der die Welt am „Übergang zum autoritären Jahrhundert" wähnt, nennt andere Schlüsseldaten wie den 11. September 2001 (Terroranschlag auf das World Trade Center in New York) und den 15. September 2008 (Insolvenz der Investmentbank Lehman Brothers), die „Flüchtlingskrise" des Jahres 2015 und die Coronakrise 2020/21, aber auch andere Kriege/Bürgerkriege (Irak/Syrien,

Äthiopien/Eritrea, Afghanistan, Jemen, Libyen, Sudan und Sahelzone), die in Deutschland erheblich weniger Aufmerksamkeit fanden.

Nicht weniger als zehn Mal sprach Scholz in seiner von Ovationen begleiteten Parlamentsrede von „Putins Krieg", was arg verkürzt wirkte. Statt eine Analyse der gesellschaftlichen Verhältnisse in den zwei unmittelbar beteiligten Ländern und/oder der internationalen Beziehungen zur Grundlage seiner Beurteilung des Ukrainekrieges zu machen, beschränkte sich der Bundeskanzler auf eine individuelle Schuldzuweisung und eine moralische Verurteilung. Ausgespart blieb die alles entscheidende Frage nach den Wurzeln des eskalierten Konflikts. Wie kann man das Geschehen in der Ukraine als sozialdemokratischer Politiker nur derart simplifizieren, die Entstehungsursachen des Krieges an einer Person festmachen, die sozioökonomischen Rahmenbedingungen der Geschehnisse ebenso wie die machtpolitischen Interessen beider Konfliktparteien, aber auch die Schlüsselrolle der NATO und ihrer Führungsmacht völlig ignorieren?

Knapp 40 Jahre zuvor hatte Scholz in seiner Eigenschaft als stellvertretender Vorsitzender der Jungsozialisten nach dem heftig umstrittenen Bundestagsbeschluss vom 22. November 1983 zur Aufstellung von atomaren Mittelstreckenwaffen (Pershing II und Cruise Missiles) in Westdeutschland gemeinsam mit zwei anderen Funktionären der sozialdemokratischen Jugendorganisation einen Buchbeitrag zur Neuausrichtung der Friedensbewegung verfasst. Darin stellten sie kategorisch fest: „Für die Jungsozialisten war und ist der US-Imperialismus die Hauptgefahr für den Weltfrieden." (Claussen/Scholz/Ziegert 1983, S. 76) Seinerzeit berücksichtigte Scholz also noch die gesellschaftlichen Macht- und Herrschaftsverhältnisse, reduzierte das Problem der Hochrüstung, der Kriegsvorbereitung und völkerrechtswidrigen Kriegsführung also nicht auf einzelne Personen.

Man fragt sich unwillkürlich, wer im Laufe der Zeit eine größere Wandlung durchgemacht hat: Olaf Scholz oder der US-Imperialismus. Letzterer lieferte mit der nicht durch die UN-Charta gedeckten Bombardierung Belgrads im Kosovokrieg, dem am 5. Februar 2003 durch eine Lüge des damaligen Außenministers

Colin Powell über die angeblichen Massenvernichtungswaffen Saddam Husseins im UN-Weltsicherheitsrat gerechtfertigten Angriffskrieg gegen den Irak, dem Afghanistankrieg sowie der Folterpraxis im Abu-Graib-Gefängnis und auf dem Luftwaffenstützpunkt Guantanamo (Kuba) genug Indizien dafür, dass sein aggressiver Charakter bis heute erhalten geblieben ist. Wohl eher ist Scholz den linken, antimilitaristischen und sozialistischen Grundüberzeugungen seiner Jugend auf dem langen Weg bis ins Kanzleramt untreu geworden, wenngleich er seinen Sinneswandel mittels Imperialismusvorwürfen gegenüber „Putins Russland" zu kaschieren suchte.

Der Marburger Politikwissenschaftler Frank Deppe (2023, S. 18) hat den neuen Imperialismusbegriff von Scholz als „relativ schlicht" charakterisiert: „Er bezeichnet die Politik von Großmächten (‚Imperien'), die kleine Nachbarstaaten an ihren Grenzen (oder in ihrem ‚Hinterhof', den sie selbst definieren) bedrohen oder militärisch angreifen, sofern diese eine konfliktreiche (und nicht kooperative) Politik mit ihrem großen Nachbarn betreiben und zugleich den (politisch-militärischen, wirtschaftlichen und ideologischen) Schutz von konkurrierenden Großmächten oder Staatenbündnissen suchen."

Wenig stimmig war es auch, dass Scholz explizit feststellte, „Putin, nicht das russische Volk" habe sich „für den Krieg entschieden" (BT-Plenarprotokoll 20/19, S. 1351), sein Kabinett als Reaktion darauf im EU-Rahmen aber strenge Wirtschaftssanktionen verhängte, die vornehmlich russische Normalbürger/innen hart treffen mussten, obwohl sie den Krieg – laut obigem Zitat – weder gewollt hatten noch für ihn (mit)verantwortlich waren. Zu denken gab im Zusammenhang mit den Sanktionen auch, dass die EU zusammen mit den USA darüber entscheiden konnten, ob und welche russischen Banken aus dem internationalen Finanzsystem ausgeschlossen wurden. Dies war möglich, weil sie die Leitungsgremien der Society for Worldwide Interbank Financial Telecommunication (SWIFT) majorisieren, die mit ihrem standardisierten Nachrichtennetz den Zahlungsverkehr von mehr als 10.000 Finanzinstituten in über 200 Ländern ermöglicht und europäischem Recht unterliegt. Jens Berger (2019, S. 241) wies mit Blick auf den im November 2018 ebenfalls aus SWIFT verbannten Iran auf die Völkerrechtswidrigkeit der rigiden US-Sanktionspraxis hin: „Die imperiale Ignoranz der USA kennt weder Grenzen noch internationale Gesetze."

Assistiert wurde Scholz bei der Problemreduktion auf eine Person unverständlicherweise von publizistischer und politikwissenschaftlicher Seite. So benutzte Albrecht von Lucke (2022, S. 62 f.), Redakteur der *Blätter für deutsche und internationale Politik*, in seinem Artikel „Putins Krieg: Das Ende unserer Illusionen" das Vokabular des Kalten Krieges, als er behauptete, „dass die Ukrainer und Ukrainerinnen auch für uns kämpfen – gegen Putins imperiale Ambitionen, die seinen eigenen Worten zufolge weit über die Ukraine hinausreichen, für den Überlebenswillen der freien Welt [!?] und gegen das Entstehen eines ‚neuen Ostblocks' aus den autoritären Mächten Russland und China." Steffen Vogel (2022), ein weiterer Redakteur der Zeitschrift, nannte einen Kommentar zum selben Thema „Putins Feldzug, Macrons Mission", womit unterschwellig dem Irrglauben Vorschub geleistet wurde, Große Männer wie der französische und der russische Präsident machten die Geschichte. Ulrich Menzel (2023, S. 325 ff.), der in seinem Buch „Wendepunkte" ebenfalls von „Putins Krieg" spricht, wählte „Putins Krieg und die neue Welt(un)ordnung" als Titel für einen Beitrag im September-Heft 2023 der *Blätter für deutsche und internationale Politik*, die der Theologe Karl Barth während des Kalten Krieges in einem bis heute zitierten Lob noch als „Insel der Vernunft in einem Meer von Unsinn" bezeichnet hatte.

Jürgen Habermas, Deutschlands renommiertester Philosoph und einer der „Blätter"-Herausgeber, stellte in der *Süddeutschen Zeitung* (v. 29.4.2022) hingegen fest: „Die Konzentration auf die Person Putins führt zu wilden Spekulationen, die unsere Leitmedien heute wie zu den besten Zeiten der spekulativen Sowjetologie ausbreiten." Zu einer Entschlüsselung der Kriegsursachen trug auch Scholz mit seiner Rede, die nur Stammtischniveau erreichte, nichts bei. Die von ihm mehrfach benutzte Kurzformel erinnerte vielmehr an die Fokussierung auf den „Führer", mit der man nach 1945 die Entpolitisierung der NS-Vergangenheit und die Entlastung vom Vernichtungskrieg vorangetrieben hatte. Indem seinerzeit von „Hitlers Krieg" die Rede war, sprachen sich viele Deutsche selbst von jeglicher Schuld frei. Diese hatten folglich weder die Nazis, ihre konservativen Gesinnungsfreunde und Mitläufer noch das Großkapital und seine Verbände auf sich geladen, sondern ein Diktator, der vermeintlich „durchgeknallt" war und den Krieg allein vom Zaun gebrochen hatte.

Nun behauptete man im Grunde dasselbe von Wladimir Putin. Da war im Titel eines Buches, das es auf die *Spiegel*-Bestsellerliste schaffte, vom „Killer im Kreml" (Sweeney 2022) die Rede. Nie wird ein Krieg jedoch bloß von einer Person und aus Mordlust herbeigeführt, sondern immer auch von den Führungskräften eines Landes oder mehrerer Länder – der politischen, Wirtschafts-, Wissenschafts- und Verwaltungselite wegen bestimmter Ziele oder Interessen gebilligt. Putin ist aufgrund seiner Spitzenposition als Präsident der Russischen Föderation zweifellos hauptverantwortlich für die Invasion. Ihm diesen Krieg jedoch allein anzulasten und gleichzeitig an der psychischen Konstitution des erklärten Machtpolitikers Putin zu zweifeln, blendet andere Determinanten – darunter internationale Kräfteverschiebungen, geopolitische Machtkonstellationen und ökonomische Interessen sowie die Mitverantwortung des Westens, der NATO und ihrer Führungsmacht (vgl. dazu als sehr pointierte Darstellung: Abelow 2022) – aus.

Gwendolyn Sasse (2022, S. 13), wissenschaftliche Direktorin des Zentrums für Osteuropa- und Internationale Studien sowie Professorin für Vergleichende Demokratie- und Autoritarismusforschung an der Humboldt-Universität zu Berlin, legt ebenfalls Wert darauf, dass der Ukrainekrieg nicht auf die Person des russischen Präsidenten verengt wird, wiewohl dieser eine Schlüsselrolle gespielt habe: „Die Bezeichnung ‚Putins Krieg' greift zu kurz, auch wenn Putin diesen Krieg auslöste. Auch gibt es nicht nur eine einzige Kriegsursache. Vielmehr war es ein Geflecht von miteinander verbundenen Entwicklungen, die die notwendigen, aber nicht hinreichenden Bedingungen für den Krieg schufen." Unter den von Sasse in diesem Zusammenhang genannten Prozessen wie der „Autokratisierung Russlands verbunden mit wachsenden neo-imperialen Machtansprüchen" oder der „Stärkung einer staatszentrierten ukrainischen Identität" fehlen indes die zweifache

NATO-Osterweiterung und die damit verbundene militärische Machtverschiebung in Ostmitteleuropa, was nicht dadurch ausgeglichen wird, dass bei der Buchautorin von einer „zunehmende(n) Diskrepanz zwischen westlichen und russischen Sicherheitswahrnehmungen" und „wachsenden Widersprüche(n) in der westlichen Russland-Politik" die Rede ist.

Nur durch die verbreitete Dämonisierung Putins bei gleichzeitiger Heroisierung des ukrainischen Präsidenten Wolodymyr Selenskyj und der Soldaten seines Landes wird verständlich, warum mehrere Untergliederungen der SPD ein Parteiordnungsverfahren gegen Gerhard Schröder anstrengten. Statt den früheren Bundeskanzler wegen seiner skurrilen Männerfreundschaft zu Wladimir Putin auszuschließen, was im Übrigen misslang, hätte die Partei ihn sanktionieren können, weil seine „Agenda 2010", die Riester-Reform und die sog. Hartz-Gesetze bei Millionen Menschen zu massiven Einkommensverlusten, Armut und sozialer Ausgrenzung geführt haben. Dasselbe gilt auch für den Entzug seines Büros durch den Haushaltsausschuss des Bundestages.

Nach dem Einmarsch russischer Truppen in die Ukraine warfen Scholz und weitere führende deutsche Sozialdemokraten – wie schon die Reichstagsabgeordneten ihrer Partei am 4. August 1914 durch Bewilligung von Kriegskrediten für die kaiserliche Armee – von einem Tag auf den anderen jahrzehntelang bewährte Grundsätze der Friedenssicherung über Bord. Seit ihrer Gründung im 19. Jahrhundert hatte die älteste deutsche Partei klar Stellung gegen Militär, Rüstung und Krieg bezogen, wenngleich es immer wieder Versuche rechtssozialdemokratischer Kreise gab, diese Position aufzuweichen. Wie die Parteigeschichte zeigt, waren solche Bemühungen zumindest programmatisch selten erfolgreich (vgl. hierzu mit den entsprechenden Dokumenten: Butterwegge/Hofschen 1984). Eine historische Rückschau lehrt auch, dass die SPD ihre größten (Wahl-)Niederlagen immer dann erlitt, wenn sie vom Pfad einer konsequenten Friedenspolitik abwich, und dass hieraus teilweise katastrophale Folgen für die Demokratie erwuchsen.

Sowohl in ihrem Zukunftsprogramm zur Bundestagswahl am 26. September 2021 wie auch im danach geschlossenen Koalitionsvertrag mit Bündnis 90/Die Grünen und FDP hatte die Partei versprochen, eine „restriktive Rüstungsexportpolitik“ (SPD-Parteivorstand 2021, S. 64; Sozialdemokratische Partei Deutschlands/Bündnis 90/Die Grünen/FDP 2021, S. 116) zu betreiben. Trotzdem erreichten die von der Bundesregierung genehmigten Rüstungsexporte im Jahr 2023 einen Rekordstand. Mehr als ein Drittel davon betrafen die Ukraine. Rüstungsgüter nicht in Krisen- und schon gar nicht in Kriegsgebiete zu liefern, hatte für die SPD jahrzehntelang zur Staatsräson der Bundesrepublik gehört. Nunmehr wurden – manchmal zeitverzögert – Panzerfäuste, Luftabwehrraketen, Panzerhaubitzen, Mehrfachraketenwerfer, Flak-, Schützen- und Kampfpanzer sowie Marinehubschrauber in ein Kriegsgebiet exportiert, das vor allem die USA und Großbritannien bereits seit 2014 aufgerüstet hatten.

Zwar ist die militärische Unterstützung eines Landes, das sich gegen den Angriff eines mächtigen Nachbarn verteidigt, auch durch seine Belieferung mit schweren Waffen von der UN-Charta gedeckt und zweifellos legitim. Aufgrund des brutalsten Eroberungs-, Vernichtungs- und Ausrottungskrieges der Weltgeschichte, den eine deutsche Armee vor 80 Jahren gegen die UdSSR geführt hat, war es aber mehr als problematisch, dass ausgerechnet wieder *deutsches* Kriegsgerät gegen russische Soldaten eingesetzt werden sollte, und wegen der NS-Vergangenheit eigentlich völlige Zurückhaltung der Bundesrepublik in dieser Hinsicht geboten. „Der industrielle Massenmord der Nationalsozialisten an Juden, Sinti und Roma und behinderten Menschen, aber eben auch der blutrünstige Vernichtungskrieg der Deutschen gegen die Völker der Sowjetunion sind und bleiben historisch beispiellos. Genau aus diesem Grund hätte es niemals wieder Bilder deutscher Panzer mit aufgemaltem Balkenkreuz aus der Ukraine geben dürfen.“ (Packeiser 2024, S. 77)

Scholz schlug in seiner „Zeitenwende“-Rede nicht bloß schärfere Töne gegenüber Russland an, entsorgte damit vielmehr im Grunde auch die Ost-, Friedens- und Entspannungspolitik des ersten sozialdemokratischen Bundeskanzlers Willy Brandt, die plötzlich als naiv, unrealistisch und aus der Zeit gefallen galt. Außerdem läutete der Bundeskanzler eine neue Runde des Wettrüstens ein, als er ohne vorherige Abstimmung mit der SPD-Fraktion versprach, seine Regierung werde aufgrund der historischen Zäsur jährlich „mehr als 2 Prozent des Bruttoinlandsprodukts", also mindestens die Hälfte mehr als bisher, für das deutsche Militär ausgeben und ein kreditfinanziertes „Sondervermögen" in Höhe von 100 Milliarden Euro für „notwendige Investitionen und Rüstungsvorhaben" schaffen (siehe BT-Plenarprotokoll 20/19, S. 1353). Profitieren davon soll die mit einem Rüstungshaushalt von deutlich über 50 Milliarden Euro angeblich schlecht ausgerüstete, weil „unterfinanzierte" Bundeswehr.

Nicht ohne Grund hatte die deutsche Rüstungslobby das Narrativ in Umlauf gesetzt, die meisten Waffensysteme der Bundeswehr seien gar nicht einsatzbereit, weshalb vor allem der investive Teil des Einzelplans 14 (Verteidigungshaushalt) drastisch angehoben werden müsse. Auch in den Massenmedien häuften sich seit 2014 die Berichte über Kampfflugzeuge, die am Boden bleiben mussten, Panzer, die nicht fuhren, und Gewehre, mit denen man nicht schießen konnte. Einmal war sogar mit Blick auf die Bundeswehr von „Waffenschrott" die Rede, was den Politikwissenschaftler Jürgen Wagner (2022, S. 97) wegen der damit augenscheinlich verfolgten Intention von einer Schrotthaufen-Debatte sprechen ließ: „Über dieses Märchen von der kaputtgesparten Bundeswehr wurde überaus erfolgreich ein gewisser Nährboden geschaffen, um die Akzeptanz für eine Erhöhung der Rüstungsausgaben in der diesbezüglich zumindest damals noch mehrheitlich eher kritisch eingestellten Bevölkerung zu vergrößern."

Erst nach Beginn des Ukrainekrieges wurde der Bewusstseinswandel spürbar. Nun waren plötzlich alle etablierten Parteien (mit Ausnahme der LINKEN) darauf erpicht, mehr Geld für die „Ertüchtigung" der Bundeswehr auszugeben. Einerseits klingt dieser Modebegriff harmloser als Aufrüstung. Andererseits erinnert er fatal an Johann Friedrich Ludwig Christoph Jahn, der – als „Turnvater Jahn" bekanntgeworden – die deutsche Jugend im frühen 19. Jahrhundert sportlich ertüchtigen und damit physisch wie mental auf einen Krieg gegen das napoleonische Frankreich vorbereiten wollte.

Praktisch über Nacht gab es die mit Abstand größte Geldspritze seit Gründung der Bundeswehr am 12. November 1955, ohne dass sich im Parlament oder außerparlamentarisch nennenswerter Widerstand geregt hätte. „Ohne den Schock des Ukraine-Krieges und das über die Agenda Rüstung sehr ‚erfolgreich' in den Köpfen eingebrannte Bild von einer in Grund und Boden gesparten Bundeswehr wäre dieser Coup wohl sicher nicht so ohne Weiteres möglich gewesen." (Wagner 2022, S. 140) Angesichts der früheren Klagen über die schlechte Materialausstattung der Bundeswehr wunderte sich, wer für argumentative Widersprüche sensibel war, allerdings sehr, dass die Ukraine, ihre Militärführung ebenso wie die Verbündeten der Bundesrepublik lautstark nach deutschen Waffensystemen (Präzisionsgewehren, Panzerhaubitzen, Schützenpanzern, Kampfpanzern, Marschflugkörpern usw.) riefen.

Noch weniger besonnen als die meisten Spitzenpolitiker/innen der SPD verhielt sich das Führungspersonal von Bündnis 90/Die Grünen. „Seit dem Beginn des russischen Angriffskrieges gab es seitens der Grünen keinen Versuch, über einen Waffenstillstand auch nur zu reden, geschweige denn realistische Verhandlungsvorschläge ins Gespräch zu bringen. Sie betätigten sich stattdessen als die erfolgreichsten Waffenexporteure in der BRD-Geschichte und sorgten dafür, dass sich die unentschiedene Meinung in der Bevölkerung zuungunsten der Friedenskräfte wendete." (Schumann 2022, S. 60 f.)

Nunmehr scherte sich diese Partei, als deren „Markenkern" seit ihrer Gründung die Bewahrung von Umwelt, Natur und Klima galt, nicht mehr um ihre Prinzipien, sondern winkte das größte Aufrüstungsprogramm seit Gründung der Bundeswehr durch (vgl. kritisch dazu: Luft 2023; Rude 2023). Dabei schadet der Umwelt, der Natur und dem Klima nichts mehr als das Militär. Dies reicht schon im Frieden von einem riesigen Energie- und Landverbrauch über Manöverschäden bis zum Tieffluglärm von Kampfflugzeugen. Plötzlich galt den Bündnisgrünen, bei denen ein Salonbellizismus um sich griff, selbst der Import des vorher als Teufelszeug verdammten Fracking-Gases (LNG) als Königsweg aus der Energieabhängigkeit von Russland.

Der Essener Friedensökologe Bernhard Trautvetter (2022, S. 129) konterte eine Feststellung von Vizekanzler Robert Habeck

(Bündnis 90/Die Grünen), wonach der Klimaschutz im Augenblick hinter der Sicherheitspolitik zurückstehen musste, mit dem Satz: „Das Klima wartet nicht auf das Ende der Kriege." Auch ein neuer Kalter Krieg oder das Wettrüsten potenzieller Kontrahenten ist keine Lösung, will man die drohende Klimakatastrophe abwenden (vgl. dazu: Deppe 2023, S. 79 ff.). Das erfordert nämlich mehr Kooperation der Staatengemeinschaft und verbietet jede Form der politischen oder militärischen Konfrontation zwischen ihren Mitgliedern.

Mit den genannten Tendenzen zur Personalisierung, Psychologisierung und Pathologisierung ging eine Tabuisierung der Vorgeschichte wie der Hintergründe des Ukrainekrieges einher, obwohl es auch in Deutschland kritische Stimmen gab, die sich jedoch kein Gehör gegenüber dem Mainstream verschaffen konnten (vgl. z.B. Kostner/Luft 2023; Krone-Schmalz 2023; Kastrup/Kellershohn 2023; Theisen/Donat 2024). Die politischen Meinungsführer der Bundesrepublik beschränkten sich im Wesentlichen auf Empörung über Russland und dessen moralische Verurteilung wegen seiner Infragestellung der „westlichen Werte", die alle Diskursteilnehmer/innen zu teilen hatten.

Die politisch Verantwortlichen, die Fachöffentlichkeit und die Massenmedien (vgl. dazu: Knobloch 2023) in Deutschland versagten angesichts des Ukrainekrieges. „Das fatale Zusammenspiel von Moralisierung, Militarisierung und Boulevardisierung schafft einen Kontext, der die Koordination der politischen Akteure zu verzerren droht. Er treibt die gesellschaftliche Stimmung in eine Empörungsspirale, die Kausalanalysen und rationale Politikformulierung blockiert. Vor allem bindet sie Aufmerksamkeit und Ressourcen in einer Kriegspolitik, die weder ein diskutiertes und legitimiertes Kriegsziel noch ein politisches Lösungsszenario anzubieten hat." (Urban 2022, S. 84)

Es ist zu simpel, die Welt in Gut und Böse oder die Staaten in Demokratien und Diktaturen einzuteilen. Trotzdem dominierten in deutschen Massenmedien die Verdammung Russlands und die Glorifizierung der Ukraine, was durch die militärische David-Goliath-Konstellation erleichtert wurde. Nicht zuletzt aufgrund einer manichäischen Medienberichterstattung über den russischen Angriffskrieg avancierte die Ukraine hierzulande in allerkürzester Zeit zum Sympathieträger. Zuvor war sie wegen ihrer fanatischen, ultranationalistischen und besonders militanten Nazi-Kollaborateure unter dem vom Stellvertretenden Außenminister und früheren Botschafter in Deutschland Andrij Melnik verehrten Stepan Bandera, wegen ihrer patriarchalischen Oligarchenherrschaft, wegen der von halbseidenen Unternehmern zum Geschäftsmodell erhobenen Leihmutterschaft armer Frauen für ausländische Paare mit unerfülltem Kinderwunsch sowie aufgrund der US-Amerikanisierung von Wirtschaft und politischer Kultur (mit einem früheren TV-Komiker als Präsidenten und einem früheren Profiboxer als Bürgermeister der Hauptstadt) schlecht beleumundet gewesen. Hierzu hatte ebenfalls beigetragen, dass die Massenmedien von der ukrainischen Regierung weitgehend gleichgeschaltet, sozialistische/kommunistische Parteien verboten und Gewerkschaften verpönt sind.

Wahrscheinlich das korrupteste Regime Europas in einem Land mit dem niedrigsten Lohnniveau und der vielleicht größten Vermögensungleichheit auf unserem Kontinent wurde binnen weniger Tage zu einem, ja zu dem Bollwerk der Freiheit schlechthin emporstilisiert. Selbst wenn nur ein Bruchteil dessen zuträfe, was der Kölner Publizist Werner Rügemer (2022, S. 64 ff.) über das extreme Arbeitsunrecht in der Ukraine recherchiert hat, wäre dies noch ein Skandal, welcher Proteste der internationalen Staatengemeinschaft hervorrufen müsste.

Man kann durchaus von einer Verengung des Meinungsspektrums und Diskursraums sprechen, weil es kritische Stimmen immer schwerer hatten, sich in der Öffentlichkeit noch Gehör zu verschaffen. Durch den äußerst restriktiven, zum Teil sogar repressiven Umgang mit Kritiker(inne)n von Waffenlieferungen an die Ukraine und von Wirtschaftssanktionen gegen Russland wurde die politische Kultur der Bundesrepublik schwer beschädigt. Friedensbewegte, die sich nicht – wie mehrere grüne Spitzenpolitiker/innen – über Nacht in „Militärexpert(inn)en", Waffennarren oder Kriegstreiber/innen verwandelt hatten, diffamierte man als „fünfte Kolonne Putins" (FDP-Außenpolitiker und Spitzendiplomat Alexander Graf Lambsdorff) oder warf ihnen über ein Leitmedium des Landes öffentlich „Lumpen-Pazifismus“ (Sascha Lobo) vor. Wer dieses Schimpfwort benutzte, um damit Stimmung gegen Menschen zu machen, die anderer Überzeugung sind, sich der militärischen Konfrontation zwischen den Staaten widersetzen und vor einer direkten oder indirekten Kriegsbeteiligung Deutschlands warnten, disqualifizierte sich im Grunde selbst.

Der Philosoph Richard David Precht und der Sozialpsychologe Harald Welzer (2022, S. 86) werfen den Leitmedien der Bundesrepublik vor, in der pandemischen Krisensituation einen Tunnelblick an den Tag gelegt zu haben, der „sehr stark auf die politische Elite und weniger auf die sonstigen handelnden Akteure gerichtet“ gewesen sei. Von einer größeren Objektivität der Berichterstattung sowie einer Mehrdimensionalität und größeren Meinungspluralität der Kommentierung konnte auch im Fall des Ukrainekrieges nicht die Rede sein. „Im Sommer 2022 jedenfalls herrschte eine nahezu absolut homogene, gleichmäßig normative Bewertung von Kriegsursache, Kriegsverlauf und der Frage nach den richtigen Maßnahmen der Bundesregierung oder des Westens vor.“ (ebd., S. 87) Entgegen monokausalen Erklärungsmustern tragen jedoch meistens beide Konfliktparteien ihren Teil zur Entstehung und Verschärfung der gegenseitigen Spannungen bei.

Ihre einseitige Parteinahme hinderte die meisten Journalist(inn)en der Bundesrepublik daran, alle Facetten des Ukrainekrieges und das international sehr differenziert ausfallende Urteil darüber zu beleuchten. Das gilt auch für die besonders mit dem Namen der Ortschaft Butscha verbundenen Kriegsverbrechen. „In der Konzentration auf die ukrainische Sicht der Dinge blieben die amtierenden Medien nicht nur handwerklich hinter allen Standards zurück, sondern entzogen sich selbst die Chance, eine realistische Analyse der Entwicklung des Krieges vorzunehmen, und bevorzugten einen analytisch fruchtlosen Haltungsjournalismus, der angesichts der russischen Verbrechen vor Empörung zitterte, aber gerade deshalb nie systematisch Verlauf und Ereignisse des Krieges darstellen und entschlüsseln konnte.“ (ebd., S. 90 f.) Dass der ukrainische Präsident Selenskyj und sein (un)diplomatisches Sprachrohr Melnik vom Westen immer umfangreichere Waffenlieferungen keineswegs erbaten, sondern laut und nachdrücklich forderten – was der von Kritiker(inne)n propagierten These eines „Stellvertreterkrieges“ (vgl. Brandt 2024) größere Plausibilität verleiht –, kritisierten deutsche Journalist(inn)en nicht etwa, sondern bezichtigten die Bundesregierung lieber einer ungebührlichen Zögerlichkeit und übergroßen Zurückhaltung in dieser Beziehung.

Die geistige Mobilmachung auf fast allen Fernsehkanälen und in den meisten Zeitungsorganen schüchterte die Kriegsgegner/innen hierzulande ein, wie sie auch die organisierte Friedensbewegung schwächte und geradezu lähmte. Was die zukünftige Strategie der Friedenskräfte betraf, hatten Olaf Scholz und seine beiden Koautoren seinerzeit übrigens vorgeschlagen, sowohl auf Parlament, Regierung und Parteien zu orientieren wie auch mit Massenaktionen außerparlamentarisch Druck aufzubauen: „Es muß ein gesellschaftliches Kräfteverhältnis bzw. ein politisches Klima geschaffen werden, in dem der politische Preis für die Aufrüstung den Herrschenden zu hoch ist. Hierbei sind die politische Isolierung der Aufrüster und der Verlust an Legitimation ihrer Herrschaft zwei Seiten einer Medaille.“ (Claussen/Scholz/Ziegert 1983, S. 83)

Selbst viele Monate nach der russischen Invasion gab es noch Nachrichtensendungen im öffentlich-rechtlichen Rundfunk der Bundesrepublik, die sich eine halbe Stunde lang fast ausschließlich mit dem Ukrainekrieg beschäftigten, ganz so, als wäre an dem besagten Tag in keinem anderen Land auf der Welt irgendetwas Wichtiges passiert. Ausführlich wurde die einseitige Berichterstattung des „russischen Staatsfernsehens“ entlarvt – ohne dass sich Moderator(inn)en und Redakteure allerdings fragten, ob ihr eigener Sender nicht genauso unsachlich und einseitig berichtete, nur eben im Sinne der anderen Kriegspartei. Dafür wurde die ZDF-Auslandsreporterin Katrin Eigendorf (2022), deren Buch zum Thema „Putins Krieg. Wie die Menschen in der Ukraine für unsere Freiheit kämpfen“ heißt, mit verschiedenen Preisen ausgezeichnet. Weder wurde Deutschlands Sicherheit jedoch am Hindukusch verteidigt, was der damalige Verteidigungsminister Peter Struck (SPD) im Dezember 2002 wiederholt behauptet hatte, noch ließ sich die Freiheit seiner Bewohner/innen am Dnipro verteidigen. Vielmehr kann man auch die Demokratie nur im eigenen Land schützen und nirgendwo sonst!

Wie die zahlreichen Sanktionen gegen Russland, deren harte Auswirkungen für die dortige Bevölkerung manche Skeptiker/innen als „Wirtschaftskrieg" bezeichneten (vgl. Höfgen 2023; Schuhler 2023), und die schweren Waffen, deren Lieferung zu einem langwierigen Stellungs- und Abnutzungskrieg in der Ukraine beitrugen, etwa von dem Berliner Politikwissenschaftler Herfried Münkler, dem CDU-Außenpolitiker Norbert Röttgen und der FDP-Wehrpolitikerin Marie-Agnes Strack-Zimmermann legitimiert wurden, haben die Sozialwissenschaftler Norbert Wohlfahrt und Johannes Schillo (2023, S. 83 ff.) einer radikalen Kritik unterzogen. Sie bestreiten unter Hinweis auf den Bruch des Minsker Abkommens vom 5. September 2014, das eine Autonomie der Regionen im Donbas vorsah, durch Kiew die Alleinschuld Russlands am Ukrainekrieg und vertreten die These, dass hierzulande eine „patriotische Moral" zur Bedingung für die Teilnahme an der öffentlichen Diskussion gemacht wurde, während abweichende Meinungen, eine kritische Haltung und „Kriegsmüdigkeit" vom deutschen Mainstream nicht geduldet wurden. „Das Eintreten für Volk und Vaterland, für nationale Werte und patriotische Gesinnung ist angesichts des russischen ‚Angriffskriegs' zu einer Selbstverständlichkeit erhoben worden, die jedes – die Kriegsbereitschaft relativierende – Engagement für Frieden als untragbaren Moralismus und jedes sachliche Fragen nach den Gründen des Krieges als potenzielle Feindunterstützung wertet." (ebd., S. 12)

Dass die Bundesrepublik rund eine Million ukrainische Kriegsflüchtlinge aufnahm, geboten ihre humanitäre Verpflichtung aufgrund des NS-Völkermordes, das verfassungsmäßige Grundrecht auf Asyl und die Genfer Flüchtlingskonvention. Aber dass ihnen die Regierung einen sofortigen Zugang auf die hiesigen Arbeitsmärkte und in die sozialen Sicherungssysteme gewährte, den sie allen übrigen – ebenso schutzbedürftigen – Asylsuchenden grundlos verweigerte, die eher „im großen Stil" (Olaf Scholz) abgeschoben werden sollten, war eine fragwürdige, nicht gerechtfertigte Ungleichbehandlung. Ebenso unsäglich wie die zitierte Aussage des Bundeskanzlers im *Spiegel* (v. 21.10.2023) war eine Interviewäußerung des CDU-Vorsitzenden Friedrich Merz vom 26. September 2022 bei Bild-TV, „eine größere Zahl" ukrainischer Flüchtlinge betrieben „Sozialtourismus“, indem sie zwischen ihrer Heimat und Deutschland hin- und herpendelten, um Transferleistungen abzugreifen, weil sie rassistische Ressentiments gegenüber Flüchtlingen schürte.

Kriege beginnen nie erst, wenn Soldaten in ein anderes Land einmarschieren, massenhaft Schüsse fallen, Bomben detonieren oder Raketen einschlagen. Auch im Fall des Ukrainekrieges gab es eine lange Vorgeschichte, die für seine Beendigung von entscheidender Bedeutung ist. „Nur wer versteht, wie der Weg in diese Katastrophe verlief, wird auch einen Weg aus ihr herausfinden.“ (Wagner 2022, S. 208) Der frühere Kölner Hochschullehrer Georg Auernheimer (2023 und 2024) hat die Entwicklung in zwei Büchern detailliert nachgezeichnet. Sie begann weder mit der russischen Invasion am 24. Februar 2022 oder den bürgerkriegsähnlichen Kampfhandlungen im Donbas noch mit der Krim-Annexion oder dem „Euromaidan“ im Frühjahr 2014.

Am ehesten wäre das russisch-ukrainische Konfliktpotenzial an einer wirklichen historischen Zeitenwende zu beseitigen gewesen, nämlich als 1990/91 der Systemkonflikt zwischen Kapitalismus und Staatssozialismus endete, die Sowjetunion zerfiel und der Warschauer Vertrag aufgelöst wurde. Zwar hat die Ukraine damals gegen entsprechende Sicherheitsgarantien Russlands auf ihren Atomwaffenbestand verzichtet, über den sie ohnehin nie die Kommandogewalt besaß, eine nachhaltigere Friedenssicherung wäre jedoch möglich gewesen, wenn die Nachfolgestaaten der Sowjetunion, die USA und ihre europäischen Verbündeten am Ende des Kalten Krieges ein kollektives Sicherheitssystem auf unserem Kontinent geschaffen hätten. Obwohl der Staatssozialismus in Ost- und Ostmitteleuropa zusammengebrochen und die „kommunistische Gefahr“ folglich gebannt war, hat sich die Zahl der NATO-Mitgliedstaaten seither verdoppelt.

Wären die USA als Führungsmacht der westlichen Allianz auf dem Gipfelpunkt ihrer Machtentfaltung bereit gewesen, das Zeitalter der hoch gerüsteten und atomar bewaffneten Militärpakte zu beenden, hätte man alle potenziellen Aggressoren eingliedern, Russland seine historisch begründeten Einkreisungsängste nehmen und die Wahrscheinlichkeit eines Angriffskrieges durch

Schaffung einer Abwehrfront aller übrigen Teilnehmerstaaten minimieren können. Michael Müller, Peter Brandt und Reiner Braun (2022), die ein „Jahrzehnt der Extreme" heraufziehen sehen, sind davon überzeugt, dass man Sicherheit nur gemeinsam organisieren kann und sonst die Selbstvernichtung der Menschheit droht. „Weder die forcierte Aufrüstung noch die dauerhafte Isolierung Russlands bieten eine nachhaltige Zukunftsperspektive." (Urban 2022, S. 88)

Die von US-Präsident George W. Bush auf dem Bukarester NATO-Gipfel im April 2008 erwirkte Bereitschaft des Militärbündnisses zur Aufnahme der Ukraine und Georgiens, die Einfügung dieser Orientierung auf eine Vollmitgliedschaft in die ukrainische Verfassung nach der Krim-Annexion, die massive Aufrüstung des Landes durch die Vereinigten Staaten und Großbritannien sowie die Kündigung von Rüstungskontrollverträgen (ABM und INF) haben der russischen Wahrnehmung eines übermächtigen Westens und einer möglichen Raketenstationierung „vor der eigenen Haustür" stets neue Nahrung gegeben. Schließlich verschob sich die bis 1989/90 im geteilten Deutschland befindliche „NATO-Ostflanke" ins mehr als tausend Kilometer entfernte Baltikum.

All das erklärt zwar Russlands militärische (Über-)Reaktion, entschuldigt sie aber nicht. Krieg darf im 21. Jahrhundert kein Mittel der Politik mehr sein, schon gar nicht in Europa, wo die Gefahr eines Weltenbrandes aufgrund des Engagements mehrerer Atommächte besonders groß ist. Auch ist russischer Großmachtchauvinismus ebenso verwerflich wie ukrainischer Ultranationalismus. Gleichwohl ist die hypothetische Frage berechtigt, ob „Putins Russland" seinen westlichen Nachbarstaat auch dann angegriffen und in einen lang andauernden Krieg verwickelt hätte, wenn es kein verstärktes Bedrohungsgefühl empfunden und die Ukraine statt der NATO-Ausdehnung bis an die russische Westgrenze ihre immerwährende Neutralität zum Verfassungsprinzip erhoben hätte. Das kann man getrost bezweifeln, und zwar ohne die geringsten Sympathien für Russlands autoritäre Staatsführung, Militärkamarilla oder Soldateska zu hegen. Auch der Umstand, dass die Bundesregierung eine Kampfbrigade mit fast 5.000 Soldat(inn)en dauerhaft in Litauen stationiert, trägt nicht gerade zur Deeskalation des neuen Ost-West-Konflikts bei.

Äußert jemand Skepsis im Hinblick auf das mehrfach erneuerte Angebot eines NATO-Beitritts der Ukraine, wird gern auf die Souveränität des Landes verwiesen, das wie jedes andere Land selbst entscheiden können müsse, ob und ggf. welchem Militärpakt es angehören möchte. Überzeugender wäre diese Argumentation, hätten ihre Protagonisten auch Kubas Souveränitätsrechte verteidigt, als der Karibikstaat die Sowjetunion im Herbst 1962 nukleare Mittelstreckenraketen auf seinem Territorium stationieren lassen wollte (vgl. zu den historischen Parallelen: Daase 2022). Und hat etwa irgendjemand hierzulande dagegen protestiert, dass die USA, als sie die mit den für die Raketenbasen erforderlichen Gütern beladenen Frachter durch ihre Seeblockade zur Umkehr zwangen, sogar einen Atomkrieg riskierten, um Vergleichbares „vor ihrer Haustür“ zu verhindern? Der Göttinger Hochschullehrer Kai Ambos (2022, S. 33 ff.) spricht im Hinblick auf vergleichbare Fälle von Doppelmoral, weil der Umgang des Westens mit dem Völker(straf)recht widersprüchlich sei.

Plausibel ist auch das Argument des früheren SPD- und LINKE-Vorsitzenden Oskar Lafontaine (2022, S. 9), die Verabsolutierung der ukrainischen Entscheidungsfreiheit in dieser Frage sei verlogen, weil kein Land das Recht habe, so nah an der Grenze zu einer Atommacht, die mit anderen Atommächten rivalisiere und eine Zweitschlagskapazität brauche, Nuklearraketen einer anderen Atommacht aufzustellen, dass keine Vorwarnzeit mehr bleibe. In einem lange geheimen Briefwechsel zwischen den Staatsoberhäuptern der UdSSR und der USA wurde seinerzeit eine Übereinkunft getroffen, dass auf Kuba keine Mittelstreckenraketen stationiert und die amerikanischen Mittelstreckenraketen vom Typ „Jupiter“ im Gegenzug abgezogen werden sollten, was mit einer der Gesichtswahrung von US-Präsident John F. Kennedy dienenden Verzögerung im April 1963 auch geschah (vgl. Pommerin 2022, S. 121 ff.).

Um den sich länger hinziehenden Ukrainekrieg zu beenden und eine dauerhafte Friedensordnung in Europa zu schaffen, muss man vor allem die Kriegs*ursachen* analysieren. Systemisch bedingte Ungleichheit ist die Wurzel aller gesellschaftlichen Großkonflikte, Kriege und Bürgerkriege auf der Welt. Kaum irgendwo sonst gab es seinerzeit ähnlich krasse soziale Gegensätze wie in der Ukraine: Massenelend auf der einen und überbordender Reichtum weniger Oligarchen auf der anderen Seite sorgten für ein riesiges Konfliktpotenzial. Und auch die russische Gesellschaft hatte sich nach dem Zusammenbruch der Sowjetunion und der Auflösung des Warschauer Pakts schnell zu einem Oligarchenkapitalismus entwickelt, in dem große Teile der Bevölkerung armutsbetroffen sind.

Daraus resultierte ein militärisches Konfliktpotenzial, ob es aber tatsächlich zu einem Krieg oder Bürgerkrieg kommt und wie er verläuft, hängt von weiteren Faktoren, den jeweiligen Rahmenbedingungen und historischen Entwicklungsprozessen ab. Für kritische Beobachter/innen lautet die Schlüsselfrage in jedem Krieg: Wem nützt das Gemetzel auf dem Schlachtfeld am meisten? Im Fall des russischen Angriffs auf die Ukraine ist sie relativ leicht zu beantworten: Hauptprofiteure sind die russische und die US-amerikanische Rüstungsindustrie bzw. deren Großaktionäre. Krieg ist ein riesiges Geschäft für den „militärisch-industriellen Komplex“, vor dem US-Präsident Dwight D. Eisenhower reichlich spät, nämlich erst in seiner Abschiedsrede am 17. Januar 1961, warnte. Waffensysteme werden im Kampfmodus erprobt, zerstört und anschließend neu entwickelt, was den Aktienkurs von Rüstungskonzernen explodieren lässt. Hauptverliererin des Krieges ist die arbeitende Bevölkerung, der sowohl die meisten Gefallenen wie auch die Opfer seiner wirtschaftlichen Folgen angehören, von seinen enormen Kosten, die sie aufgebürdet bekommt, ganz zu schweigen.

Unternehmen wie Rheinmetall – Deutschlands größter Rüstungskonzern, dessen Aktienkurs sich nach Kriegsbeginn mehr als verdoppelte – hatten ein Interesse daran, dass es möglichst lange und viele Waffenlieferungen an die Ukraine gibt. Was die Menschen vor Ort wirklich brauchen, ist etwas anderes. Denn solche Waffenlieferungen verlängern den Krieg, das Sterben und das Leiden der Bevölkerung. Sinnvoller wären politische oder diplomatische Bemühungen um einen Kompromissfrieden gewesen, nicht weitere Konflikt- und Gewalteskalation. Schließlich entwickeln Kriege eine fatale Eigendynamik: Je länger sie dauern, umso mehr Waffen und Soldaten werden mobilisiert, umso größer wird der wechselseitige Hass, und umso stärker stumpfen alle direkt oder indirekt daran Beteiligten ab, obwohl ihr energischer Widerstand notwendig wäre, um das Morden der entfesselten Militärmaschinerie zu stoppen.

Die mit dem russischen Angriffskrieg situativ und scheinbar rational begründete, aber wohl schon länger geplante und gut vorbereitete Aufrüstung der Bundeswehr beschert Waffenherstellern und Rüstungslobbyisten sowohl einen Gewinn- als auch einen Machtzuwachs. „Und bei einer absehbaren Verdreifachung der deutschen Rüstungsinvestitionen ist damit zu rechnen, dass es diesen Akteuren künftig gelingen wird, noch einmal deutlich stärkeren Einfluss auf Debatten und Entscheidungen nehmen zu können, als es ohnehin bereits der Fall ist.“ (Wagner 2022, S. 190)

Walter Scheidel (2018, S. 16) hat sein wissenschaftliches Hauptwerk zwar „Nach dem Krieg sind alle gleich“ genannt, aber einschränkend ausgeführt, dass dieser soziale Egalisierungseffekt nicht immer eintrete: „Damit ein Krieg die Ungleichverteilung von Einkommen und Vermögen verringern konnte, musste er die gesamte Gesellschaft erfassen und Menschen wie Ressourcen in einem Ausmaß mobilisieren, das zumeist nur die modernen Nationalstaaten bewerkstelligen konnten.“ Als eindrucksvolle Beispiele nennt der österreichische Althistoriker die beiden Weltkriege. Ist ein Land nur indirekt an einem Krieg beteiligt, kann dieser auch die Ungleichheit vergrößern und mithin sogar das Gegenteil eintreten. Rüstungsexporte in ein kriegführendes Land und damit einhergehende Hochrüstung im eigenen Land machen nämlich die Reichen reicher und viele Menschen ärmer.

Man habe die von Russland ausgehende Kriegsgefahr jahrzehntelang unterschätzt, hieß es meistens zur Begründung der Aufrüstungsoffensive, die mit einem militärischen Führungsanspruch in der EU und geopolitischen Machtambitionen einherging. Dass die einzig verfassungskonforme Zielsetzung der Landesverteidigung nach dem Ende der Blockkonfrontation in Europa zugunsten einer Umwandlung der Bundeswehr in eine „out of area“, d.h. überall auf der Welt einsetzbare Interventionsarmee aufgegeben worden war (vgl. Arbeitsstelle Frieden und Abrüstung 2005), verschwieg man dabei. Gleichzeitig wurde unterstellt, dass Putins Weltmachtambitionen und Russlands revisionistische Bestrebungen nach Landgewinnen jenseits der Ukraine drängten. Dass die Bundesrepublik von der Russischen Föderation, ihrem Präsidenten oder irgendeinem anderen Staat militärisch bedroht würde oder in nächster Zeit bedroht werden könnte, war und ist allerdings nicht erkennbar.

Zwischen dem Ukrainekrieg und dem einzigen weiteren Kriegsschauplatz, der trotz zahlreicher anderer militärischer Konflikte auf der Welt hierzulande große Aufmerksamkeit fand, gab es neben zahlreichen Unterschieden manche Parallelen. So wirkte der neue Nahostkrieg auf die deutsche Öffentlichkeit nicht weniger polarisierend als der Ukrainekrieg. Auch innerhalb der Linken entstanden weitere, zum Teil quer zu den bisherigen verlaufende Konfliktlinien (vgl. Wahl 2023, S. 7), was die Spaltung des früher bei riesigen Friedensdemonstrationen sehr mobilisierungsfähigen politischen Lagers verschärfte. Über die von der Bundesregierung genehmigten Waffenlieferungen an Israel gab es denn auch noch weniger eine öffentliche Debatte als über die militärische Unterstützung der Ukraine.

Auslöser des Gazakrieges war ein Terrorangriff der Kassam-Brigaden, des bewaffneten Arms der radikal-islamischen Hamas, dem alsbald eine militärische (Über-)Reaktion Israels folgte. Begonnen hat auch dieser Konflikt nicht am Tag des Überfalls, dem 7. Oktober 2023, vielmehr gibt es jahrzehntealte Wurzeln, obwohl in deutschen Massenmedien teilweise so getan wurde, als sei das von Hamas-Kämpfern verübte Massaker an Jüdinnen und Juden quasi aus heiterem Himmel geschehen. Dabei entlud sich hier in brutalster Form ein lange aufgestauter Hass, den die frühere Besetzung, eine permanente Demütigung der Palästinenser/innen und ausufernde Siedlergewalt im Westjordanland mit hervorgebracht hatten. Fatal wirkte sich auch die totale Abriegelung des Gazastreifens für Personen und Waren durch Israel aus, welche das Elend in der Region zur Explosion bringen musste, wie schon vor dem 7. Oktober 2023 gemutmaßt wurde: „Ein bis in die Bronzezeit zurückreichendes Handelszentrum am Mittelmeer wurde durch die Blockade in ein Armenhaus verwandelt, die einst florierende Wirtschaft, beruhend auf einer lokalen Industrie und produzierendem Gewerbe, Handel und landwirtschaftlicher Produktion, ist fast vollständig beseitigt.“ (Wildangel 2023, S. 114)

Leider gab der jüngste Nahostkrieg antisemitischen Ressentiments neue Nahrung, was Rechtsextremisten und Neonazis nutzten, um Jüdinnen und Juden in Deutschland noch mehr als früher zu beschimpfen, zu beleidigen und zu bedrohen. Attacken auf jüdische Einrichtungen häuften sich, und Männer, die eine Kippa trugen, wurden vermehrt Opfer von Gewalt. Der vielfach als Islamexperte titulierte Psychologe Ahmad Mansour sprach in einem „Das Reiz-Reaktions-Schema entspricht dem Hamas-Kalkül“ überschriebenen Gastbeitrag für die *taz* (v. 1.12.2023) von einer „weitere(n) Zeitenwende“, die zur späten Einsicht vieler Menschen und zur Abkehr von ihren Fehleinschätzungen geführt habe: „Erst jetzt, erst seit es Hunderte von Kundgebungen gegen Israel und für Palästinenser gibt, wachen manche in Europa auf. Jetzt erst erkennen einige Europäer, dass der radikale Islam auch auf ihrem Kontinent ein ernstes Problem darstellt.“

Unter den antisemitisch motivierten Tätern waren und sind aber keineswegs nur Muslime, Migranten oder Menschen mit einer familiären Migrationsgeschichte. Schon zu einer Zeit, als es massenhafte Zuwanderung im (westlichen) Nachkriegsdeutschland noch gar nicht gab, mussten Synagogen von der Polizei geschützt werden, was jedoch nie massenhaften Protest hervorrief, der erforderlich gewesen wäre, um ein Klima der Solidarität mit der jüdischen Minderheit zu schaffen. Erst durch den Mordanschlag eines Rechtsextremisten auf die Besucher/innen einer Synagoge in Halle/Saale am 9. Oktober 2019 geriet der Skandal in den Fokus.

Nach dem Menschheitsverbrechen der Shoah hat Deutschland eine besondere Verantwortung gegenüber dem Staat Israel. Ob diese im Gazakrieg 2023/24 ausgerechnet durch eine Vervielfachung der Waffenlieferungen an die israelische Armee wahrgenommen wurde, ist aber zweifelhaft. Denn die NS-Vergangenheit mahnt gerade, dass weder Nationalismus noch Militarismus und Krieg zur Lösung tiefer liegender Probleme oder Konflikte beitragen. Worin sich die Bundesrepublik aber heute wie in Zukunft von keinem Land der Welt überbieten lassen sollte, ist der auf sämtlichen Ebenen staatlichen Handelns zu führende Kampf gegen Rassismus, Antisemitismus und Judenhass (vgl. hierzu: Butterwegge 1997). Würde dies konsequent geschehen, müsste sich Deutschland nicht mehr wie in der Vergangenheit etwa vom UN-Komitee zur Konvention gegen Rassismus wegen bestimmter Entscheidungen oder Unterlassungen rügen lassen.

Der konsequente Kampf gegen Antisemitismus schließt Kritik an Israel und seiner Regierungspolitik nicht aus, sondern bedingt sie eher. Wer hierzulande die Opfer der massiven Bombardierung des Gazastreifens und der IDF-Bodenoffensive unter der palästinensischen Zivilbevölkerung genauso beklagte wie die jüdischen Opfer des von Hamas-Mitgliedern angerichteten Blutbades und das israelische Kriegskabinett deshalb wie UNO-Generalsekretär António Guterres energisch zur Wahrung des humanitären Völkerrechts aufrief, wurde trotzdem oftmals als „Handlanger der Terroristen“ diffamiert und vorschnell des Antisemitismus verdächtigt. Da half es Unterstützer(inne)n des Wunsches der UN-Generalversammlung nach einem sofortigen Waffenstillstand auch nichts, wenn sie das Existenz- und Selbstverteidigungsrecht Israels aus vollster Überzeugung bejahten sowie eine friedliche Koexistenz aller Völker, Religionen und Kulturen im Nahen Osten anmahnten.

Gleichwohl ließ sich der Widerspruch nicht auflösen, dass man zwar behauptete, die Hamas besitze keinerlei Rückhalt unter den Palästinenser(inne)n und missbrauche diese nach dem Bau militärischer Einrichtungen in oder unter zivilen Objekten – Krankenhäusern, Schulen und Kindertagesstätten – zudem als lebende Schutzschilde, aber keine Einwände dagegen erhob, dass somit von jeder Verantwortung für Raketenangriffe auf Israel freigesprochene Menschen trotz internationaler Proteste in einem „Krieg gegen Kinder“ (Unicef-Pressesprecher James Elder) für die Gräueltaten der Hamas mit Tausenden von Toten und zahllosen Verletzten büßen mussten.

Es gehört zur westlichen Doppelmoral, von der schon die Rede war, dass russische Bombardements, die zivile Einrichtungen zerstörten, als eklatante Menschen- und Völkerrechtsverletzungen gebrandmarkt, israelische Bombardements, die zivile Einrichtungen zerstörten, hingegen als vom Selbstverteidigungsrecht des jüdischen Staates gedeckte Kollateralschäden legitimiert wurden. Dass die Bombardierung, Aushungerung und Vertreibung unzähliger Zivilist(inn)en aus Gaza ein Akt der Selbstverteidigung und nicht Teil eines Rachefeldzuges der Regierung von Benjamin Netanjahu war, darf aber mit Fug und Recht bezweifelt werden.

Aus diesem Grund reichte Südafrika am 29. Dezember 2023 beim Internationalen Gerichtshof in Den Haag eine Klage ein, die Israel des Völkermordes an den Palästinenser(inne)n bezichtigte. Ohne schon in der Hauptsache zu entscheiden, haben die IGH-Richter/innen einen Monat später Israel verpflichtet, von der Völkermordkonvention geächtete Handlungen zu unterlassen, humanitäre Hilfe für den Gazastreifen in ausreichendem Umfang zu ermöglichen sowie hetzerische öffentliche Äußerungen seiner Repräsentanten zu unterbinden und zu ahnden.

Der israelische Ministerpräsident lehnte trotz gegenteiliger Aufforderungen des US-Präsidenten Joe Biden als seinem wichtigsten Verbündeten (und Rüstungslieferanten) die Zweistaatenlösung ab und tat nichts, um ein friedliches Zusammenleben mit dem palästinensischen Volk zu ermöglichen. Auch der Schutz und die Befreiung der israelischen Geiseln schienen Netanjahu nicht sehr am Herzen zu liegen. IDF-Soldaten erschossen am 15. Dezember 2023 im Gazastreifen versehentlich drei Israelis, die sich aus der Gefangenschaft befreit, eine weiße Flagge geschwenkt und ihre Hemden ausgezogen hatten, um ihren Landsleuten zu zeigen, dass sie keinen Sprengstoff am Körper trugen. Spätestens nach dieser Tragödie hätte auch die israelische Rechtsregierung einräumen können, dass die Invasion ein Irrweg zur Befreiung der Entführten war, der Gazakrieg umgehend beendet werden musste und diplomatische Bemühungen um eine Friedensordnung für den Nahen Osten mehr Erfolg versprachen.

3.2 Energiepreisexplosion und Inflation: Arme im Ausnahmezustand – Mittelschicht unter Druck

Die hartnäckige, mehrere Jahre lang anhaltende Inflation begann hierzulande nicht erst, wie meistens unterstellt wird, mit der russischen Invasion, der anschließenden Besetzung eines Teils der Ukraine und aufgrund des Krieges sowie westlicher Sanktionen abnehmender Öl- und Gaslieferungen aus Russland, sondern bereits während der Covid-19-Pandemie, als Lieferketten rissen, Vertriebswege blockiert wurden, Importe ausblieben und einheimische Anbieter die Gunst der Stunde nutzten, um für ihre Waren überhöhte Preise durchzusetzen. Auch gestiegene Transportkosten sowie fehlende Rohstoffe und Vorprodukte verursachten Preissteigerungen, die zum sozioökonomischen Paternostereffekt der Pandemie beitrugen.

Nicht ohne Grund titelte die FAZ schon am 12. Oktober 2021 „Die Preise steigen auf breiterer Front", denn nach 3,8 Prozent im August betrug die Inflationsrate für Verbraucher/innen im September bereits 4,1 Prozent. Als sie im Dezember desselben Jahres auf 5,3 Prozent stieg, kamen bis weit in die Mittelschicht hinein Existenzsorgen auf. Später nutzten einheimische Anbieter die Gunst der Stunde, um für ihre Waren stark überhöhte Preise durchzusetzen. Anders lassen sich weder die Explosion der Energiepreise noch die massiven Preissteigerungen bei den (Grund-) Nahrungsmitteln erklären. Die inflationäre Entwicklung erreichte im Herbst 2022 ihren Höhepunkt, als die Verbraucherpreise gegenüber dem Vorjahr um gut zehn Prozent stiegen, was seit mehr als einem halben Jahrhundert nicht mehr der Fall gewesen war.

Von Beginn an war in der politischen, Medien- und Fachöffentlichkeit umstritten, welche Bevölkerungsschichten von der Inflation am härtesten getroffen wurden und welche glimpflich davongekommen sind. Als die Geldentwertung im Spätherbst 2021 medial erstmals hohe Wellen schlug, veröffentlichte das ifo Institut für Wirtschaftsforschung an der Universität München eine Studie, die belegen sollte, dass reichere Haushalte von der Inflation überdurchschnittlich stark getroffen würden. Mitarbeiter des Instituts hatten sechs Einkommensklassen (von unter 1.300 Euro bis 5.000

Euro und mehr Monatsnettoeinkommen) gebildet und die Preise von deren unterschiedlich zusammengesetzten Warenkörben berechnet. Demnach waren die Kaufkraftverluste bei den ärmeren Haushalten im Oktober 2021 mit vier Prozent deutlich niedriger als bei reicheren Haushalten, für die sich 4,8 Prozent ergaben (vgl. Möhrle/Wollmershäuser 2001, S. 4).

Der methodische Kardinalfehler dieser Untersuchung wird fast immer gemacht, wenn man in Deutschland die Lage von Armen und Reichen miteinander vergleicht. So richtig es ist, die Armut am geringen Einkommen davon betroffener Menschen festzumachen, so falsch ist es, den Reichtum auf ein hohes Einkommen zu verkürzen. Denn eher ist für diesen ein großes (Kapital-)Vermögen konstitutiv, das Arme gar nicht haben. Würde damit nicht das weibliche Geschlecht diskriminiert, könnte man getrost von einer Milchmädchenrechnung sprechen, wenn so getan wird, als spiele das in der Regel hohe Einkommen für Reiche die Hauptrolle.

Gerade im Vorfeld sich anbahnender oder abzeichnender Inflationsprozesse entwickeln sich die Einkommen und Vermögen der einzelnen Bevölkerungsgruppen unterschiedlich, wenn nicht gegensätzlich. So hatte das aus (Luxus-)Immobilien, Unternehmen(santeilen) und Edelmetallen (Gold) bestehende Sachvermögen der Wohlhabenden, Reichen und Hyperreichen vor und während der Covid-19-Pandemie im Wert stark zugelegt. Nicht zuletzt deshalb waren die Reichen überwiegend noch reicher geworden, wohingegen die Armen aufgrund verbreiteter Einkommensverluste eines Großteils der arbeitenden Bevölkerung, von abhängig Beschäftigten wie Solo- und Scheinselbstständigen, noch zahlreicher geworden sind. Der Chemnitzer Ökonom Klaus Müller (2023, S. 131) spricht in diesem Zusammenhang von „sekundärer Ausbeutung“ durch Reallohnsenkungen und Mehrwertsteigerungen, die zu einer Umverteilung von Einkommen der Arbeiter/innen, Angestellten und Rentner/innen zugunsten der die Märkte beherrschenden Großunternehmen geführt hätten.

Sowohl der Dax wie auch der traditionell in Dollar berechnete Goldpreis erreichten im Dezember 2023, also noch während der akuten Inflation, ein Allzeithoch. Dies zeigt, dass Hochvermögende von der Inflation nicht hart getroffen wurden, sondern eher noch Vermögenszuwächse verzeichnen konnten. Eva Völpel (2023, S. 67) diagnostiziert denn auch eine „deutlich verschärfte Verteilungskrise“, welche die Referentin für Wirtschafts- und Sozialpolitik am Institut für Gesellschaftsanalyse der Rosa-Luxemburg-Stiftung für den Inflationsschub verantwortlich macht: „Während auf der einen Seite ein Teil der Unternehmensgewinne und damit Kapitaleinkünfte drastisch wächst, steigt zugleich die Zahl derjenigen, die sich die notwendigsten Dinge zum Leben nicht mehr leisten können oder die sich (weiter) verschulden.“

Wegen der stark gestiegenen Lebenshaltungskosten überzogen wieder mehr Transferleistungsbezieher/innen und Niedriglöhner/innen, aber auch viele Durchschnittsverdiener/innen ihr Girokonto. Die zuletzt noch teurer gewordenen Dispo- und Überziehungskredite belasteten sie zusätzlich, vertieften aber auch die Kluft zwischen Arm und Reich. „Dispozinsen fördern die Ungleichheit, weil sie gerade diejenigen hart treffen, die wenig Geld haben. Wer reich ist, der wird sein Konto von vornherein nicht überziehen, und falls doch, es besser verdauen können. Zur Not wird es auch eine gute Zwischenlösung mit der Bank geben. Wer aber regelmäßig am Monatsende den Gürtel enger schnallen und in den Dispo gehen muss, dem werden dafür möglicherweise von seinem sowieso schon unter der Armutsgrenze liegenden Einkommen auch noch deftige Überziehungszinsen abgezogen.“ (Schick 2020, S. 107) Ähnliches gilt für die Eintreibung hoher Schulden, unter denen rund sechs Millionen Menschen in Deutschland leiden. Der frühere Bundestagsabgeordnete und Vorstand des Vereins „Bürgerbewegung Finanzwende“ Gerhard Schick hat an gleicher Stelle darauf hingewiesen, „dass Inkassofirmen mit der Schuldeneintreiberei hohe Profite machen und Ärmere so noch weiter in die Verschuldung treiben.“

Mechthild Schrooten (2022, S. 30), Professorin für Volkswirtschaftslehre an der Hochschule Bremen, weist darauf hin, dass jede Inflation einerseits Gewinner/innen und andererseits Verlierer/innen erzeugt: „Die ärmeren Haushalte zählen zu den deutlichsten Verlierer:innen der langfristigen Preisentwicklung; Inflation verschärft Armut.“ Dasselbe ergab die Analyse haushaltsspezifischer Inflationsraten durch Wissenschaftler/innen des Instituts für Makroökonomie und Konjunkturforschung nach den jüngsten Preisschocks. Silke Tober (2023, S. 19) bestätigte jedenfalls, „dass einkommensschwache Haushalte durch die Preissteigerungen bei Haushaltsenergie und Nahrungsmitteln deutlich stärker belastet sind als einkommensstärkere Haushalte." Als entscheidenden Grund hierfür benannte die Leiterin des IMK-Referats Geldpolitik den Umstand, dass der Anteil dieser beiden Posten (Nahrungsmittel und Haushaltsenergie) an den Gesamtkonsumausgaben von Haushalten mit steigendem Einkommen abnimmt (vgl. ebd., S. 24).

Durch das Emporschnellen der Verbraucherpreise vor allem im Bereich des Verkehrs, der Haushaltsenergie und der Nahrungsmittel wurde die untere Mittelschicht besonders stark belastet, wie der Inflationsmonitor des IMK zeigte (vgl. Tober 2022). Das gewerkschaftsnahe Institut gab die Spanne der haushaltsspezifischen Inflationsraten für März 2022 mit 1,9 Prozentpunkten an: „Sie reicht von 6% für einkommensstarke Alleinlebende bis 7,9% für einkommensschwache vierköpfige Familien. Noch ausgeprägter ist der Unterschied zwischen der kombinierten Belastung durch die Preise von Nahrungsmitteln, Haushaltsenergie und Kraftstoffen mit 2,6 Prozentpunkten, wobei einkommensschwache Familien einen Inflationsbeitrag von 5,9 Prozentpunkten verzeichnen, verglichen mit 3,3 Prozentpunkten im Falle von einkommensstarken Alleinlebenden." (Dullien/Tober 2022, S. 1)

Betrachtet man die Entwicklung der Armuts(risiko)quoten in den Krisenjahren 2020, 2021 und 2022, zu denen Mikrozensusdaten vorliegen, so fällt auf, dass es keinen bruchlosen Verlauf gab. Die allgemeine Armuts(risiko)quote erreichte 2021 mit 16,9 Prozent ihren historischen Höchststand im vereinten Deutschland (vgl. hierzu und zum Folgenden: Deutscher Paritätischer Wohlfahrtsverband 2023, S. 5 und 17). Nicht weniger als 14,1 Millionen Menschen galten in diesem Jahr als von (relativer) Einkommensarmut betroffen oder bedroht. Sie hatten weniger als 60 Prozent des bedarfsgewichteten mittleren Haushaltsnettoeinkommens zur Verfügung, was für Alleinstehende 1.145 Euro im Monat entsprach. Die mit Abstand höchsten Armutsrisiken wiesen einmal mehr Erwerbslose (49,4 Prozent), Alleinerziehende (42,3 Prozent), Nichtdeutsche (35,9 Prozent) und Mehrkinderfamilien (32,2 Prozent) auf. Bei den Kindern und Jugendlichen sowie den Alleinerziehenden stieg die Armuts(risiko)quote im Jahr 2022, für das Erstergebnisse des Mikrozensus beim Statistischen Bundesamt verfügbar sind, weiter auf 21,6 bzw. 42,9 Prozent.

Weil auch die durch Preissteigerungen verursachte, statistisch nicht erfasste und kaum erfassbare Armut in der unteren Mittelschicht zunahm, waren Lebensmitteltafeln, Pfandleihhäuser und Schuldnerberatungsstellen dem Ansturm auf dem Höhepunkt der inflationären Entwicklung kaum noch gewachsen. Gleichzeitig wuchs durch den Rückgang des sozialen Wohnungsbaus, den zunehmenden Wohnungsmangel sowie vermehrte Mietrückstände, Räumungsklagen und Zwangsräumungen die Gefahr, dass relative in absolute Armut umschlägt, sich also Wohnungs- und Obdachlosigkeit häufen.

Joachim Rock (2023, S. 93), Leiter der Abteilung Sozial- und Europapolitik im Paritätischen Gesamtverband, weist zudem darauf hin, dass die Inflation nicht bloß zu finanziellen Einbußen der einzelnen Individuen führte, sondern auch die soziale Infrastruktur des Landes mit voller Wucht traf sowie die weitere Ökonomisierung und Kommerzialisierung öffentlicher wie privat-gemeinnütziger Einrichtungen der Daseinsvorsorge fördern kann.

Wohlhabende und Reiche erlitten durch die Inflation zwar auch Kaufkraftverluste, die für sie aber nicht groß ins Gewicht fielen, weil ihr Anteil an notwendigen Konsumausgaben am Gesamtbudget wesentlich geringer war und ihr Sach-, Immobilien- und Betriebsvermögen kaum an Wert einbüßte. Zu einem ähnlichen Ergebnis ist auch die Bundesbank gelangt, denn sie ging von einer höheren Gesamtrendite der oberen Verteilungshälfte aus, weil das Immobilienvermögen von 2009 bis Anfang 2022 neben Aktien im Durchschnitt die höchste reale Rendite aller Vermögenskomponenten verzeichnet und das Betriebsvermögen für das obere Prozent der Vermögensverteilung zusätzlich einen merklichen Beitrag geleistet habe. Dies hat zur Folge, „dass sich der renditesenkende Effekt der Inflation insbesondere am unteren Ende der Vermögensverteilung bemerkbar macht. Das gesamte Vermögen dieser Haushalte besteht zu einem Großteil aus niedrig verzinsten Einlagen. Folglich führen hohe Inflationsraten vor allem dort leichter zu negativen realen Vermögensrenditen." (Deutsche Bundesbank, Monatsbericht 7/2022, S. 37)

Auch das Institut der deutschen Wirtschaft räumte in seiner Langzeitauswertung der Einkommens- und Verbrauchsstichprobe des Statistischen Bundesamtes ein, „dass die einkommensärmeren Haushalte tendenziell eine höhere Inflation haben als einkommensreichere Haushalte." (Demary u.a. 2021, S. 17) Insgesamt kam das IW im Durchschnitt für die Fünfjahreszeiträume der vergangenen 25 Jahre auf eine Inflationsrate von 6,6 Prozent, während die Haushalte mit den höchsten Einkommen nur eine Inflationsrate von 5,5 Prozent aufwiesen.

Reiche und Hyperreiche gehörten eindeutig zu den Inflationsgewinnern, zumal sie ihr Vermögen teilweise sogar noch vergrößern konnten. Obwohl das Land insgesamt ärmer wurde und die Armen besonders unter den steigenden Preisen und – weil sie häufiger verschuldet waren – unter den ebenfalls steigenden Zinsen litten, gab es eine „Gewinnflation", von der ohnehin privilegierte Bevölkerungsgruppen profitierten. Joachim Ragnitz (2022, S. 24), stellvertretender Geschäftsführer der Dresdner Niederlassung des ifo Instituts an der Universität München, sieht in den gestiegenen Beschaffungspreisen für importierte Waren jedenfalls nicht den alleinigen Grund für die inflationäre Entwicklung: „Vielmehr scheinen einige Unternehmen den Kostenschub auch als Vorwand dafür zu nehmen, durch eine noch stärkere Erhöhung ihrer Absatzpreise auch ihre Gewinnsituation zu verbessern."

Dass beispielsweise viele (Grund-)Nahrungsmittel wie Brot, Mehl, Milch, Butter, Margarine, Speiseöl, Eier oder Nudeln zu den Hauptpreistreibern gehörten, war nicht zuletzt dem Bestreben von Herstellern und Händlern geschuldet, die Lebensmittelpreise auf das höhere Preisniveau vergleichbarer Länder zu hieven. Lebensmittelhersteller, meistenteils global agierende Großkonzerne wie Kellogg oder Nestlé, und Handelsketten wie Edeka und Rewe trugen gemeinsam dazu bei, das vor der Pandemie im (west)europäischen Vergleich günstige deutsche Preisniveau stärker dem internationalen anzupassen.

Durch die Bemühungen der Bundesregierung, Deutschland baldmöglichst vom russischen Gas unabhängig zu machen, wurde die Energiepreisexplosion verstärkt. In der (Medien-)Öffentlichkeit herrschte entweder Ratlosigkeit oder Unsicherheit, wie mit der Energiekrise umzugehen war. Die unsoziale Stoßrichtung der Diskussion gab Altbundespräsident Joachim Gauck vor, als er in der ARD-Talkshow "maischberger. die woche" am 9. März 2022 für ein Öl- und Gasembargo gegen Russland plädierte, was er mit folgenden Worten begründete: „Wir können auch mal frieren für die Freiheit. Wir können auch mal ein paar Jahre ertragen, dass wir weniger an Lebensglück und Lebensfreude haben." Als früherer Pfarrer predigte Gauck seinen Mitbürger(inne)n da einen lang anhaltenden Verzicht, obwohl sich gerade Arme in einer Energie(preis)krise weder Askese leisten können noch Austeritätspolitik für sie gut ist.

Trotz eigener Privilegierung den von Armut betroffenen oder bedrohten Menschen in Deutschland etwas zuzumuten, was Gauck selbst nie erleiden wird, war blanker Zynismus. Ein anderer Altbundespräsident, Roman Herzog, hatte übrigens das „verfettete" Gemeinwesen beklagt und in einer großformatigen Anzeige der „Initiative Neue Soziale Marktwirtschaft" (INSM) in der *Frankfurter Allgemeinen Sonntagszeitung* (v. 25.11.2001) über Sozialhilfeempfänger hergezogen, die sich „vom Staat aushalten" ließen, statt sich anzustrengen und etwas zu leisten. Auch er bekam bis zu seinem Tod den „Ehrensold" in Höhe seiner vormaligen Amtsbezüge – heute über 20.000 Euro pro Monat –, aber auch ein Büro, eine Sekretärin und einen Dienstwagen samt Chauffeur im Rahmen der nachwirkenden Amtsausstattung gestellt.

Ganz offensichtlich mangelt es den politisch Verantwortlichen hierzulande erheblich an sozialer Sensibilität, von Solidarität mit den Armutsbetroffenen ganz zu schweigen. Auch das Beispiel der mehrtägigen Hochzeitssause von Bundesfinanzminister Christian Lindner auf Sylt im Juli 2022 zeigte, wie schlecht es um die öffentliche Moral in unserem Land bestellt ist, hatte der FDP-Vorsitzende seine Mitbürger/innen doch erst wenige Tage zuvor auf „fünf Jahre der Knappheit" eingestimmt. Dabei existieren hierzulande längst massenhaft soziale Probleme, sei es die Prekarisierung der Lohnarbeit, das Vordringen der Einkommensarmut in die Mitte der Gesellschaft, der Pflegenotstand, die Wohnungsnot in den Ballungsgebieten oder die Explosion von Mieten und Mietnebenkosten (Betriebs- und Heizkosten). Wer mit Kohle, Erdöl, Gas oder Strom heizte, musste plötzlich sehr viel tiefer in die Tasche greifen.

Wirtschaftssanktionen, die den Armen in Deutschland teilweise mehr schadeten als den Reichen (Oligarchen) in Russland, waren kontraproduktiv. Als die Preise für Kraftstoffe, Haushaltsenergie und Nahrungsmittel im Frühjahr/Sommer 2022 aufgrund des Ukrainekrieges, des Kohle- und Ölembargos der EU gegenüber Russland sowie des Rückgangs der Gasimporte rasant stiegen, sah sich die neue, seit einem halben Jahr von SPD, Bündnisgrünen und FDP gestellte Bundesregierung unter ihrem Kanzler Olaf Scholz gezwungen, bestimmte Bevölkerungsgruppen mit staatlichen Finanzspritzen zu unterstützen.

Bei den drei „Entlastungspaketen", die vom Koalitionsausschuss der Regierungsparteien im Februar, im März und im September 2022 beschlossen wurden, um die finanziellen Belastungen der gestiegenen Energiekosten für private Haushalte und Wirtschaft abzufedern, standen allerdings – wie schon bei den staatlichen Finanzhilfen für Pandemiegeschädigte – Unternehmen, Erwerbstätige und Steuerpflichtige im Vordergrund, wohingegen Nichterwerbstätige, Rentner/innen und Bezieher/innen von Transferleistungen zu kurz kamen.

Das erste, bereits am 23. Februar 2022, dem Vortag der russischen Invasion, geschnürte Entlastungspaket bestand im Wesentlichen aus steuerpolitischen Maßnahmen: Rückwirkend zum Jahresbeginn stieg der Arbeitnehmerpauschbetrag um 200 auf 1.200 Euro, der Grundfreibetrag in der Einkommensteuer um 363 auf 10.347 Euro und die Entfernungspauschale für Fernpendler/innen (ab dem 21. Kilometer) sowie die Mobilitätsprämie auf 38 Cent. Wohngeldbezieher/innen bekamen einen Heizkostenzuschuss in Höhe von 270 Euro (bei einem Haushalt mit zwei Personen: 350 Euro, je weiterem Familienmitglied zusätzliche 70 Euro), Auszubildende und Studierende im Bafög-Bezug 230 Euro. Außerdem wurde die EEG-Umlage vorzeitig zum 1. Juli 2022 gesenkt, was besonders Großverbrauchern wie Unternehmen zugutekam.

Das zweite Entlastungspaket beinhaltete die Absenkung der Energiesteuer auf Kraftstoffe für drei Monate; ein auf denselben

Zeitraum befristetes, bundesweit gültiges Neun-Euro-Monatsticket für den Öffentlichen Personennahverkehr, das den Bund rund 500 Millionen Euro weniger als der „Tankrabatt“ kostete; eine sehr kostenträchtige Energiepreispauschale in Höhe von 300 Euro für alle unbegrenzt steuerpflichtigen Erwerbstätigen; einen weiteren Kinderbonus in Höhe von 100 Euro als zusätzliche Einmalzahlung für Familien; schließlich Einmalzahlungen in Höhe von 200 Euro für Transferleistungsbezieher/innen und in Höhe von 100 Euro für Bezieher/innen von Arbeitslosengeld I.

Während der Tankrabatt hauptsächlich die ohnehin exorbitanten Profite weniger Mineralölkonzerne steigerte, erhöhte das als Konzession der FDP an Bündnis 90/Die Grünen gedachte Neun-Euro-Ticket die Mobilität ärmerer Bevölkerungsschichten, weshalb es die Ampelkoalition dauerhaft hätte einführen sollen. Menschen im Hartz-IV-Bezug konnten wegen der zu geringen Anteile im Regelbedarf für Mobilität vorher selten oder nie verreisen. Das hieß auch, Kontakte zu Verwandten, Freunden und Bekannten nicht halten zu können, wenn sie außerhalb des engsten Umfeldes wohnen. Insofern war das Neun-Euro-Ticket mehr als ein soziales Trostpflaster für die Armen ohne Auto, die nicht vom Tankrabatt profitierten. Die neue Möglichkeit, miteinander in persönlichen Kontakt zu treten, wurde offenbar viel genutzt. Denn die Regionalzüge, für die das Ticket galt, füllten sich mit zahlreichen Personen, die vorher meist aus Geldmangel zuhause bleiben mussten.

Laut einem Urteil des Bundesverfassungsgerichts vom 9. Februar 2010 (1 BvL 1/09) sollte bei Hartz-IV-Beziehenden durch die Transferleistung in ausreichender Höhe das physische und das soziokulturelle Existenzminium gesichert, aber auch die Pflege der zwischenmenschlichen Beziehungen gewährleistet sein. Dies heißt, dass man keinen Hunger leidet, aber auch mal ins Kino oder Theater gehen und sich mit Freunden treffen kann. Hierfür mussten die Hartz-IV-Betroffenen in aller Regel den Öffentlichen Nah- und Fernverkehr nutzen und genug Geld haben. Da im Regelsatz monatlich nur 45,02 Euro für Verkehr enthalten waren, erfüllte das zum 1. Mai 2023 eingeführte Deutschlandticket zum Preis von 49 Euro im Unterschied zum Neun-Euro-Ticket nicht die nötigen Voraussetzungen.

Stefan Bach und Jakob Knautz (2022, S. 246) haben berechnet, dass ärmere Haushalte trotz des ersten und des zweiten Entlastungspaketes des Bundes durch die steigenden Energiepreise stärker belastet wurden als wohlhabendere Haushalte: „Bei Haushalten mit niedrigen Einkommen sind die hohen Belastungen besonders gravierend, da sie zumeist nur geringe Möglichkeiten haben, ihr Konsumbudget durch weniger Sparen, Auflösung von Vermögen oder Verschuldung auszuweiten." Die beiden DIW-Mitarbeiter forderten daher zu Recht, dass sich staatliche Entlastungsprogramme stärker auf die unteren Segmente der Einkommensverteilung konzentrieren sollten.

Das dritte Entlastungspaket hatte zwar – seinen von der Bundesregierung angegebenen Kosten von 65 Milliarden Euro für den Staat nach – das größte Volumen, enthielt aber vieles, was die Ampelkoalition ohnehin geplant hatte. Sein inhaltlicher Schwerpunkt lag auf Steuerermäßigungen, die eher Bessersituierten zugutekamen. So verabschiedete der Bundestag am 10. November 2022 das *Inflationsausgleichsgesetz*, mit dem die „kalte Progression" beseitigt werden sollte. Dadurch erfuhren ausgerechnet jene Menschen die höchste relative Entlastung, die den Spitzensteuersatz von 42 Prozent zahlen müssen, und selbst Personen mit Einkommen oberhalb der Schwelle zur ab einem zu versteuernden Jahreseinkommen von 277.836 Euro zu entrichtenden Reichensteuer von 45 Prozent, an der sich gar nichts änderte, verzeichneten durch die Erhöhung der übrigen Tarifeckwerte annähernd einen Ausgleich des Progressionseffekts (vgl. Rietzler 2022, S. 751).

Nadine Riedel und Andreas Peichl (2022, S. 747) machen dafür die Konstruktionsprinzipien des hierzulande bestehenden Steuersystems verantwortlich: „Wird der Grundfreibetrag beispielsweise um einen Euro erhöht, spart der Hochverdiener den Spitzensteuersatz auf den letzten verdienten Euro; der Niedriglohnverdiener seinen entsprechend niedrigeren Grenzsteuersatz. Werden – wie beim dritten Entlastungspaket beschlossen – Tarifeckwerte auch bei höheren Einkommen verschoben, geht die Schere zwischen dem Vorteil von Hoch- und Niedrigverdienern weiter auf – Entlastungen über die Einkommensteuer sind immer monoton ansteigend im Einkommen (sofern nicht weiter oben Grenzsteuersätze weiter erhöht werden)." Steuersenkungen waren daher nicht der richtige Weg zur Entlastung von Krisen besonders hart getroffener Bevölkerungsgruppen.

Bezieher/innen von Wohngeld erhielten zu Beginn des Jahres 2023 einen zweiten Heizkostenzuschuss in Höhe von 415 Euro (bei einem Haushalt mit zwei Personen: 540 Euro, je weiterem Familienmitglied zusätzliche 100 Euro), Auszubildende und Studierende im Bafög-Bezug 345 Euro. Mit dem *Wohngeld-Plus-Gesetz* wurde der staatliche Mietzuschuss für Geringverdiener/innen im Durchschnitt von 180 Euro auf 370 Euro im Monat erhöht und der Empfängerkreis von rund 600.000 auf zwei Millionen Anspruchsberechtigte erweitert.

Die geplante Anhebung des CO_2-Preises im Brennstoffemissionshandel von 30 auf 40 Euro pro Tonne wurde um ein Jahr auf den 1. Januar 2024 verschoben. Familien wollte man wegen ihrer außergewöhnlichen Belastungen durch ein von 219 auf 237 Euro monatlich erhöhtes Kindergeld unterstützen, besonders einkommensstarke durch Anhebung des Freibetrages für das sächliche Existenzminimum des Kindes (Kinderfreibetrag) jedoch stärker als die von Normalverdienenden. Rentner/innen und Versorgungsempfänger/innen des Bundes erhielten zum 1. Dezember 2022 eine steuerpflichtige Einmalzahlung von 300 Euro. Studierende sowie Fachschüler/innen bekamen ein vom Bund finanzierte Einmalzahlung in Höhe von 200 Euro, deren Auszahlung sich jedoch verzögerte. Bis zum 31. Dezember 2023 verlängert wurde die Absenkung des Umsatzsteuersatzes auf Speisen in der Gastronomie von 19 auf sieben Prozent, die während der Covid-19-Pandemie erfolgt war.

Am 2. Dezember folgte das *Jahressteuergesetz 2022*, in dem die Erhöhung des Arbeitnehmer- und des Sparer-Pauschbetrages, eine Verbesserung der Homeoffice-Pauschale sowie die Anhebung des Entlastungsbetrages für Alleinerziehende enthalten waren. Auch wurde eine steuer- und abgabenbefreite Inflationsausgleichsprämie von bis zu 3.000 Euro eingeführt. Die von der Bundesregierung als Mittel gegen vermeintlich die Inflation nach Art einer „Lohn-Preis-Spirale" anheizende Tariflohnerhöhungen empfohlenen und ihren Beschäftigten besonders von großen Unternehmen gezahlten Inflationsausgleichsprämien waren verteilungspolitisch nicht unproblematisch. Vielmehr konstatiert Norbert Reuter (2023, S. 88), Leiter der tarifpolitischen Grundsatzabteilung bei ver.di, dass solche Einmalzahlungen wegen ihres Brutto- gleich Nettoeffekts für die Beschäftigten nur auf den ersten Blick attraktiv sind, weil es aufgrund der damit verbundenen Beitrags- und Steuerausfälle in der Folge bei den Sozialversicherungen und beim Staat zu Leistungseinschnitten kommt, während sie in Wirklichkeit den Unternehmen nützen, die ebenfalls Steuern und Sozialabgaben sparen und außerdem keine tabellenwirksamen, auf Dauer bestehende Lohn- bzw. Gehaltserhöhungen zu schultern haben.

Anspruch auf eine finanzielle Unterstützung des Bundes wegen der Energiepreisexplosion hatten neben den Privathaushalten im Wohneigentum oder in einer Mietwohnung sowie Bildungs-, Forschungs-, Sozial- und Gesundheitseinrichtungen auch kleine und mittlere Unternehmen. Während die „Strompreisbremse" ab 1. Januar 2023 galt, trat die „Gas- und Wärmepreisbremse" am 1. März 2023 rückwirkend für die Monate Januar und Februar in Kraft. Mit der Strompreisbremse wurden 80 Prozent des Vorjahresverbrauchs der Bürger/innen sowie kleiner und mittlerer Unternehmen bei 40 Cent pro Kilowattstunde, mit der Gaspreisbremse ebenfalls 80 Prozent des Vorjahresverbrauchs der Bürger/innen sowie kleiner und mittlerer Unternehmen bei zwölf Cent (Fernwärme bei 9,5 Cent) pro Kilowattstunde gedeckelt.

Je höher der Verbrauch war, umso größer fiel die Entlastung aus, etwa für Haushalte mit einer Sauna und/oder einem Swimmingpool. Zumindest hätte man den subventionierten Verbrauch deckeln können, um diesen sozialen Polarisierungseffekt zu vermeiden. Die sog. Dezemberhilfen, mit denen die Abschläge für Erdgas und Fernwärme zum Jahreswechsel 2022/23 vom Staat übernommen wurden, mussten nicht, wie zwecks eines sozialen Ausgleichs zwischen Gut- und Geringverdiener(inne)n sowie Hoch- und Niedrigeinkommensbezieher(inne)n ursprünglich vorgesehen, versteuert werden, sondern blieben nach einem Änderungsantrag zu dem im Dezember 2023 verabschiedeten *Kreditzweitmarktförderungsgesetz* steuerfrei, was allerdings kaum noch jemand wahrnahm.

Wenig öffentliche Aufmerksamkeit erregten auch größere Entlastungen für die Wirtschaft, die im *Vierten Corona-Steuerhilfegesetz* enthalten waren, darunter die erweiterte Verlustrechnung für Unternehmer sowie die Verlängerung der degressiven Abschreibung um ein Jahr, steuerfreie Zuschüsse zum Kurzarbeitergeld und die Steuerbefreiung des „Corona-Pflegebonus" bis zu 4.500 Euro. Darüber hinaus wurde ein „Wirtschaftspaket" für vom Ukrainekrieg und/oder von den Sanktionen betroffene Unternehmen geschnürt, darunter ein KfW-Kreditprogramm für kurzfristige Liquidität, Bund-Länder-Bürgschaftsprogramme, ein Finanzierungsprogramm für durch hohe Sicherheitsleistungen (Margining) gefährdete Unternehmen und ein Hilfsprogramm für die energieintensive Industrie. So wurde der Netto-Arbeitspreis für die Kilowattstunde beim Gas ab 1. Januar 2023 auf sieben Cent und beim Strom auf 13 Cent gedeckelt – immerhin für 70 Prozent des Verbrauchs.

Krisen bieten Wirtschaftslobbyisten ein ideales Betätigungsfeld, denn in solchen Ausnahmesituationen verfangen Klagen, wie schlecht es der jeweiligen Klientel geht, bei den politischen Entscheidungsträgern besonders gut, und Forderungen an den Staat, ihr unter die Arme zu greifen, haben viel bessere Erfolgschancen. Dementsprechend wurden nach Beginn des Ukrainekrieges beinahe alle Branchen bei der Bundesregierung vorstellig, darunter auch sehr wohlhabende und gewinnträchtige, um mit passenden „Katastrophengeschichten und Horrorprognosen" versehen in Berlin „die Hand aufzuhalten" (siehe Büschemann 2023). Genannt seien multinationale Konzerne, die Milliardensummen an Fördergeldern dafür kassierten, dass sie Chipfabriken in Ostdeutschland errichteten; ausländische Batteriehersteller mit Ansiedlungsplänen; Solarmodulproduzenten, die unter Hinweis eine aktive US-amerikanische Industriepolitik im Rahmen der „Bidenomics" (vgl. dazu: Manak 2024) bessere Wettbewerbsbedingungen und mehr staatliche Subventionen forderten; Immobilienholdings, die wegen der Flaute am Bau nach besseren Abschreibungsmöglichkeiten und Deregulierungsmaßnahmen verlangten; schließlich Unternehmen der Chemie-, Stahl- und Automobilindustrie, die für einen günstigen Industriestrompreis warben und der Regierung mit Abwanderung drohten.

Stattdessen senkte die Ampelkoalition die Stromsteuer auf das im EU-Bereich niedrigstmögliche Niveau, um energieintensiven Unternehmen keine Standortnachteile erwachsen zu lassen und der in manchen Medien bereits heraufbeschworenen Gefahr einer „Deindustrialisierung Deutschlands" rechtzeitig zu begegnen. Der Bremer Ökonom Rudolf Hickel (2023, S. 31 und 35) sah darin allerdings ein bloßes Schreckgespenst und warnte vor Schwarzmalerei, die von den tatsächlichen Krisenursachen sowie den eigentlich notwendigen Maßnahmen gegen „Preistreiberei" und „monopolistischen Machtmissbrauch" ablenke.

Üblicherweise spricht man von Energie(unerschwinglichkeits)armut, wenn die Kosten für Haushaltsenergie (Heizen, Warmwasser, Strom) mehr als zehn Prozent des Nettoäquivalenzeinkommens verschlingen. Manchmal unterscheidet man auch milde Energiearmut (über zehn Prozent des Nettoäquivalenzeinkommens), Energiearmut (über 20 Prozent des Nettoäquivalenzeinkommens) und strenge Energiearmut (über 30 Prozent des Nettoäquivalenzeinkommens) voneinander. Die Zehnprozentregel ergibt laut Lisa Bleckmann, Frank Luschei, Nadine Schreiner und Christoph Strünck (2016, S. 9) aber wenig Sinn, weil sie nicht ausschließt, dass auch Haushalte mit Spitzeneinkommen als energiearm betrachtet werden. Sinnvoller wäre es demnach, einen Haushalt dann als energiearm zu bezeichnen, wenn dessen bedarfsgewichtetes Nettoeinkommen nach dem Abzug der bedarfsgewichteten Energiekosten unter der Armutsgefährdungsschwelle von 60 Prozent des mittleren Einkommens liegt.

Egal, wie man den Terminus „Energiearmut" definiert – sie ist weder gottgewollt noch naturgegeben, sondern menschengemacht und systembedingt. Die regressive Belastungswirkung der durch Russlands Krieg gegen die Ukraine und die Antwort des Westens galoppierenden Energiekosten zementierte die materielle Ungleichheit in Deutschland, was durch die Entlastungspakete des Bundes nicht ansatzweise kompensiert wurde. Vielmehr entwickelten sich Wohn-, Energie- und Ernährungsarmut zur neuen Sozialen Frage der Bundesrepublik. Wenn sich die Teuerungswelle im Wohnbereich noch verstärkt und verstetigt, dürften insbesondere viele Familien die Hälfte ihres Einkommens für die Warmmiete ausgeben.

Die verteilungspolitische Schlagseite der Entlastungspakete des Bundes war unübersehbar. Denn sie kamen nur teilweise Privathaushalten zugute, darunter vornehmlich einkommensstarken: Mehr als die Hälfte des Entlastungsvolumens war für Erwerbstätige reserviert, die von Steuerermäßigungen profitierten (vgl. Schneider 2022, S. 223). Schon der Begriff „Entlastungspaket" war laut Tobias Hentze (2022, S. 8) missverständlich oder irreführend, weil es sich etwa im Fall der – von SPD, Bündnis 90/Die Grünen und FDP übrigens ohnehin geplanten – Kindergelderhöhung nur um die Verhinderung einer Mehrbelastung handelte. In erster Linie sollten die Entlastungspakete die Handlungsfähigkeit der Bundesregierung in Krisenzeiten belegen, sie waren aber weder im Volumen ausreichend noch so konzipiert, dass man von Passgenauigkeit hätte sprechen können. Vielmehr dominierte das Gießkannenprinzip, wie der Kölner Volkswirt bemerkt: „Von der Energiepauschale, der Senkung von Verbrauchsteuern, dem 9-Euro-Ticket und der Gaspreisbremse profitieren auch Haushalte, die auf staatliche Hilfe nicht angewiesen sind." (ebd.)

Ulrich Schneider, Hauptgeschäftsführer des Paritätischen Gesamtverbandes, kritisierte darüber hinaus die „einkommensproportionale Privilegierung" wohlhabender und reicher Haushalte, etwa durch die auf drei Monate befristete Absenkung der Energiesteuer auf Kraftstoffe zum 1. Juni 2022 sowie die Abschaffung der EEG-Umlage. „Die Reduzierung von Verbrauchssteuern führt dazu, dass derjenige mit dem höchsten Verbrauch auch die höchste absolute Entlastung erfährt. Das sind nicht die armen Haushalte. Es sind die Haushalte mit den großen Wohnungen und Einfamilienhäusern mit dem zusätzlichen Kühlschrank, der guten EDV-Ausstattung bis in die Kinderzimmer hinein, mehreren Fernsehern oder vielleicht auch der Energie fressenden Heimsauna im Keller." (Schneider 2022, S. 224)

Wie der Volkswirt Jan Schnellenbach (2022, S. 10) moniert hat, wendete der Bund einen hohen Betrag zur Stützung von Einkommen „in der Breite" auf, für Maßnahmen, die gezielt Transferleistungsbezieher/innen erreichten, wurde aber sehr viel weniger Geld ausgegeben. Zwar verfügte der Staat nicht über alle Informationen, die nötig gewesen wären, um Finanzhilfen gezielt an einkommensschwächere Haushalte zu überweisen, jedoch drängte sich Kritiker(inne)n seiner Entlastungspakete der Eindruck auf, „dass sich die Regierung mit ihren Entlastungspaketen auch nicht um eine besonders hohe Zielgenauigkeit auf untere Einkommensschichten bemüht. Gerade die breit streuenden Maßnahmen sind aber auch mit hohen budgetären Kosten im Vergleich zu den gezielteren Maßnahmen verbunden.“ (ebd., S. 11) Auch der Volkswirt Conrad Schuhler (2023, S. 57) bemängelte, dass die Haushalte von der Bundesregierung entweder pauschal, also völlig unspezifisch, oder proportional zum Einkommen unterstützt wurden: „Beides führt zu Nachteilen für die Bezieher niedriger Einkommen.“

Steuersenkungen nützen Geringverdiener(inne)n in aller Regel wenig und Transferleistungsbezieher(inne)n gar nichts, weil sie für gewöhnlich kaum bzw. überhaupt keine Einkommensteuer zahlen. Ähnliches gilt für eine Senkung der Mehrwertsteuer, sofern sie überhaupt an die Verbraucher/innen weitergegeben wurde: Nominal profitieren Haushalte stärker, die viel konsumieren, weil sie finanzkräftiger sind. Auch breit streuende Pro-Kopf-Zahlungen an einen großen Personenkreis wie die Energiepreispauschale waren kaum hilfreich, weil nicht passgenau. Auszubildende, Studierende sowie Rentnerinnen und Rentner erhielten sie zunächst gar nicht. Transfers für bedürftige Haushalte wie der Heizkostenzuschuss oder die Einmalzahlungen für Menschen in der Grundsicherung waren besser, aber gleichfalls nur begrenzt geeignet, die Hauptbetroffenen zu entlasten. Denn sie bekämpften zwar die Symptome, beseitigten jedoch nicht die Ursachen des Problems.

Obwohl das Institut für Makroökonomie und Konjunkturforschung der Hans-Böckler-Stiftung die Entlastungspakete als „insgesamt sozial ausgewogen“ bezeichnete, weil unter den Haushalten von Erwerbstätigen besonders diejenigen mit einem geringen oder mittleren Einkommen entlastet würden, kritisierte es Polarisierungseffekte einzelner Maßnahmen: „Eine soziale Schieflage ist bei der Behandlung von Nichterwerbstätigen wie Menschen im Ruhestand zu beobachten: Hier fällt die Entlastung auch bei Haushalten mit niedrigem Einkommen sehr gering aus, sofern diese keinen Anspruch auf den Heizkostenzuschuss oder ergänzende

Grundsicherung haben oder wahrnehmen." (Dullien/Rietzler/Tober 2022, S. 1)

Die freiberuflich tätige Volkswirtin Irene Becker hat darauf hingewiesen, dass der Lebensstandard von Grundsicherungsbezieher(inne)n trotz der Entlastungspakete sank. Dies galt sogar für Betroffene, deren Nachwuchs im Vorgriff auf die von der Ampelkoalition versprochene Kindergrundsicherung ab 1. Juli 2022 den Sofortzuschlag in Höhe von 20 Euro monatlich erhielt, was für den Rest des Jahres immerhin 120 Euro ergab: „Damit werden aber, abgesehen von Kindern unter sechs Jahren, nicht einmal die inflationsbedingten Verluste von 2021 und 2022 ausgeglichen – zur Verbesserung von Chancen und Abbau von Kinderarmut ist der Sofortzuschlag also viel zu gering." (Becker 2022, S. 231)

Auch im Jahr 2024 sanken die Lebenshaltungskosten und die finanziellen Belastungen der meisten Haushalte nicht. Am 1. Januar wurde der CO_2-Preis im Brennstoffemissionshandel auf 45 Euro statt wie ursprünglich geplant auf 40 Euro pro Tonne erhöht. Auch die Mehrwertsteuer für Gas und für Speisen in der Gastronomie sowie die Sozialversicherungsbeiträge stiegen. Zudem verteuerten sich viele andere Waren und Dienstleistungen.

Wie das Institut der deutschen Wirtschaft (2024) mitteilte, dürften vor allem Gering- und Durchschnittsverdiener/innen in einem Haushalt mit einer Gasheizung und einem Pkw mit Verbrennungsmotor unter Berücksichtigung von Steuern, Sozialversicherungsbeiträgen und Abgaben trotz erhöhter Freibeträge bei der Einkommensteuer am Jahresende ein Minus verzeichnen: „Ein Single mit einem Jahresbruttogehalt von 50.000 Euro hat im Jahr 2024 bei unverändertem Einkommen 40 Euro weniger zur Verfügung als 2023. Alleinerziehende mit einem Kind und einem Jahresbruttogehalt von 36.000 Euro haben sogar 144 Euro weniger in der Tasche."

Ein soziales Ungleichgewicht ergibt sich laut IW auch bei Familien, obwohl sie wegen der Entlastung beim Pflegeversicherungsbeitrag etwas günstiger dastehen als Singles: „Eine Familie mit zwei Kindern und einem Bruttojahresgehalt von 66.000 Euro wird per saldo im Jahr 2024 mit 5 Euro zusätzlich belastet. Bei einem zu versteuernden Jahreseinkommen von 90.000 Euro ergibt sich eine Entlastung von 83 Euro, bei 130.000 Euro sind es 262 Euro." (ebd.) Gutverdiener kommen wegen des für sie höheren Inflationsausgleichs im Einkommensteuertarif besser weg als Durchschnitts- und Geringverdiener/innen: „Umso wichtiger wäre es, die letztere Personengruppe an anderer Stelle zu entlasten – zum Beispiel mit einem Klimageld, das den Menschen hilft, die steigenden CO_2-Preise zu kompensieren." (ebd.) Auf einen solchen Bonus verzichtete man zunächst, obwohl SPD, Bündnis 90/Die Grünen und FDP (2021, S. 63) in ihrem Koalitionsvertrag für die laufende Legislaturperiode angekündigt hatten, einen über die völlige Abschaffung der EEG-Umlage zum 31. Dezember 2022 hinausgehenden „sozialen Kompensationsmechanismus" (Klimageld) zu entwickeln.

Wenn selbst das Institut der deutschen Wirtschaft der Bundesrepublik einen Mangel an sozialer Gerechtigkeit bescheinigt, fragt man sich besorgt, welche Verteilungswirkungen die höchsten Inflationsraten seit Jahrzehnten und die Regierungsmaßnahmen der jüngsten Zeit hatten. Bereits vorher deutlich ausgeprägte Polarisierungseffekte und die Tendenzen zur Spaltung bzw. Zerklüftung der Gesellschaft haben sich offenbar verstärkt. Denn besonders einkommensschwache Gruppen wie Geringverdiener/innen, Soloselbstständige, Rentner/innen und Transferleistungsbezieher/innen wurden von der Energiepreisexplosion und der Inflation am härtesten getroffen, ohne dass ihnen die politisch Verantwortlichen in der gebotenen Weise unter die Arme griffen. Umgekehrt steckten Wohlhabende die Kaufkraftverluste einfach weg, und besonders ganz Reiche profitierten teilweise sogar davon, dass ihnen gehörende Unternehmen im Windschatten der allgemeinen Preissteigerungen die Rendite – manchmal sogar bei sinkenden Umsätzen – steigern konnten.

Augenscheinlich machen Wirtschaftskrisen die Reichen reicher und die Armen zahlreicher. Eine kapitalistische Gesellschaft, die sich im Krisenmodus befindet, produziert noch mehr sozioökonomische Ungleichheit, als ihr wegen des Privateigentums an Produktionsmitteln sowie der von diesem maßgeblich geprägten Wirtschaftsstrukturen und Verteilungsmechanismen ohnehin eigen ist, was ein zusätzliches Systemversagen dieser Gesellschaftsordnung darstellt.

3.3 Koalitionsstreitigkeiten um die Kindergrundsicherung als Vorboten einer sozialpolitischen Zeitenwende?

Was die Agenda 2010 von Bundeskanzler Gerhard Schröder zusammen mit den Hartz-Gesetzen im Bereich der Sozialpolitik war, wurde die Zeitenwende von Olaf Scholz zusammen mit dem Sondervermögen Bundeswehr im Bereich der Friedenspolitik und weit darüber hinaus – ein Verrat an sozialdemokratischen Grundprinzipien und an den Kerninteressen der traditionellen SPD-Wählerbasis. Dass diese bei den vergangenen Parlamentswahlen auf nationaler, regionaler und internationaler (europäischer) Ebene immer stärker erodierte, hat die Partei(führung) selbst zu verantworten. Am stärksten profitierte davon die Alternative für Deutschland (AfD), wie deren Höhenflug bei Wahlen und Rekordergebnisse bei Wählerumfragen nahelegten.

Nur zehn Wochen nach Scholz' Regierungserklärung zum Ukrainekrieg forderte Reiner Schlegel (2022), Präsident des Bundessozialgerichts, in der FAZ eine „Zeitenwende für den Sozialstaat" – so lautete auch der Titel seines Gastbeitrages. Darin sorgte sich einer der ranghöchsten Juristen des Landes weniger um die Würde alter Menschen, deren Lebensstandard bei einer von ihm empfohlenen Anhebung des Renteneintrittsalters auf dem Spiel steht, als um die „Wettbewerbsfähigkeit unserer stark global ausgerichteten Wirtschaft", die auf dem Spiel stehe, wenn stattdessen der Beitragssatz zur Gesetzlichen Rentenversicherung spürbar erhöht werde. Schlegel ließ durchblicken, dass die politisch Verantwortlichen seines Erachtens „das heiße Eisen von Leistungskürzungen im Sozialbereich" anfassen sollten, nachdem „Effizienzreserven ermittelt und gehoben" worden seien: „Im Bereich Gesundheit und Soziales ist ganz allgemein ein Diskurs darüber erforderlich, auf was wir am ehesten verzichten könnten, was weiterhin staatlicher Fürsorge und solidarischer Lastentragung überlassen bleiben soll, aber ebenso, was man wieder in die Eigenverantwortung des Einzelnen zurückgeben könnte." (ebd.)

Unter Berufung auf das Urteil des Bundesverfassungsgerichts vom 24. März 2021 zum *Klimaschutzgesetz* (1 BvR 2656/18) übertrug Schlegel den ökologischen Nachhaltigkeitsgedanken auf die

Sozialpolitik, was deshalb widersinnig ist, weil Kohle als fossiler Brennstoff verschwindet, die Umwelt verschmutzt und dem Klima schadet, „Kohle“ – als umgangssprachliche Bezeichnung für Geld verstanden – aber nur von einer Tasche in die andere wandert. Als eine Konsequenz der Zeitenwende verkündete Schlegel: „Konsumtive Sozialleistungen, die heute erbracht werden, müssen [...] auch heute erwirtschaftet und finanziert werden, das heißt, es darf keine Finanzierung von Renten, Hartz IV, Sozialhilfe, aber auch Leistungen im Gesundheitsbereich ‚auf Pump‘ geben.“ (ebd.)

Dringend müssten im Sozial- und Gesundheitsbereich „strukturelle Reformen in Angriff genommen“ oder Leistungskürzungen vorgenommen werden, von Schlegel (2022) als Anpassung des Leistungsniveaus verharmlost. Vor allem dürften „keine Leistungsausweitungen“ erfolgen, bei denen absehbar sei, dass sie den jetzigen Beitragszahler(inne)n nicht mehr zugutekommen. „Putins Überfall auf die Ukraine und die Folgen seines Krieges haben in Deutschland in vielen Feldern zu einem Umdenken, zumindest aber einem Nachdenken über vermeintliche Sicherheiten geführt, energiepolitisch wie sicherheitspolitisch. Auch sozialpolitisch ist eine Aufgabenkritik unerlässlich. Es ist an der Zeit, danach zu fragen, ob die Sozialsysteme auch für die Zukunft ausreichend gerüstet sind.“ (ebd.)

Zwar versprach Olaf Scholz auf dem SPD-Bundesparteitag am 9. Dezember 2023 in Berlin unter lautem Beifall der Delegierten, es werde „keinen Abbau des Sozialstaats“ geben, der „eine der größten Errungenschaften“ Deutschlands sei. Gleichwohl scheint der außen-, energie- und militärpolitischen Zeitenwende, die Scholz zu Beginn des Ukrainekrieges ausgerufen hat, mit leichter Verzögerung eine wirtschafts-, finanz- und sozialpolitische Zeitenwende zu folgen. Die beiden LINKEN-Politiker/in Wolfgang Gehrcke und Christiane Reymann (2022, S. 12) kritisierten denn auch, „dass nicht nur außenpolitisch, im Verhältnis der Staaten zueinander, eine von Bundeskanzler Scholz so bezeichnete ‚Zeitenwende‘ vollzogen wurde, sondern auch innenpolitisch im Verhältnis der Klassen und Schichten zueinander.“

Aufrüstung macht die Reichen reicher und die Armen zahlreicher. Der sich vertiefenden Kluft zwischen diesen zwei Bevölkerungsgruppen entgegenzusteuern wäre eigentlich Aufgabe der Bundesregierung, anstatt den Rüstungshaushalt explosiv ansteigen zu lassen. Um mehr für die Rüstung ausgeben zu können, „spart“ die Bundesregierung primär beim Wohlfahrtsstaat, in der Arbeitsmarktpolitik und im Bildungsbereich. Es war mithin eine Illusion zu glauben, Sozialleistungen würden nicht gekürzt, weil das Sondervermögen für die Bundeswehr den Staatshaushalt nicht belaste. Christian Lindner ging nämlich von „Einsparungen an anderer Stelle“ aus, wie der Bundesfinanzminister sogleich verlauten ließ.

Ein markantes Beispiel dafür, welche Prioritäten die Ampelkoalition trotz einer wachsenden Armut setzte, bot die Kindergrundsicherung. Absoluten Vorrang gegenüber der wirksamen Bekämpfung von Familien- und Kinderarmut hatten offenbar die Kriegsvorbereitung sowie eine Militarisierung der Gesellschaft durch weitere Aufrüstung. Dabei befand sich die Armuts(risiko)-quote junger Menschen zu jener Zeit, als SPD, Bündnis 90/Die Grünen und FDP (2021, S. 5, 74, 78 und 107) im Koalitionsvertrag der „Ampel“ mehrfach erklärten, die Kinderarmut bekämpfen zu wollen, auf einem Höchststand: 21,3 Prozent der Unter-18-Jährigen waren im Jahr 2021 nach den Kriterien der Europäischen Union armutsbetroffen oder armutsgefährdet, wie das verharmlosend genannt wird. Mehr als 2,9 Millionen Kinder und Jugendlichen wuchsen damals in Familien auf, die über weniger als 60 Prozent des mittleren Einkommens verfügten. Dies hieß für Alleinerziehende, die ein Schulkind haben, mit einem Betrag unter 1.489 Euro monatlich und für Paare, die zwei Schulkinder haben, mit einem Betrag unter 2.405 Euro monatlich auskommen zu müssen.

Bisher ist keine Bundesregierung, egal welcher parteipolitischen und personellen Zusammensetzung, konsequent gegen diesen familien- und sozialpolitischen Langzeitskandal vorgegangen. Die von SPD, Bündnis 90/Die Grünen und FDP gebildete Ampelkoalition wollte mit der Kindergrundsicherung (KGS) für Abhilfe sorgen, stritt aber monatelang über die konkrete Ausgestaltung der Reform. Ihr mit erheblicher Verspätung eingebrachter Gesetzentwurf war bloß noch eine Schrumpfversion des Ursprungskonzepts. Nachdem sie nicht ohne viele Zugeständnisse an die Union das Bürgergeld als vermeintlichen Hartz-IV-Ersatz zum 1. Januar 2023 eingeführt hatte (vgl. hierzu: Butterwegge 2023, S. 121 ff.), war die Kindergrundsicherung *das* familien- und sozialpolitische Prestigeprojekt der Ampelkoalition schlechthin. Bundesfamilienministerin Lisa Paus (Bündnis 90/Die Grünen) legte dem Kabinett am 19. Januar 2023 ihre „Eckpunkte zur Ausgestaltung der Kindergrundsicherung" (Bundesministerium für Familie, Senioren, Frauen und Jugend 2023) vor, die zwar im Hinblick auf die Höhe der geplanten Leistungen recht vage blieben, aber immerhin erkennen ließen, dass sie persönlich damit weitreichende Ziele verband.

Mit der Kindergrundsicherung zusammengefasst werden sollten das Kindergeld, das Bürgergeld und die Sozialhilfe für Kinder, der Kinderzuschlag sowie Teile des Bildungs- und Teilhabepaketes. Außen vor ließ man hingegen den steuerlichen Kinderfreibetrag (für wohlhabende und reiche Familien) sowie die kinderbezogenen Asylbewerberleistungen (für ganz arme Familien). Damit bleibt der im Sammelbegriff „Kindergrundsicherung" formulierte Anspruch unerfüllt, sämtliche dafür geeignete Leistungsarten des Staates zu integrieren und zu vereinheitlichen.

Die neue Leistung besteht aus einem für alle Familien gleichen Kinder*garantie*betrag sowie einem altersgestaffelten und einkommensabhängigen Kinder*zusatz*betrag. Laut dem Eckpunktepapier (ebd., S. 3 f.) sollte der *Garantiebetrag* beim anvisierten KGS-Start im Januar 2025 „mindestens" der Höhe des dann geltenden Kindergeldes entsprechen. Mehr als 250 Euro im Monat war in einer Koalition mit der FDP gar nicht durchsetzbar. Pate für den *Kinderzusatzbetrag* gestanden hat der Kinderzuschlag, welcher bisher verhindern sollte, dass Menschen nur wegen ihrer Kinder die Grundsicherung für Arbeitsuchende (Bürgergeld) in Anspruch nehmen müssen. Für den Anspruch auf Kinderzuschlag erforderlich ist die Überschreitung einer Mindesteinkommensgrenze (600 Euro brutto im Monat bei Alleinerziehenden und 900 Euro brutto bei Paarfamilien), die beim Kinderzusatzbetrag entfällt. Aus dem SGB II wurden die altersgestaffelten Regelbedarfe sowie die Kinderwohnkostenpauschale von 120 Euro im Monat nach dem Existenzminimumbericht (Bedarf für Unterkunft und Heizung) in den Kinderzusatzbetrag übernommen, die es beim Kinderzuschlag nicht gibt, weil ergänzend zu ihm Wohngeld bezogen werden kann.

Kaum hatten erste Sondierungsgespräche der übrigen Kabinettsmitglieder mit Finanzminister Lindner für den Bundeshaushalt 2024 begonnen, geriet die Kindergrundsicherung in den Strudel sich zuspitzender Verteilungskämpfe zwischen den Regierungsparteien. Bundesfamilienministerin Paus bezifferte die durch Einführung der Kindergrundsicherung entstehenden Mehrkosten pauschal mit zwölf Milliarden Euro jährlich. Die unterschiedliche Prioritätensetzung der Koalitionspartner hat die Presse auf die Kurzformel „Kindeswohl oder Kriegsmaterial" gebracht: Während die FDP mindestens zehn Milliarden Euro jährlich für eine im PR-Sprech ihres Vorsitzenden Christian Lindner als „Generationenkapital" bezeichnete finanzmarktabhängige Altersvorsorge aufwenden und am liebsten die Steuern für Wohlhabende senken wollte, forderte Verteidigungsminister Boris Pistorius (SPD), der sich vorgenommen hatte, Bundeswehr wie Bevölkerung „kriegstüchtig" zu machen und die Wehrpflicht wieder in Kraft zu setzen, dieselbe Summe für einen höheren Rüstungshaushalt. Um den Bau einer Chipfabrik in Ostdeutschland zu unterstützen, plante die Bundesregierung zur selben Zeit ebenfalls knapp zehn Milliarden Euro an Subventionen für den US-Konzern Intel ein.

Christian Lindner hat zwar in Begleitung seiner Frau bei einer Gala der *Bild*-Hilfsorganisation „Ein Herz für Kinder" öffentlichkeitswirksam ablichten lassen, die Bekämpfung der Kinderarmut durch die Ampelkoalition schien ihm aber kein politisches Herzensanliegen zu sein. Für ihn handelte es sich bei der Kindergrundsicherung in erster Linie um ein Projekt zur Digitalisierung des Sozialstaates, zur Vereinfachung der Leistungsvergabe und zum Bürokratieabbau, nicht aber zur Anhebung der Transferleistungen für bedürftige Familien. Dementsprechend nannte Lindner einen Kostenrahmen von „zwei bis drei Milliarden Euro", mit dem sich eine armutsfeste und bedarfsgerechte Kindergrundsicherung gar nicht finanzieren lässt. Schließlich wollte der Bundesfinanzminister erneut die „Schuldenbremse" (Art. 109 Abs. 3 GG) einhalten, lehnte Steuererhöhungen prinzipiell ab und stand der Kindergrundsicherung skeptisch gegenüber.

Paus wollte die Transferleistungen für Kinder von einer „Holschuld" der Familien zu einer „Servicepflicht" des Sozialstaates machen, wie sie zu Beginn der Diskussion mehrfach sagte. Ein digitales Kindergrundsicherungsportal und ein automatisierter Kindergrundsicherungscheck sollen die Beantragung der Kindergrundsicherung erleichtern. Möglicherweise benachteiligt eine Digitalisierung des Antragsverfahrens aber gerade jene Familien, die am meisten auf KGS-Leistungen angewiesen sind, weil ihnen die nötigen Kenntnisse, ein WLAN-Anschluss und/oder passende Endgeräte fehlen. Wer als „bildungsfern" gilt, wäre dann beim Antragsverfahren noch stärker als bisher benachteiligt.

Anknüpfend an den Koalitionsvertrag hieß es in den Eckpunkten der Bundesfamilienministerin, „perspektivisch" solle der Garantiebetrag die maximale Entlastungswirkung des steuerlichen Freibetrages für das sächliche Existenzminimum des Kindes (Kinderfreibetrag) von 502 Euro pro Monat und des steuerlichen Freibetrages für den Betreuungs-, Erziehungs- oder Ausbildungsbedarf (BEA) von 244 Euro pro Monat, zusammen also 746 Euro pro Monat erreichen (vgl. Bundesministerium für Familie, Senioren, Frauen und Jugend 2023, S. 2). Die beiden Freibeträge entlasteten Spitzenverdiener, die den Reichensteuersatz von 45 Prozent und den Solidaritätszuschlag von 5,5 Prozent der Einkommensteuerschuld zahlten, im Jahr 2023 um 354,16 Euro pro Monat, während Normalverdienenden, die das am 1. Januar 2023 auf 250 Euro angehobene Kindergeld oder künftig den vermutlich gleich hohen Kindergarantiebetrag erhalten, monatlich 104,16 Euro weniger zur Verfügung standen.

Der steuerliche Kinderfreibetrag stieg im Januar 2024 von 6.024 Euro (2023) auf 6.384 Euro, was für Spitzenverdiener eine monatliche Ersparnis von 368,40 Euro pro Kind bedeutete. Als Finanzminister Lindner vorschlug, ihn sogar auf 6.612 Euro zu erhöhen, ohne das Kindergeld entsprechend anzupassen, gab es den nächsten Streit innerhalb der Ampelkoalition. Die beiden Koalitionspartner der FDP verlangten eine Parallelentwicklung beider Rechengrößen, weil die monatliche Ersparnis von Spitzenverdienern pro Kind fortan 377,43 Euro betragen hätte. Besser als eine weitere Anhebung des Kindergeldes um neun Euro pro Monat wäre allerdings die Abschaffung des steuerlichen Kinderfreibetrages, weil von diesem nur Paare mit einem hohen Bruttoeinkommen etwas haben. Kindergelderhöhungen werden Eltern im Bürgergeldbezug hingegen wie vorher schon bei Hartz IV und der Sozialhilfe vom Regelsatz abgezogen. Da sie finanziell stark zu Buche schlagen, fehlt dem Staat das Geld für eine Verbesserung der sozialen, Bildungs- und Betreuungsinfrastruktur, von welcher die Kinder einkommensschwacher Familien am meisten profitieren würden. Verhindert wird durch die Koexistenz der beiden Steuerfreibeträge für Kinder einkommensstarker Eltern und eines geringer ausfallenden Kindergeldes für Normalverdienende ohnehin, dass der Staat – seinem demokratischen Anspruch gemäß – alle Kinder gleich behandelt.

Durch ihre überaus starke Position in der Regierungskoalition hat die FDP verhindert, dass dem Staat jedes Kind gleich viel wert ist. Zu fragen bleibt also weiterhin, warum Investmentbanker, Topmanager und Chefärzte im Gegensatz zu Erzieherinnen, Pflegekräften oder Verkäuferinnen einen hohen Steuerfreibetrag für ihren Nachwuchs in Anspruch nehmen, den sie gar nicht benötigen. Wann, wenn nicht bei Einführung der Kindergrundsicherung ließe sich dieses Paradox einer sozial widersinnigen Ungleichbehandlung der Familien beseitigen? Nie war der Zeitpunkt günstiger, um das Steuerprivileg von Spitzenverdienern mit Kindern aus Gründen der Verteilungsgerechtigkeit in Frage zu stellen.

Entspräche die Höhe des Kindergarantiebetrages der maximalen Entlastungswirkung des steuerlichen Kinderfreibetrages, wie von Lisa Paus gewünscht, wäre die Familienförderung keineswegs sozial gerecht ausgestaltet, vielmehr nach dem Gießkannenprinzip organisiert und für den Staat sehr kostenintensiv. Der um mehr als 100 Euro monatlich erhöhte Kindergarantiebetrag käme nämlich auch zahlreichen Mittelschichtfamilien zugute, deren finanzielle Situation ohnedies mehr als zufriedenstellend ist. Nicht die Höhe des allen Familien zustehenden Garantiebetrages, sondern die Höhe des für einkommensschwache Familien reservierten Zusatzbetrages entscheidet darüber, ob der Kampf gegen Kinderarmut und soziale Ungleichheit erfolgreich verläuft. Vor allem über die

Höhe des Zusatzbetrages gab es daher zwischen den Regierungsparteien große Meinungsverschiedenheiten.

Falls materiell bessergestellte Eltern auch nach Einführung der Kindergrundsicherung mehr Geld für die Betreuung und Erziehung ihres Nachwuchses bekommen als Familien mit normalen Einkommen, gibt es im Sozialstaat der Bundesrepublik weiterhin Minderjährige „erster“ und „zweiter Klasse“, selbst wenn die Stigmatisierung der bisherigen Minderjährigen „dritter Klasse“ durch Einführung der Kindergrundsicherung, die sie aus dem „Bürger-Hartz“-Bezug herausholt, abgemildert werden könnte. Spitzenverdiener könnten auf einen Steuernachlass für die Bestreitung des Lebensunterhalts ihrer Kinder ohne Not verzichten.

Noch am ehesten von der KGS-Reform profitieren dürften Familien, die ihnen zustehende Leistungen bislang gar nicht erhielten, etwa deshalb, weil die unterschiedlichen und komplizierten Beantragungsverfahren sie überfordern. Ruft eine Familie im Bürgergeldbezug jedoch alle ihr aus dem Bildungs- und Teilhabepaket heute schon zustehenden Leistungen für das Kind oder die Kinder ab, hat sie nach der KGS-Einführung vermutlich kaum mehr Geld zur Verfügung (vgl. die das Eckpunktepapier zugrunde legenden Berechnungen bei Aust/Werner 2023).

Heranwachsende gehören zu den Hauptnutznießer(inne)n der Reform, weil sie moderate Leistungserhöhungen erwarten können und bei Volljährigkeit einen persönlichen Auszahlungsanspruch für den Kindergarantiebetrag erhalten. Hingegen schloss der am 27. September 2023 vom Bundeskabinett verabschiedete Gesetzentwurf die Kinder von Geflüchteten und Geduldeten vom Garantie- wie vom Zusatzbetrag aus. Zuletzt gelang der FDP noch die Streichung des bisher auch im *Asylbewerberleistungsgesetz* verankerten und seit dem 1. Juli 2022 gewährten Anspruchs dieser Kinder auf einen monatlichen Sofortzuschlag in Höhe von 20 Euro, der die hohen Preissteigerungen bis zur Einführung der Kindergrundsicherung abfedern sollte, zum 1. Januar 2025.

Auch die finanzielle Situation von Alleinerziehenden könnte sich in bestimmten Fällen verbessern, weil Unterhaltsleistungen und Unterhaltsvorschuss bei der Bemessung des Kinderzusatzbetrages bloß noch zu 45 Prozent als Kindeseinkommen angerechnet werden, wie das bisher schon beim Kinderzuschlag der Fall war. Beim bisherigen Bürgergeldbezug sind es hingegen 100 Prozent, die angerechnet werden. Bei besonders hohem Unterhalt greift bei der Anrechnung eine Staffelung zwischen 45 und 75 Prozent. Allerdings gilt die verbesserte Anrechnung beim Unterhaltsvorschuss nur bis zum siebten Geburtstag des Kindes. Danach muss der alleinerziehende Elternteil mindestens 600 Euro verdienen. Hierdurch will die FDP mehr Erwerbsanreize setzen, weil Alleinerziehende sich sonst angeblich häufiger mit Minijobs begnügen.

Da aus dem Bildungs- und Teilhabepaket ausschließlich der Betrag für die kulturelle Teilhabe (Besuch einer Musikschule, Mitgliedschaft im Sportverein o.Ä.) und das Schulbedarfspaket im Kinderzusatzbetrag aufgehen sollten, müssen das kostenfreie Mittagessen in einer Ganztagseinrichtung, Schulausflüge und Klassenfahrten, die Schülerbeförderung sowie die Lernförderung (Nachhilfe) weiterhin separat beantragt werden. Von einer Vereinfachung des Antragsvorgangs durch die Kindergrundsicherung kann in diesem Fall also keine Rede sein.

Glaubt man Angaben der Bundesregierung, sollen mit dem Kinderzusatzbetrag bis zu 5,6 Millionen Leistungsberechtigte erreicht werden, die hierdurch entstehenden Mehrkosten im Jahr 2025 aber nur 2,4 Milliarden Euro betragen. Auf der Kostenseite fallen rund 71 Millionen Euro als einmaliger und 408 Millionen Euro jährlich als laufender Erfüllungsaufwand an, die Verwaltungskosten beim Familienservice der Bundesagentur für Arbeit sind. Damit verbleiben pro Kind gerade einmal 429 Euro im Jahr oder 36 Euro pro Monat. Wie man damit Kinder- und Jugendarmut in Deutschland erfolgreich bekämpfen will, erschließt sich nicht.

Das mit viel Vorschusslorbeeren versehene KGS-Projekt von SPD, Bündnis 90/Die Grünen und FDP hätte die Familienarmut bei entsprechender Ausgestaltung spürbar verringern können. Es handelt sich aufgrund der sukzessive erfolgten Änderungen, Einschränkungen und Leistungsrestriktionen jedoch bloß noch um eine missratene Fortentwicklung des Kinderzuschlages. So richtig eine Übernahme der Abstufung von Regelbedarfen nach dem Lebensalter im Bürgergeld ist, so fragwürdig ist eine bloße Verwaltungsreform, die Kinder im Sozial- bzw. Bürgergeldbezug aus der

Zuständigkeit des Jobcenters herauslöst und sie stattdessen von erst noch zu schaffenden Familienservicestellen der Bundesagentur für Arbeit betreuen lässt, sofern sie nicht durch Mehr- und Sonderbedarfe oder sehr hohe Wohnkosten doch wieder in den Aufgabenbereich des für ihre Eltern zuständigen Jobcenters fallen.

Kritik am Referentenentwurf eines Bundeskindergrundsicherungsgesetzes äußerte denn auch die Bundesagentur für Arbeit (2023, S. 4), weil ihre Familienkasse, nunmehr in Familienservice umbenannt, binnen Jahresfrist flächendeckend Anlaufstellen zur persönlichen und digitalen Beratung schaffen sollte. Da die Erfüllung von der Kindergrundsicherung nicht gedeckter Mehr- und Sonderbedarfe durch das Bürgergeld erfolgen soll, fürchtete sie außerdem eine administrative Überlastung der Jobcenter (ebd., S. 11). Um diesen Bedenken wenigstens einigermaßen Rechnung zu tragen, räumte man der Bundesagentur für Arbeit mehr Zeit für die nötigen Umstellungsmaßnahmen ein. Da sich die Koalitionsstreitigkeiten um Detailregelungen bei der Kindergrundsicherung endlos hinzogen, kann man von einer Verzögerungstaktik ihrer Kritiker ausgehen. Schließlich hatten Spitzenpolitiker der Unionsparteien schon früh signalisiert, dass sie die KGS-Pläne nach einem Regierungswechsel begraben oder die Reform genauso wie das Bürgergeld wieder rückgängig machen würden.

Fraglich erscheint, ob die Kindergrundsicherung der Ampelkoalition geeignet ist, die weit verbreitete und oft verdeckte Armut von Minderjährigen zu beseitigen oder die soziale Ungleichheit innerhalb der nachwachsenden Generation wenigstens zu verringern. Die geplante Schaffung von Familienservicestellen der Bundesagentur für Arbeit führt womöglich zu einem Behördenchaos, weil das Jobcenter für die Eltern im Grundsicherungsbezug zuständig bleibt. Durch die vorgesehene Vernetzung unterschiedlicher Behörden, der Bundesagentur für Arbeit bzw. Jobcenter, der Gesetzlichen Rentenversicherung und der Finanzämter werden die Betroffenen zu „gläsernen Menschen“ gemacht, die den Leistungsbezug wahrscheinlich mit ihren persönlichsten Daten erkaufen (müssen).

Armut ist auch mehr, als wenig Geld zu haben. Sozial benachteiligte Familien können ihren Kindern weder ein gutes Leben noch gleiche Bildungschancen und optimale Entwicklungsmöglichkeiten bieten. Der im vereinten Deutschland seit Jahrzenten wachsenden Kinderarmut sollte daher mit einer Doppelstrategie begegnet werden, die auf der individuellen und auf der infrastrukturellen Ebene ansetzt. Erforderlich ist sowohl eine finanzielle Besserstellung armutsbetroffener und -gefährdeter Familien wie auch ein umfassender Ausbau der sozialen, Bildungs- und Betreuungsinfrastruktur. Nur wenn beides zugleich passiert, sind größere Erfolge im Kampf gegen die Kinderarmut möglich.

Die ursprünglichen KGS-Pläne von Bündnisgrünen und SPD hatten noch berücksichtigt, dass neben der monetären Besserstellung armer Familien eine Verbesserung der öffentlichen und allgemein zugänglichen Angebote für Kinder und Jugendliche im sozialen, kulturellen, Bildungs-, Sport- und Freizeitbereich nötig ist. Außer in Lippenbekenntnissen der FDP, die eher dem Zweck dienten, die finanzielle Ausstattung der Kindergrundsicherung zu limitieren, spielte die infrastrukturelle Seite im Streit darum, wie man als Bundesregierung der Kinderarmut begegnet, aber keine Rolle mehr, als die Konflikte zwischen den Regierungsparteien eskalierten.

Im Kern drehte sich der Streit zwischen Finanzminister Lindner und Familienministerin Paus um Folgendes: Während sich die FDP darauf beschränken will, mehr arme Familien durch Entbürokratisierung, Automatisierung und Digitalisierung des Antragsverfahrens in den Transferleistungsbezug zu bringen, möchten die Grünen durch Anhebung der bisherigen Bürgergeld-Regelbedarfe auch die soziale Lage von Kindern verbessern, deren Eltern alle staatlichen Leistungen in Anspruch nehmen. Paradoxerweise rekultivierten die Liberalen in der Diskussion über die Kindergrundsicherung einen bürgerlichen Armutsbegriff, den alle Bundesregierungen unter der Kanzlerschaft von Konrad Adenauer bis Helmut Kohl verteidigt hatten, der aber seit 1998 passé gewesen war (vgl. hierzu: Butterwegge 2016, S. 55 ff.). Nach diesem Verständnis endet Armut immer dann, wenn jemand staatliche Unterstützung in Anspruch nimmt, also eine Transferleistung wie Sozialhilfe, Arbeitslosengeld II oder Bürgergeld bezieht, und sei diese auch noch so niedrig bemessen. Politiker/innen, Regierungsparteien und Parlamentarier/innen wären folglich nie für Armut im eigenen Land (mit)verantwortlich, denn schließlich hätten die von ihr Betroffenen ja rechtzeitig einen Antrag auf Transferleistungen stellen können.

Zunächst hielten die Bündnisgrünen an ihrem familien- und sozialpolitischen Prestigeprojekt fest, für das sie jährlich zwölf Milliarden Euro aufwenden wollten. Sie deuteten an, Lindners Haushaltsentwurf sonst ablehnen zu wollen, gaben sich dann aber mit der Erklärung des Bundesfinanzministers zufrieden, dass die vorgemerkten zwei Milliarden Euro nur ein „Platzhalter" seien. Lisa Paus deutete alsbald Kompromissbereitschaft an und brachte sieben Milliarden Euro als mögliche Einigungssumme ins Gespräch. Bundeskanzler Scholz hat in dem Streit seiner Koalitionspartner und Fachminister/innen trotz einer klaren Beschlusslage der SPD kein Machtwort zugunsten der armen Kinder gesprochen, sondern durch einen diplomatisch gehaltenen Brief an Paus zu vermitteln gesucht. Darin war zwar von einer „beabsichtigten Leistungsverbesserung" die Rede, Scholz verlangte von Paus aber auch mehrere Varianten und Alternativen einer Ausgestaltung des Leistungskatalogs im Referentenentwurf, zwischen denen sich das Bundeskabinett bis Ende August 2023 entscheiden sollte.

Man kann die Mehrkosten für eine armutsfeste und bedarfsgerechte Kindergrundsicherung auf mindestens 20 Milliarden Euro pro Jahr veranschlagen, worin die für den Ausbau der sozialen, Bildungs- und Betreuungsinfrastruktur erforderlichen Mittel aber nicht enthalten sind. Gerade die Kinder aus „Problemfamilien" brauchen jedoch eine gute, auf ihre spezifischen Bildungs- und Teilhabechancen ausgerichtete Betreuung und Förderung.

Eher werden jedoch zehn Milliarden Euro mehr in die Rüstung gesteckt, derselbe Betrag als Börsenrente für eine finanzmarktabhängige Altersvorsorge eingeplant oder dem US-Konzern Intel für eine Firmenansiedlung in Magdeburg gezahlt, als dass die Bundesregierung durch Aufstockung der von Finanzminister Lindner bewilligten 2,4 Milliarden Euro auf die von Familienministerin Paus veranschlagten zwölf Milliarden Euro wenigstens die größte Not der armen Kinder lindert.

Als sich Paus wegen Lindners Drängen auf einen „Sparbeitrag" ihres Ressorts entschloss, denjenigen Paaren das Elterngeld in

Höhe bis 1.800 Euro pro Monat zu streichen, die ein zu versteuerndes Jahreseinkommen von über 150.000 Euro haben – bisher lag die Kappungsgrenze bei 300.000 Euro –, brach ein Aufschrei der Entrüstung los. Dass die Onlinepetition einer Jungunternehmerin in wenigen Tagen von fast 600.000 Menschen unterschrieben wurde – etwa zehnmal mehr als davon betroffene Familien – wertet die frühere Gießener Hochschullehrerin Uta Meier-Gräwe (2023, S. 22) als ein „Paradebeispiel von Lobbyismus", das zeige, wie es privilegierten Personengruppen hierzulande gelinge, ihre Interessen medienwirksam zu vertreten. Trotz in der Zwischenzeit noch gewachsener Finanzierungsschwierigkeiten beim Bundeshaushalt hob die Ampelkoalition im *Haushaltsfinanzierungsgesetz 2024* die Kappungsgrenze beim Elterngeld wieder auf 200.000 Euro zu versteuerndes Jahreseinkommen an und führte die Kürzung zeitversetzt ein, wodurch einmal mehr Spitzenverdiener/innen begünstigt wurden.

Keinen vergleichbaren Proteststurm hatte es gegeben, als eine Regierungsentscheidung zum Elterngeld statt der Wohlhabenden die Armen empfindlich traf: Ursula von der Leyen (CDU), die das Elterngeld zum 1. Januar 2007 als damalige Bundesfamilienministerin eingeführt hatte, strich den Menschen im Hartz-IV-Bezug zwei Jahre später in ihrer neuen Funktion als Bundessozialministerin das ihnen bis dahin gewährte Mindestelterngeld in Höhe von 300 Euro pro Monat mit einem Schlag wieder, ohne dass diese sozial- und familienpolitische Schandtat ihrer steilen Karriere, die sie im Juli 2019 bis an die Spitze der EU-Kommission führte, geschadet hätte.

Spitzenverdiener(inne)n eine bisher übliche Lohnersatzleistung vorzuenthalten oder ihnen einen Steuervorteil zu entziehen, ruft nicht bloß diese einflussreiche Interessengruppe selbst auf den Plan, sondern widerspricht auch diametral dem neoliberalen Dogma, dass sich „Leistung", genauer: ökonomischer Erfolg lohnen muss. Als der SPD-Kovorsitzende Lars Klingbeil die Abschaffung des Ehegattensplittings für Neuverheiratete ins Spiel brachte, witterte FDP-Generalsekretär Bijan Djir-Sarai darin trotz des Bestandsschutzes, der materielle Schlechterstellung bereits Verheirateter ausgeschlossen hätte, eine „massive Steuererhöhung für die

Mitte der Gesellschaft", sicher nicht zuletzt deshalb, weil die eigene Wählerklientel davon überproportional stark betroffen gewesen wäre. Dabei würden in beiden Fällen nur die Privilegien von Hocheinkommensbeziehern beschnitten. Wenn diese das überholte Modell der Hausfrauenehe praktizieren, profitieren sie am meisten vom Ehegattensplitting. Familienpolitik, zumal eine soziale Familienpolitik, die das Wohl armer Kinder in den Mittelpunkt rückt, sieht anders aus.

Der koalitionsinterne Streit hat das parlamentarische Klima für ein ambitioniertes KGS-Projekt verschlechtert. Wenn sich die Parteien der Ampelkoalition uneins sind, wie im Fall der Kindergrundsicherung, sucht die Union erst recht die Konfrontation mit ihr. Noch bevor der Regierungsentwurf des *Gesetzes zur Einführung einer Kindergrundsicherung und zur Änderung weiterer Bestimmungen* (Bundeskindergrundsicherungsgesetz) das Parlament erreichte, brachte die CDU/CSU-Bundestagsfraktion (2023, S. 1) ein zehn Punkte umfassendes „Kinderzukunftsprogramm" ein, das sich auf die Verbesserung der Bildungsinfrastruktur konzentrierte, aber mit folgender Begründung keine „Ausweitung der Transferleistungen" vorsah: „Bildung und soziale Infrastruktur sind der Schlüssel für bessere Chancen und nicht mehr Geld über Transferleistungen." Dabei brauchen Kinder beides: eine materiell gesicherte Familie und eine gute Infrastruktur. Was nützt ihnen das beste Bildungssystem, wenn ihren Eltern das Geld fehlt, um sie gesund zu ernähren, gut zu kleiden und in einem eigenen Zimmer unterzubringen? Bildung gerät zur Ideologie, wenn sie nicht als Mittel der Armutsbekämpfung genutzt, sondern eher missbraucht wird, um diese zu sabotieren (vgl. hierzu: Butterwegge 2019).

KGS-Befürworter/innen glauben, dass man Kinder unabhängig von der sozialen Lage ihrer Eltern aus der (Einkommens-)Armut befreien kann. Kinder sind jedoch arm, weil ihre Eltern arm sind. Armutspolitisch kann die Kindergrundsicherung dann in eine Sackgasse hineinführen, wenn man Minderjährige aus ihrem Familienzusammenhang herauslöst, ohne den Eltern im Bürgergeld- oder Sozialhilfebezug auskömmliche Leistungen zu gewähren. Wenn die Eltern überschuldet sind, ihnen das Gas bzw. der

Strom abgestellt wird oder gar die Zwangsräumung droht, könnten Minderjährige im schlimmsten Fall gezwungen sein, ihre Hausaufgaben „kindergrundgesichert“ im Dunkeln zu machen oder die elterliche Wohnung zu verlassen. Nötig wären armutsfeste und bedarfsdeckende Regelleistungen für Minderjährige im Kindergrundsicherungsbezug wie für ihre Eltern im Bürgergeld-, Sozialhilfe- und Asylbewerberleistungsbezug, aber auch ein wesentlich verstärkter familienfreundlicher öffentlicher oder zumindest öffentlich geförderter Wohnungsbau.

Zu befürchten ist, dass die Kindergrundsicherung an den extrem ungleichen Lebensverhältnissen der Minderjährigen in unserem Land (vgl. hierzu: Butterwegge/Butterwegge 2021) selbst dann wenig ändern wird, wenn sie weder den von der Ampelkoalition selbst erzeugten Sparzwängen noch den Plänen der Unionsparteien zum Opfer fällt.

Statt des Sondervermögens von 100 Milliarden Euro für die Aufrüstung der Bundeswehr wäre eine solche Finanzspritze zur Bekämpfung von Alters- und Kinderarmut, Langzeitarbeitslosigkeit und Obdachlosigkeit sowie für die Verbesserung von Bildung und Ausbildung, Betreuung und Pflege, die Alterssicherung von Geringverdiener(inne)n sowie den Ausbau des öffentlichen Nah- und Fernverkehrs nötig. Dass die Union einer dafür erforderlichen Grundgesetzänderung zustimmt, ist jedoch kaum denkbar.

SPD, Bündnisgrüne und FDP haben im Rahmen der Regierungsbildung den Anspruch erhoben, eine „Fortschrittskoalition“ zu sein. Sozial- und verteilungspolitisch droht Deutschland allerdings ein Rückschritt, weil die Ampel immer dann auf Rot sprang, wenn es darum ging, Reiche finanziell zu belasten und Arme materiell besserzustellen. Als die Bundesregierung nach Einsparmöglichkeiten suchte, hätte sie den steuerlichen Kinderfreibetrag abschaffen und das Ziel der „horizontalen Steuergerechtigkeit“ durch das Ziel der vertikalen Gleichheit und des sozialen Ausgleichs zwischen den Familien ersetzen sollen. Selbst das Bundesverfassungsgericht kann sich auf Dauer schwerlich der Einsicht verschließen, dass die wachsende Ungleichheit das Kardinalproblem unserer Gesellschaft und nicht länger hinnehmbar ist.

In einer Gesellschaft, welche die Teilhabe selbst ihrer jüngsten Mitglieder am sozialen und kulturellen Leben immer stärker von der Inanspruchnahme kommerzieller Angebote abhängig macht, gilt mehr denn je, dass Armut nur mit erheblich mehr Geld wirksam zu bekämpfen ist. Familien, deren Kinder aus Geldmangel weder ins Theater oder ins Kino noch in den Zoo oder in den Zirkus gehen können, müssen finanziell bessergestellt werden.

Wenn die Kindergrundsicherung bloß mehrere familienpolitische Leistungen zusammenführt, die bisher separat zu beantragen waren, sich teilweise überschneiden und einzeln ausgezahlt werden – das Kindergeld, den Kinderzuschlag, die entsprechenden Regelbedarfsstufen des Bürgergeldes sowie Teile des Bildungs- und Teilhabepaketes –, bringt sie zwar eine Vereinfachung, aber keine finanzielle Verbesserung für das Gros der armen Familien mit sich. Dabei muss sie eine Doppelfunktion erfüllen, nämlich sowohl die verdeckte Armut von Familien beseitigen, die anspruchsberechtigt sind, aber keinen Antrag auf Sozialleistungen stellen, wie auch die Not von Familien lindern, die trotzdem wegen der Energiepreiskrise und der anhaltenden Inflation kaum über die Runden kommen.

Außerdem darf sich die Kindergrundsicherung nicht auf eine individuelle Geldleistung beschränken, sondern muss auch eine infrastrukturelle Förderung beinhalten, weil die soziale, Bildungs- und Betreuungsinfrastruktur gerade für „Problemfamilien" von größter Relevanz ist. Nur wenn genügend Kindertagesstätten, gut ausgestattete Schulen und ausreichend Freizeitangebote (vom öffentlichen Hallenbad über den Jugendtreff und das Museum bis zum Tierpark) vorhanden sind, kann verhindert werden, dass ein Großteil der nächsten Generation unterversorgt und perspektivlos bleibt.

3.4 Die zunehmende Erderwärmung, Debatten um das „Heizungsgesetz" und die nötige Klimawende

Eine weitere, meist als „Klimawandel" verharmloste, aber für die Existenz der Menschheit äußerst bedrohliche ökologische Krise bildet die zunehmende Erderwärmung. Damit sie gelöst und nicht bloß durch eine moderate Begrenzung der Treibhausgasemissionen gemildert wird, bedarf es radikaler Schritte der Industriestaaten, die – um wirksam sein zu können – vor allem materiell Bessergestellte tangieren müssen, was massiven Widerstand erwarten lässt.

Nichts verhindert die Schaffung ökologischer Nachhaltigkeit und die Herstellung von Klimagerechtigkeit mehr als soziale Ungleichheit. Dass wachsende Ungleichheit auch die notwendige Verwirklichung von Klima-, Umwelt- und Naturschutz sowie die wünschenswerte Erhaltung von Artenvielfalt und Biodiversität blockiert, zeigt sich etwa, wenn man die Menge der Treibhausgasemissionen privilegierter und marginalisierter Bevölkerungsschichten miteinander vergleicht. Die größten Umweltverschmutzer, „Klimakiller" und Artenvernichter finden sich an der Spitze des Reichtums. Hyperreiche sind aber nicht bloß im Hinblick auf ihren exzessiven Konsum – genannt werden ihre Traumvillen, Privatjets, Luxusyachten und Megaevents – die Hauptverursacher der Erderwärmung und der ökologischen Krise, sondern mehr noch wegen ihrer fragwürdigen ökonomischen Investments: „Bei den obersten ein Prozent kommt zum verschwenderischen Luxus ihres Lebensstils noch hinzu, dass sie in unvergleichbarer Weise die unternehmerischen Entscheidungen bestimmen, die Emissionen hervorrufen – und dabei von diesen Emissionen auch noch überaus stark finanziell profitieren." (Neckel 2023, S. 50)

Der Hamburger Soziologe Sighard Neckel (2023, S. 54) spricht von einer „Refeudalisierung des modernen Kapitalismus", die für ihn einer Zeitenwende gleichkommt: „Wenn extremer Reichtum zur Bildung einer ständischen Milliardärsklasse führt, der hinsichtlich von Politik, Wirtschaft und Ökologie fast unbegrenzte Handlungsoptionen zuwachsen, bricht in den modernen Gesellschaften der Gegenwart ein neues Zeitalter an, das an die aristokratische Machtfülle in vorbürgerlichen Epochen erinnert." Neckel zieht daraus den naheliegenden Schluss, dass man „zerstörerischen Reichtum" begrenzen muss, um gravierende ökologische Verluste wie die gerodeten tropischen Regenwälder zu vermeiden.

Damit es mehr Klimagerechtigkeit gibt, die eine unterschiedliche Belastung der Bürger/innen nach dem Verursacherprinzip erfordert, muss die sozioökonomische Ungleichheit durch Maßnahmen der Umverteilung von Oben nach Unten, mithin eine höhere Besteuerung des Vermögensreichtums und die materielle Besserstellung von Einkommensschwachen, verringert werden (vgl. hierzu: Butterwegge 2024). „Aus heutiger Sicht spricht jedenfalls viel dafür, dass sich an der Steuerfrage und dem Umgang mit dem Klimawandel die Zukunftsfähigkeit des demokratischen Gemeinwesens entscheiden wird.“ (Buggeln 2022, S. 924)

Neckel (2023, S. 56) plädiert dafür, jene enormen ökologischen Zerstörungen öffentlich zu brandmarken, welche der maßlose Reichtum einiger Milliardäre und Multimilliardäre herbeiführt: „Denn erst durch den Vergleich der Umweltschädigung unterschiedlicher Sozialklassen wird klar, dass es ohne eine tiefgreifende Umverteilung zu Lasten des Reichtums keine wirksame Dekarbonisierung gibt. Andernfalls würden alle dafür notwendigen Schritte in breiten Bevölkerungsschichten als sozial ungerecht aufgefasst werden und daher auf Widerstand stoßen.“

Dies ist auch deshalb wichtig, weil sich finanzschwache Bevölkerungsschichten auf die Bewältigung ihrer gegenwärtigen Probleme konzentrieren, ohne an Maßnahmen der Umverteilung von Oben nach Unten besonders interessiert zu sein. „Armut und Prekarität behindern die Herausbildung eines Zukunftsbewusstseins und sie schwächen zugleich die subjektive Bedeutung vor allem ökologischer Nachhaltigkeitsziele für die eigene Lebensführung.“ (Dörre 2023, S. 46)

Neckel (2023, S. 56) nennt auch normative Gründe dafür, dass solche Personengruppen ohne eine Begrenzung von Reichtum kaum bereit sein dürften, ihr umweltschädigendes Verhalten zu revidieren: „Im Unterschied zu privatem Eigentum gehören die Erdatmosphäre und das Ökosystem niemandem allein, sondern stellen ein kollektives Gut dar. Man weiß aber aus der Forschung über Kollektivgüter, dass sogenannte *free rider*, die bedenkenlos ein Kollektivgut missbrauchen, maßgeblich die Bereitschaft jedes Einzelnen untergraben, selbst zur Erhaltung gemeinsamer Güter beizutragen. Die reichen Trittbrettfahrer des Erdsystems stellen daher die Motivation aller Bürgerinnen und Bürger infrage, auf Umweltschädigung zu verzichten. Zwischen der Bekämpfung zerstörerischen Reichtums und der Notwendigkeit allgemeiner Verhaltensveränderungen besteht somit ein direkter Zusammenhang. Hinzu kommt die Tatsache, dass der ökologisch zerstörerische Reichtum in der Hand vergleichsweise weniger Milliardäre den Charakter einer Bevorrechtung und somit von Privilegien annimmt, worauf moderne Gesellschaften notorisch empfindlich reagieren. Die Beschneidung solcher Privilegien ist daher ökologisch wirksamer als der Aufruf zum allgemeinen Verzicht, zumal die sachliche Grundlage solcher Appelle sowieso mehr als zweifelhaft ist."

Am Ende seines gleichnamigen Zeitschriftenartikels stellt Neckel die Frage, ob der zerstörerische Reichtum nicht auch Konsequenzen im Hinblick darauf haben müsse, was man gemeinhin unter Reichtum versteht: „Kann es im Zeitalter der ökologischen Katastrophen, der globalen Erwärmung und des massenhaften Artensterbens noch richtig sein, höchsten privaten Reichtum als Ausdruck potenzierten Wohlstands zu verstehen? Oder steht dieser Reichtum nicht vor allem für einen allgemeinen Verlust an Wohlstand, Glück und Lebenschancen, den moderne Gesellschaften schon um ihres Bestands willen nicht länger hinnehmen sollten?" (ebd.)

Für die drohende Klimakatastrophe gilt ebenso wie für den sozialen Polarisierungsprozess, „dass diese Krise eng mit den Produktionsverhältnissen des Kapitalismus zusammenhängt und nicht innerhalb jener überwunden werden kann." (Kindler 2023, S. 98) Letztlich beschwört die für den Kapitalismus konstitutive Ungleichheit ein ökologisches Desaster geradezu herauf, weshalb dieses Wirtschafts- und Gesellschaftssystem baldmöglichst überwunden werden muss, damit die Menschheit überleben kann. Solange der Neoliberalismus in den mächtigsten Staaten der Welt die Wirtschaft ebenso dominiert wie die übrige Gesellschaft, wird es keine ökologische Nachhaltigkeit geben. Anders formuliert: Ohne mehr sozioökonomische Gleichheit kann es weder Klimagerechtigkeit noch Frieden mit der Natur geben. „In einem Kontext des Wettbewerbes und der sozialen Ungleichheit ist es wahrscheinlicher, dass ökologische Probleme nicht entschärft werden, sondern früher oder später zu einem Kollaps führen." (Brocchi 2019, S. 52)

Ziel muss die Um- oder genauer: Rückverteilung jener materiellen Ressourcen sein, die reiche Kapitaleigner und Finanzinvestoren bisher für sich beansprucht, der Gesellschaft hingegen vorenthalten und in für den Planeten zerstörerischer, ökologisch höchst fragwürdiger Weise missbraucht haben. Die analytischen Feststellungen zur extremen Ungleichheit des ökologischen Fußabdrucks von Armen, Wohlhabenden, Reichen und Hyperreichen können auch strategisch fruchtbar gemacht werden. Umverteilung erscheint dann nicht mehr bloß als Gebot der sozialen, vielmehr auch als Gebot der Klimagerechtigkeit.

Schließlich sind Menschen, die am wenigsten zur Schädigung des Klimas beigetragen haben, am stärksten von den Folgen dieses Prozesses betroffen, während sozioökonomische Ungleichheit dafür verantwortlich ist, dass eine solche globale Krise überhaupt entstehen konnte (vgl. dazu: König 2021). Steffen Mau, Thomas Lux und Linus Westheuser (2023, S. 64) bemerken, dass eine „inverse Beziehung von Verursachung und Betroffenheit" existiere: „Während reiche Menschen und Regionen viel zur Erderwärmung beitragen, aber vergleichsweise weniger darunter leiden, verhält es sich bei armen Menschen und Regionen genau umgekehrt." Was im globalen Maßstab gilt, trifft auch für die Bundesrepublik zu. „Dass besonders die reichsten Deutschen tausendmal so viel Treibhausgase wie der Durchschnitt emittieren, ist ein Beispiel dafür, dass ökologische Politik auch als Politik gegen soziale Ungleichheit gedacht werden kann und muss, ganz ohne moralische Hybris." (Küpper/Schwäbe 2023, S. 124)

Auf den ersten Blick scheint es vielleicht so, als sei es vordringlicher, die ökologischen Probleme zu lösen, als eine sozialökonomische Transformation und eine Überwindung des Kapitalismus in Angriff zu nehmen, anders gesagt: als ginge die Gattungsfrage (Sicherung der Existenzgrundlagen durch Abwendung eines Klimakollapses) der Klassenfrage (Aufhebung der kapitalistischen Ausbeutung und Beseitigung der sozioökonomischen Ungleichheit) voran. Schaut man allerdings genauer hin, wird schnell deutlich, dass der Schein in diesem Fall – wie so häufig – trügt. Momentan überdeckt die Gattungsfrage zwar die Klassenfrage, von der sie jedoch maßgeblich abhängt. Verantwortet wird die Klimakrise nämlich gar nicht von der Menschheit insgesamt, sondern fast ausschließlich von ihrem wohlhabendsten Teil, dem „einen Prozent“ der Hyperreichen (vgl. Oxfam International 2023). Auch in Deutschland haben die Millionäre, Multimillionäre und Milliardäre einen ökologischen Fußabdruck, als wären sie Riesen, und die Armen einen, als wären sie Zwerge. Dies wird von Oxfam, einem Verbund verschiedener Hilfs- und Entwicklungsorganisationen in aller Welt, als „Emissionsungleichheit“ bezeichnet.

Ein „sozialliberales Wirtschaftsprogramm“, wie es der Dortmunder Philosoph Christian Neuhäuser (2018, S. 252) auf der Grundlage seiner durchaus überzeugenden Reichtumskritik formuliert, reicht jedenfalls gerade angesichts des Klimawandels nicht aus. Nötig ist vielmehr eine umfassende System-, also Fundamentalkritik, welche die destruktiven Folgen kapitalistischen Wirtschaftens anprangert und Alternativen benennt, die über das bestehende Gesellschaftssystem hinausweisen. „Sozialer“ oder „Rheinischer Kapitalismus“, den Paul Collier (2019) bzw. Franz Meurer, Jochen Ott und Peter Sprong (2014) als Ziel benennen, ist ebenfalls weder eine Alternative zum Finanzmarktkapitalismus noch eine Lösung für dessen Kardinalproblem, die sozioökonomische Ungleichheit im eigenen Land und weltweit.

Dass ein struktureller Zusammenhang zwischen sozioökonomischer und ökologischer Ungleichheit existiert, bedeutet natürlich nicht, dass sich mit dem einen Problem gewissermaßen im Selbstlauf auch das andere Problem lösen ließe. Vielmehr bemerkt César Rendueles (2022, S. 322) in seinem couragierten Plädoyer für Ergebnis- statt Chancengleichheit, auf die sich Neoliberale beschränken möchten: „Die Gleichheit wird die sozial-ökologische Krise nicht stoppen, aber sie ist die einzige realistische Option, um die größte Probe zu bestehen, mit der die Menschheit in den letzten zehntausend Jahren konfrontiert war.“

Dass die ökologische Frage sehr eng mit der sozialen Frage verbunden ist, wurde nie deutlicher als während der wochenlangen Debatte über die Novellierung des *Gebäudeenergiegesetzes* (GEG), mit der Robert Habeck, Bundesminister für Wirtschaft und Klimaschutz, diesen zusammen mit seiner Kabinettskollegin Klara Geywitz (SPD), Bundesministerin für Wohnen, Stadtentwicklung und Bauwesen, in dem zuletzt genannten Bereich vorantreiben wollte. Nachdem ein inhaltlich unausgereifter Referentenentwurf seines Hauses durchgestochen worden war, startete das auflagenstärkste Boulevardblatt des Landes eine Kampagne, in der das Gesetz als „Heizungshammer" bezeichnet und so Millionen deutschen Wohneigentümer(inne)n, die überwiegend der Mittelschicht angehören, Angst vor der durch einen staatlich erzwungenen vorzeitigen Heizungstausch ausgelösten Kostenlawine gemacht wurde. Die sich als kleinbürgerliche Oppositionsfraktion innerhalb der Ampelkoalition profilierende FDP, die Union und die AfD schafften es in heimlicher Komplizenschaft mit Hilfe der medialen Stimmungsmache, eine klimapolitische Abschwächung des Gesetzentwurfes durchzusetzen. Dass es auch zu mehr Fördermaßnahmen und einer besseren sozialen Abfederung der geplanten Vorschriften kam, war aber weniger ihr Verdienst als dem Drängen der SPD-Bundestagsfraktion zu verdanken.

3.5 Auf dem Rücken von Unterprivilegierten: Konsolidierungsmaßnahmen der Ampelkoalition in der Haushaltskrise

Währenddessen spitzten sich die gesellschaftlichen Verteilungskämpfe nicht zuletzt aufgrund drastisch erhöhter Rüstungsausgaben weiter zu, was sich anlässlich der Haushaltsberatungen für das Jahr 2024 zeigte. Da sich die FDP und ihr Vorsitzender sowohl weigerten, die Schuldenbremse noch einmal auszusetzen, wie auch, Steuern für besonders Wohlhabende zu erhöhen, wurde auf Vorschlag des Bundesfinanzministers beschlossen, zahlreiche Kürzungen in fast allen Einzeletats vorzunehmen. Besonders einschneidend waren die geplanten Abstriche im Bereich der Bildung sowie im Bereich von Familie, Senioren, Frauen und Jugend. Genannt seien nur die Halbierung des Finanzrahmens für das „Startchancenprogramm", mit dem 4.000 Schulen in sozial stark belasteten Quartieren besser ausgestattet werden sollen, die Begrenzung der Bafög-Mittel für Studierende und Schüler/innen, Kürzungen bei den Freiwilligendiensten sowie die Verringerung des Steuerzuschusses für die Pflege.

Laut dem Urteil des Bundesverfassungsgerichts vom 15. November 2023 zum *Zweiten Nachtragshaushaltsgesetz 2021* (2 BvF 1/22) war die Übertragung im Bundeshaushalt 2021 als Reaktion auf die Covid-19-Pandemie vorgesehener, aber in jenem Haushaltsjahr nicht unmittelbar benötigter Kreditermächtigungen in Höhe von 60 Milliarden Euro auf den Energie- und Klimafonds, der später in Klima- und Transformationsfonds umbenannt wurde, nichtig. Auch ein weiteres Sondervermögen des Bundes, der im November 2022 um die Finanzierung von Maßnahmen zur sozialen Abfederung der Energie(preis)krise erweiterte Wirtschaftsstabilisierungsfonds, war von dem Karlsruher Urteilsspruch betroffen.

Aufgrund des von der CDU/CSU-Bundestagsfraktion erwirkten Urteils, das die Ampelkoalition in arge Finanznöte brachte, weil sowohl im Kernhaushalt wie auch im Klima- und Transformationsfonds ein Defizit entstand, dessen Umfang mit 17 bis 30 Milliarden Euro beziffert wurde, gerieten alle nicht gesetzlich festgelegten Ausgaben des Bundes im Allgemeinen und die Sozialleistungen im Besonderen unter noch stärkeren Druck. Wie nicht anders zu erwarten, nahm das Finanzministerium sofort die von seinem Ressortchef wenig geliebte Kindergrundsicherung und die reguläre Anhebung des Bürgergeldes zum 1. Januar 2024 ins Visier. Obwohl sie die zeitnähere Anpassung der Regelbedarfe zwecks Berücksichtigung der aktuellen Inflationsraten im Zuge der Bürgergeldreform gemeinsam mit ihren Koalitionspartnern gesetzlich vorgeschrieben hatte, verlangte die FDP-Bundestagsfraktion von Arbeits- und Sozialminister Hubertus Heil mit Hinweis auf die Haushaltsprobleme eine Überprüfung der anstehenden Erhöhung um rund zwölf Prozent, was dieser jedoch ablehnte.

CDU und CSU wollten das Bürgergeld mittels einer Bundesratsinitiative gar einer „Generalüberholung“ (Bayerns Ministerpräsident Markus Söder) unterziehen und forderten überdies eine Verschiebung der Leistungserhöhung, was für die Betroffenen weitere Einschnitte mit sich gebracht hätte. Achim Truger (2024, S. 7), gewerkschaftsnahes Mitglied im Sachverständigenrat zur Begutachtung der gesamtwirtschaftlichen Entwicklung, wies darauf hin, dass die nicht bloß von der bürgerlichen Opposition propagierten Sozialkürzungen außerdem „gesamtwirtschaftlich kontraproduktiv" wären: „Dabei ist es wichtig zu betonen, dass die Verschuldung der öffentlichen Haushalte in Deutschland aus ökonomischer Sicht vollkommen undramatisch ist."

Durch die vom Bundesfinanzminister verhängte Haushaltssperre drohte zahlreichen Projekten im Bereich der Jugend- und Sozialarbeit, der (politischen) Bildung, der Entwicklungszusammenarbeit sowie der Migrationsberatung das Aus, denn ihr über den Jahreswechsel 2023/24 vorerst nicht mehr entlohntes Personal suchte verständlicherweise nach anderen Beschäftigungsmöglichkeiten. Anschließend machte die vorläufige Haushaltsführung jede nicht gesetzlich festgelegte Ausgabe des Bundes von der Zustimmung des Finanzministers abhängig.

Nach einer neuerlichen Aussetzung der Schuldenbremse im Haushaltsjahr 2023 rangen die Regierungsparteien um für sie jeweils halbwegs akzeptable Kürzungen im Bundeshaushalt 2024, der eigentlich schon aufgestellt war. Wochenlang verhandelten Bundeskanzler Scholz, sein Vize Robert Habeck und Finanzminister Lindner hinter verschlossenen Türen über eine Lösung der selbst herbeigeführten Haushaltskrise. Es ging darum, einen gordischen Knoten zu lösen, statt ihn zu durchhauen, was das vorzeitige Ende der Regierungskoalition von SPD, Bündnis 90/Die Grünen und FDP bedeutet hätte. Wenn man sowohl die Schuldenbremse – eine sich von ihm selbst auferlegte Kredit- und Investitionssperre des Staates, die jedes Unternehmen in Kürze an den Rand des Ruins brächte – beibehalten wie auch Kapital- und Gewinnsteuern gemäß dem Merkel-Dogma „Keine Steuererhöhung, für wen auch immer" lieber weiter senken als Reiche und Hyperreiche belasten wollte – genau dafür stand die FDP seit Beginn in der Ampelkoalition –, steckte der Sozialstaat in einer Schraubzwinge, aus der es zumindest für arme Bevölkerungsschichten, die am stärksten auf ihn angewiesen sind, kein Entrinnen gibt.

Kürzungen im Sozialetat machen vor allem Menschen große Angst, die keine Rücklagen bzw. finanziellen Reserven haben. Krisen und gesellschaftliche Umbruchsituationen führen bei den davon betroffenen Personengruppen zu wachsender Unsicherheit oder politischen Kurzschlussreaktionen, was rechtsextremen Parteien wie der AfD zugutekommt. Umso wichtiger sind politische Stabilität und ein funktionierender Wohlfahrtsstaat. Resilienz interpretiert Stefanie Graefe (2022, S. 150 f.) dagegen als Konzept, das Individuen befähigt, im „flexiblen Krisenkapitalismus" der Gegenwart systemadäquat auf soziale Risiken zu reagieren: „Summa summarum wird im Zeichen von Resilienz einerseits [...] dazu aufgefordert, individuelle Grenzen der Produktivität und Leistungsfähigkeit anzuerkennen, und dazu, Karriere und Beruf nicht allzu wichtig zu nehmen. Leistungs- und Produktivitätsimperative selbst werden jedoch nicht nur nicht infrage gestellt, sondern als kontingente und prinzipiell unbeeinflussbare Umweltbedingungen aufgefasst, wodurch Erfahrungen von Überforderung und Erschöpfung letztlich auf das Subjekt selbst, genauer: auf dessen mangelnde Resilienz, zurückgeführt werden können."

Zwar bekannten sich die Verhandler von SPD, Bündnis 90/Die Grünen und FDP ausdrücklich zur Stärkung des gesellschaftlichen Zusammenhalts, kündigten aber gleichzeitig „schmerzhafte Kürzungen" im Bundeshaushalt an, die auch den Sozialetat betrafen. Aufgrund des am frühen Morgen des 15. Dezember 2023 gefundenen Haushaltskompromisses verringerte der Bund seinen Zuschuss in die Rentenkasse, beschnitt den Wohngeldetat, fuhr die soziale Abfederung der Klimawende zurück und schränkte die Förderung der Weiterbildung von Bürgergeldbezieher(inne)n ein.

Schon im ersten Regierungsentwurf des Bundeshaushalts für das Jahr 2024 hatte Hubertus Heil einige Abstriche bei den Verwaltungskosten und den Arbeitsmarktprogrammen der Jobcenter machen müssen – so wollte sein Haus arbeitslose Jugendliche, Heranwachsende und junge Erwachsene zukünftig von den Arbeitsagenturen betreuen lassen. Nun vollzog das Arbeits- und Sozialministerium beim Bürgergeld, mit dem die Ampelkoalition noch ein knappes Jahr vorher Hartz IV hatte „überwinden" wollen, eine Rolle rückwärts. Bürgergeldbezieher(inne)n, die sich nach Meinung des Jobcenters einer „nachhaltigen Arbeitsverweigerung" schuldig machen, sich also der Kooperation mit diesem verweigern oder entziehen, droht wieder eine Totalsanktion, bei der man ihnen die Geldleistung für zwei Monate (früher: drei Monate) streicht und zwar weiterhin Miet- und Heizkosten zahlt, aber keine Sachleistungen wie Lebensmittelgutscheine mehr vergibt. Zwar ist diese im Zweiten *Haushaltsfinanzierungsgesetz 2024* enthaltene Regelung auf zwei Jahre befristet, Spitzenfunktionäre der Unionsparteien ließen aber durchblicken, dass sie im Falle der Regierungsübernahme die Bürgergeldreform ganz rückabwickeln wollten.

Obwohl die Fraktionen von SPD, Bündnisgrünen und FDP im Gesetzentwurf (BT-Drs. 20/9999, S. 1) behaupteten, „Sozialkürzungen vermieden" zu haben, wurde der erst zum 1. Juli 2023 eingeführte Bürgergeldbonus wieder abgeschafft. Er sollte die Anreize zum Abschluss einer Berufsausbildung für Geringqualifizierte vermehren, indem Teilnehmer/innen an einer mindestens achtwöchigen, jedoch nicht auf einen Berufsabschluss gerichteten beruflichen Weiterbildung wie einer berufsvorbereitenden Bildungsmaßnahme, einem Bewerbungstraining oder einem Sprachkurs anrechnungsfrei und zusätzlich zum Regelbedarf 75 Euro monatlich erhielten.

Noch härter traf es die Geflüchteten, deren monatliche Leistungen ohnehin über 100 Euro geringer als das Bürgergeld ausfielen. Sie bleiben künftig doppelt so lange wie bisher – drei Jahre statt 18 Monate lang – im Asylbewerberleistungsbezug und ohne Zugang zu den Analogleistungen des Bürgergeldes oder der Sozialhilfe. Barauszahlungen werden eingeschränkt, Bezahlkarten eingeführt und fast ausschließlich Sachleistungen gewährt.

Bei der Kindergrundsicherung sollte es zwar keine neuerlichen Änderungen geben, sie war aber im Laufe des monatelangen Streits zwischen Paus und Lindner ohnehin längst auf eine reine Verwaltungsreform geschrumpft. Nachdem er das Bundeskabinett hinter sich gebracht und aus der Kindergrundsicherung eine Reformruine gemacht hatte, bezeichnete Lindner sie als „letzte größere Sozialreform" auf absehbare Zeit, was für den Wohlfahrtsstaat nichts Gutes verhieß. Für arme Familien muss es wie Hohn erscheinen, dass um die Finanzierung der Kindergrundsicherung monatelang gerungen und am Ende nur ein Kostenrahmen von 2,4 Milliarden Euro genehmigt wurde, während für Militärhilfe an die

Ukraine trotz der verschärften Sparzwänge im Jahr 2024 nicht weniger als acht Milliarden Euro vorgesehen waren.

Anstatt – wie zuerst geplant – endlich das Kerosin auf innerdeutsche Flüge zu besteuern und damit auch reiche Besitzer von Privatjets zu treffen, erhöhte man unter Hinweis auf die neoliberale Standortlogik und vermeintliche Konkurrenzvorteile ausländischer Flughäfen beim Zubringerverkehr zu deutschen Drehkreuzen lieber die Luftverkehrsabgabe, was die Reisen von Millionen Passagier(inn)en verteuert.

Die teuerste Subvention des Bundes ist die „Überprivilegierung" der Firmenerben, wie sich das Bundesverfassungsgericht in einem Urteil zur Erbschaftsteuer (1 BvL 21/12) ausdrückte. Allein durch Streichung dieses ungerechtfertigten Steuerprivilegs könnte der Staat seine Einnahmen um vier bis fünf Milliarden Euro jährlich steigern. Auch der Wegfall des Dienstwagenprivilegs würde keine Armen treffen und viel Geld in die Staatskasse spülen, mit dem man beispielsweise den Pflegenotstand lindern könnte.

Noch am Tag nach dem Karlsruher Urteil hat der Bundestag die eigentlich bis zum Ende des Jahres 2023 befristeten, aus dem Wirtschaftsstabilisierungsfonds finanzierten Preisbremsen für Strom, Erdgas und Fernwärme um drei Monate verlängert. Gleichzeitig wurde beschlossen, den auf sieben Prozent ermäßigten Mehrwertsteuersatz ab 1. März 2024 auf Gas wieder auf 19 Prozent anzuheben. Wegen der geschilderten Finanzierungsschwierigkeiten machten die Regierungsparteien ihre Entscheidung zur Verlängerung der Energiepreisbremsen später allerdings wieder rückgängig und stellten diese zum 31. Dezember 2023 ein.

Bereits am 18. Dezember 2023 entfiel schlagartig und gewissermaßen ohne Vorwarnung der Verbraucher/innen die seit dem 18. Mai 2016 existierende Möglichkeit zur Beantragung jenes „Umweltbonus", mit dem das Bundeswirtschaftsministerium den Kauf oder das Leasen eines Elektrofahrzeuges noch bis zu einem bereits deutlich reduzierten Höchstbetrag von 4.500 Euro gefördert hatte. Profitiert hatten davon eher Wohlhabende, wenngleich der Neupreis beim Autokauf auf 65.000 Euro begrenzt war.

Die vom Bund übernommenen Entgelte für die Nutzung der Energienetze mussten ab 1. Januar 2024 wieder die Versorgungsunternehmen tragen, die sie an ihre Kunden weitergaben. Außerdem stieg der Preis für die CO_2-Emissionen von Benzin, Heizöl und Gas seither viel stärker bzw. schneller als ursprünglich geplant, wodurch sich das Heizen und Tanken für die Verbraucher/innen weiter verteuerte.

Wegfallen sollte laut dem Haushaltskompromiss die teilweise Rückerstattung der Energiesteuer auf Dieselfahrzeuge der Agrarwirtschaft. Länger andauernde, vom Deutschen Bauernverband organisierte Protestaktionen der Landwirte, die auch ihre Befreiung von der Kfz-Steuer einbüßen sollten und zuerst mit zahlreichen Traktoren die Straßen Berlins, danach aber auch die anderer Städte, Bundesautobahnen und Autobahnauffahrten blockierten, veranlassten SPD, Grüne und FDP, ihr „Sparpaket" noch einmal aufzuschnüren. Landwirtschaftsminister Cem Özdemir (Bündnis 90/Die Grünen), der sich dem Druck als erstes Regierungsmitglied beugte, wurde nahegelegt, dafür andere Kürzungen in seinem Etat vorzunehmen, erreichte aber im Januar 2024, dass landwirtschaftliche Fahrzeuge steuerbefreit blieben und die stärkere Besteuerung des Agrardiesels gestreckt und stufenweise eingeführt wird.

Dass sich an den teilweise von Rechtsextremisten unterwanderten, stimulierten und instrumentalisierten „Bauernprotesten", die von den staatlichen Behörden und der Polizei im Unterschied selbst zu weniger drastischen Behinderungen des Verkehrs durch Klimaaktivist(inn)en wie die „Letzte Generation" geduldet wurden, auch wütende Spediteure, Bauunternehmer, Handwerker und Gastwirte beteiligten, lag an der wachsenden Furcht vor drohenden Wohlstandsverlusten, dem sich ausbreitenden Gefühl mangelnder Anerkennung der eigenen Arbeitsleistung durch Gesellschaft und Staat sowie dem aufgestauten Frust über die als ungerecht empfundene Regierungspolitik der Ampelkoalition.

Es ist falsch, die Bauern auf einem kleinen Hof, den sie gemeinsam mit ihrer Familie bewirtschaften, genauso zu behandeln wie Agrarholdings, die ohnehin Millionensummen an EU-Subventionen erhalten. Eine soziale und an ökologischen Kriterien ausgerichtete Staffelung von Subventionen im Agrarbereich wäre besser gewesen. Sinnvoller wäre es auch, das dem Klima weit abträglichere generelle Dieselprivileg bei der Mineralölbesteuerung, die

Pendlerpauschale und das Dienstwagenprivileg, von dem ausschließlich Wohlhabende steuerlich profitieren, abzuschaffen. Wenn man Bauern entlasten will, die keine großen Höfe mit riesigen Anbauflächen, sondern finanzielle Probleme haben, sollte man sie – wie es das Bundesumweltamt empfiehlt – etwa durch Prämien für alternative Bewirtschaftungsformen bei der Klimatransformation unterstützen.

Erst am 2. Februar 2024 wurde das Haushaltsgesetz für dieses Jahr vom Bundestag verabschiedet, während die von CDU und CSU regierten Länder mit ihrer Mehrheit im Bundesrat dessen Zustimmung noch am selben Tag blockierten, ohne sein Inkrafttreten allerdings verhindern zu können. Am selben Tag einigten sich Bund und Länder nach zähen Verhandlungen über die Finanzierung und den Verteilungsschlüssel für die Mittel auf eine Umsetzung des Startchancen-Programms, das allgemeinbildende und berufliche Schulen mit einem hohen Anteil sozioökonomisch benachteiligter Schüler/innen über einen Zeitraum von zehn Jahren mit jährlich zwei Milliarden Euro unterstützen soll. Weniger erfreulich war, dass die Mittel der Bundesländer für bestehende Förderprogramme in diesem Bereich auf ihren hälftigen Finanzierungsanteil angerechnet werden und dass der Bildungsetat gleichzeitig sank.

In der Haushaltsdebatte des Bundestages sprach sich Robert Habeck für ein Sondervermögen zugunsten der deutschen Industrieunternehmen aus, die sonst international nicht mehr wettbewerbsfähig seien. Er dachte hierbei an bessere Abschreibungsmöglichkeiten und Steuergutschriften. In der sich an diesen zwischen den Koalitionspartnern nicht abgestimmten Vorstoß anschließenden Diskussion lehnte Christian Lindner zwar ein Sondervermögen mit Hinweis auf seine Aversion gegenüber weiteren Staatsschulden ab, erklärte sich aber mit Steuervergünstigungen für Unternehmen einverstanden. Obwohl die 40 Dax-Konzerne, darunter alle bedeutenden Industrieunternehmen des Landes, im Jahr 2024 die Rekordsumme von beinahe 60 Milliarden Euro an Dividenden ausschütten und ihre (Groß-)Aktionäre dadurch noch reicher machen, wurde nunmehr erneut über Lindners Forderung nach Abschaffung des Solidaritätszuschlages diskutiert. Diese brächte für die gewinnstärksten Aktiengesellschaften jeweils ein Geldgeschenk im dreistelligen Millionenbereich. Es ging überhaupt nicht mehr darum, ob es sinnvoll ist, die hochprofitablen Unternehmen zu subventionieren und damit die sozioökonomische Ungleichheit weiter zu erhöhen, sondern nur noch darum, wie man es bewerkstelligen sollte.

3.6 Deutschlands gesellschaftliche Entwicklungsalternativen: Rüstungs- oder Sozialstaat

Um die Mitte der 2020er-Jahre wird im Deutschen Bundestag entschieden, ob es zur Verstetigung des von SPD, Bündnisgrünen und FDP eingeschlagenen Hochrüstungskurses kommt. Wenn der Militäretat dann schlagartig auf 75 oder 80 Milliarden Euro angehoben wird, um das durch keinerlei militärische Lagebeurteilung gestützte, sondern völlig willkürliche Zweiprozentziel der NATO zu erreichen, verändert das unsere Gesellschaft stark. Eine weitere Remilitarisierung der Gesellschaft, wie sie etwa die Einführung des Veteranentages nach US-Vorbild symbolisiert, ist zwangsläufig mit Tendenzen der Entsolidarisierung und der Entdemokratisierung verbunden.

Was durch Hochrüstung auf der Strecke zu bleiben droht, ist ein generöser und expansiver Sozialstaat, wie ihn die Bundesrepublik seit der Rekonstruktionsperiode nach dem Zweiten Weltkrieg jahrzehntelang kannte (vgl. hierzu: Butterwegge 2018, S. 63 ff.). Während der sog. Nachrüstungsdebatte haben sich die kritische Friedensforschung und Sozialwissenschaftler/innen in den 1980er-Jahren aus gebotenem Anlass erstmals mit diesem Problem beschäftigt (vgl. z.B. Steinweg 1985). „Rüstungs- oder Sozialstaat?" lautete die Alternative, vor welcher der Ökonom Jörg Huffschmid und die Arbeitsgruppe Abrüstung an der Universität Bremen (1981) in einem Handbuch gleichen Titels eindringlich warnten. Nach ihrer Überzeugung kann es nur den einen *oder* den anderen geben, aber nicht beide zusammen. Denn bei exorbitant steigenden Rüstungsausgaben – aufgerufen sind künftig mindestens zwei Prozent des Bruttoinlandsprodukts – bleiben Transferleistungen zwangsläufig auf der Strecke, kommt die soziale Gerechtigkeit unter die Räder und spitzen sich die gesellschaftlichen Verteilungskonflikte noch mehr zu.

Der für den Politikteil der *Frankfurter Allgemeinen Sonntagszeitung* verantwortliche Redakteur Nikolas Busse formulierte dasselbe in einem FAZ-Kommentar zur Blockade der Ukrainehilfe durch US-Parlamentarier/innen der Republikaner am 8. Dezember 2023 mit gegensätzlicher Intention so: „Auch in Deutschland müssen sich die Prioritäten ändern. Es will keiner hören, aber hier wird man bald zwischen Sozialstaat und Verteidigung wählen müssen." Was das für die Armen in der Bundesrepublik und das Maß der Ungleichheit bedeutet, lässt sich nur erahnen.

Auch der Journalist und Medienunternehmer Gabor Steingart prognostizierte bei *Focus Online* (v. 9.1.2024), dass es als Folge der seiner Meinung nach erforderlichen Aufrüstung der Bundeswehr zu einer „Verschärfung der innerdeutschen Verteilungskonflikte" kommen werde: „Die Expansion der Verteidigungsausgaben und der Erhalt des Status quo beim Sozialstaat sind nur schwer in ihrer Gleichzeitigkeit denkbar." Recht hat Steingart auch mit dem Titel seines Gastbeitrages, welcher „Nach der Ukraine ist Deutschland der größte Verlierer des Krieges" lautet. Das betrifft nicht zuletzt die Folgekosten des Ukrainekrieges, wird sich die Bundesrepublik doch stark am Wiederaufbau des zerstörten Landes beteiligen müssen, was den Staatshaushalt erheblich belasten und Einsparungen in anderen Bereichen nach sich ziehen dürfte, große Bauunternehmen aber längst als profitables Betätigungsfeld für sich und als willkommene Konjunkturspritze der Zukunft erkannt haben.

Die von Steingart gezogenen Schlussfolgerungen führen jedoch in die Irre, denn er schreibt: „Deutschland muss im Zuge der geostrategischen Neuorientierung der Amerikaner seine Budgets für das Militär wahrscheinlich deutlich aufstocken. Gegen Putins Stahlwalze kann die Bundeswehr in ihrem derzeitigen Zustand nicht viel ausrichten." Das ist militärtechnologisch betrachtet grober Unfug: Stahlwalzen – gemeint sind vermutlich die Panzerarmeen des Zweiten Weltkrieges – sind längst keine Kriegswaffe erster Güte mehr und Deutschland muss sich auch nicht „gegen

Putin“ wappnen, indem es seinen Sozialstaat opfert, vielmehr durch eine Wiederbelebung der Friedens-, Abrüstungs- und Entspannungspolitik gemeinsam mit anderen Staaten – darunter auch und gerade Russland – dafür sorgen, dass Kriege zumindest in Europa ein für allemal der Vergangenheit angehören.

Wenn man die ohnehin sehr hohen Rüstungsausgaben noch mehr anhebt und das Personal der Bundeswehr wie geplant aufstockt, wird es kaum möglich sein, die enormen Herausforderungen zu bewältigen, vor denen die Koalitionsregierung steht: Sie muss ihren Beitrag zur Lösung der Klimakrise leisten, die Modernisierung der Infrastruktur unseres Landes vorantreiben und dessen soziale Probleme (Prekarisierung der Lohnarbeit, Verarmung eines wachsenden Teils der Bevölkerung, Wohnungsnot und Mietenexplosion) lösen. Umgekehrt dürfte es künftig eher noch mehr Abstriche von dem ohnehin wenig anspruchsvollen Programm der Ampelkoalition geben.

Der soziale Friede ist gefährdet, wenn in einem wohlhabenden Land wie der Bundesrepublik aufgrund des größten Aufrüstungsprogramms seit 1945 das Geld für lebenswichtige Aufgaben des Staates fehlt. Da man Unsummen in die Rüstung stecken, den Militärhaushalt drastisch erhöhen und die Bundeswehr im Rahmen des Sondervermögens noch besser ausstatten will als bisher, wird das Geld woanders zwangsläufig knapp – Geld, das dringend benötigt wird, um soziale Probleme zu lösen, die während der Pandemie entstanden sind und sich anschließend noch verschärft haben, z.B. die Verelendung im Obdachlosenmilieu.

Wie alle übrigen EU-Staaten hat sich Deutschland am 21. Juni 2021 durch Unterzeichnung der Erklärung von Lissabon über die Europäische Plattform zur Bekämpfung der Obdachlosigkeit verpflichtet, diese durch konkrete Schritte bis zum Jahr 2030 zu beseitigen. Demnach soll niemand mangels zugänglicher, sicherer und geeigneter Notunterkünfte mehr auf der Straße leben müssen; niemand länger in Not- oder Übergangsunterkünften leben, als für einen erfolgreichen Umzug in eine dauerhafte Wohnlösung erforderlich ist; niemand mehr aus einer Einrichtung (Gefängnis, Krankenhaus oder Pflegeeinrichtung) entlassen werden, ohne ein angemessenes Angebot an Wohnraum zu erhalten; niemand ohne

Angebot einer geeigneten Wohnungslösung vertrieben werden, falls sich die Räumung einer Unterkunft nicht verhindern lässt; schließlich niemand mehr aufgrund seines/ihres Obdachlosenstatus diskriminiert werden. Noch ist eher das Gegenteil der Fall: Wohnungs- und Obdachlosigkeit sind in Deutschland wie fast überall in der Europäischen Union zuletzt gestiegen. Dass es Finnland mit dem zuerst in New York erprobten Konzept „Housing First" (vgl. dazu: Busch-Geertsema 2011 und 2023; van Basten 2018) gelungen ist, das vorgegebene Ziel schon beinahe zu erreichen, und sich das Bundesbauministerium auf einen Nationalen Aktionsplan zur Überwindung der Wohnungslosigkeit festgelegt hat, nährt jedoch die Hoffnung, dass man es auch in der Bundesrepublik schärfer als bisher ins Auge fasst.

Hingegen ist es weder sinnvoll, dass die Bundesregierung entgegen dem Koalitionsvertrag von SPD, Bündnis 90/Die Grünen und FDP (2021, S. 116) erlaubt, dass „Eurofighter"-Kampfjets an Saudi-Arabien geliefert werden, obwohl das Königreich die Huthi militärisch bekämpft und „nachweislich unmittelbar am Jemen-Krieg beteiligt" ist, noch dass sie Bundeswehreinheiten im Baltikum stationiert. Hilfreicher als zusätzliche Rüstungsanstrengungen, ein verstärktes Militärengagement im Rahmen der NATO oder Waffengeschäfte mit dubiosen Potentaten wären Mehrausgaben im Sozial- und Gesundheitsbereich, um den öffentlichen Wohnungsbau wiederzubeleben, der Kinderarmut entgegenzuwirken, den Pflegenotstand zu beseitigen und die Alterssicherung für abhängig Beschäftigte wieder auf eine solide Finanzierungsgrundlage zu stellen.

Zu befürchten ist jedoch, dass sich Wohnungsnot sowie Energie- und Ernährungsarmut infolge einer unsozialen „Sparpolitik" ausbreiten. Die anhaltend höheren Preise für Erdgas, Strom und Grundnahrungsmittel, aber auch viele Konsumgüter des täglichen Bedarfs bedeuten für Menschen, die schon vor der Covid-19-Pandemie und dem Ukrainekrieg jeden Cent drei- oder viermal umdrehen mussten, dass sie gezwungen werden, den Gürtel künftig noch enger zu schnallen.

4. Lehren aus den schweren Krisen: Umbrüche als Bewährungsproben des Wohlfahrtsstaates und als Chancen für eine sozialökologische Transformation

Krisen polarisieren – sozial, politisch und auch semantisch. Als ein „Schlüsselbegriff moderner Politikgestaltung" (Florack 2021, S. 52) erscheint die Krise, weil dieser Terminus unbestimmt, dehnbar und flexibel einsetzbar ist. Mitglieder einer von mehreren Krisen gleichzeitig oder in kurzen Abständen heimgesuchten Gesellschaft neigen offenbar zu einer Begriffsinflation. In der deutschen Medienöffentlichkeit ist seit geraumer Zeit teilweise ziemlich wahllos von einer „Multi-", einer „Poly-" oder einer „Omnikrise" die Rede, ohne dass mit diesen Termini noch ein wirklicher Erkenntnisgewinn verbunden wäre. Auch sprachlich befremdet, dass der aus dem Altgriechischen stammende Krisenbegriff mit aus dem Lateinischen stammenden Vorsilben kombiniert wird, was zumindest bei der „Polykrise" nicht der Fall ist.

Hier ist hauptsächlich der folgende Aspekt von Interesse: Krisen gehören zu den mit Abstand wirksamsten Katalysatoren der sozioökonomischen Ungleichheit. Man kann sie aber zugleich als gesellschaftliche Herausforderung betrachten und trotz enormer Widerstände übermächtig erscheinender Interessengruppen gemeinsam zu bewältigen suchen, ohne dass Menschen einen sozialen Niedergang fürchten müssen, gedemütigt und von materiellen Sorgen oder Verlustängsten geplagt werden. Dazu bedarf es der außerparlamentarischen Mobilisierung potenziell von Wohlstandsverlusten betroffener Schichten zur Entfaltung des nötigen Drucks auf die politisch Verantwortlichen zwecks Durchsetzung für das jeweilige Land geeigneter Maßnahmen im Bereich des Wohlfahrts- und Steuerstaates.

4.1 Ungleichheit, Krisendesaster und gesellschaftlicher Zusammenhalt

Nach der globalen Banken- und Finanzkrise 2007/08, die in eine länger dauernde Weltwirtschaftskrise mit sozialen Verwerfungen der unterschiedlichsten Art mündete, bemerkte Ulrich Brand (2011, S. 7) in seinem Buch „Post-Neoliberalismus" sarkastisch, für das multiple Krisengeschehen der Gegenwart fehlten geeignete Lösungsansätze, denn die politischen und gesellschaftlichen Mechanismen der Bearbeitung dieser Probleme seien völlig unzureichend, worunter vor allem Unterprivilegierte zu leiden hätten: „Die höchst ungleichen gesellschaftlichen Auseinandersetzungen um die Folgekosten der Krisenpolitik gehen offensichtlich zulasten der Bevölkerungsmehrheit, die soziale Polarisierung wird voraussichtlich wachsen, die überschuldeten öffentlichen Haushalte lassen auf absehbare Zeit wenig Spielraum. Der Umwelt- und insbesondere der Klimakrise wird nur in einzelnen Bereichen Einhalt geboten, insgesamt kommt es jedoch zu einer Verschärfung. Weltweit nehmen trotz des spektakulären Aufstiegs einiger Schwellenländer und der Herausbildung starker Mittelschichten Hunger und Armut zu und immer mehr Menschen sehen sich zur Migration gezwungen. Wir erleben trotz der vermeintlichen ‚Rückkehr des Staates' seit 2008 eine schon länger anhaltende Krise politischer Repräsentation."

Damals hat sich der Neoliberalismus schnell wieder regeneriert, politisch-ideologisch umorientiert und neu formiert. Denn seine Hegemonie, d.h. die öffentliche Meinungsführerschaft des Marktradikalismus als Legitimationsbasis der ökonomischen, sozialen und politischen Ungleichheit war keineswegs gebrochen. „Die Krise wurde sogar zum Katalysator für eine Forcierung neoliberaler Programmatik, die das Anwachsen der öffentlichen Schulden im Zuge der Bankenrettung skandalisierte und damit den Hebel und die Legitimation für eine besonders rigide Austeritätspolitik fand." (Butterwegge/Lösch/Ptak 2017, S. 260)

Es gab zwar auch während der Covid-19-Pandemie eine kritische Auseinandersetzung mit der Marktgläubigkeit und eine positivere Bewertung des Staatsinterventionismus in der (Medien-)

Öffentlichkeit. Aber was sich die Politikwissenschaftlerin Ingrid Kurz-Scherf (2021, S. 43) erhoffte, eine „Delegitimierung des Neoliberalismus“ und eine „Neujustierung des Verhältnisses zwischen Wirtschaft und Politik“, blieb aus oder war nicht von langer Dauer. Ebenso wie nach der Finanzkrise, als eine strenge Regulierung des Bankensystems vorübergehend zur Mehrheitsposition, wenn nicht zum allgemeinen Konsens avancierte, ohne dass anschließend wirksame Kontrollmaßnahmen ergriffen worden wären, ist ein politischer Backlash in diesem Bereich nur eine Frage der Zeit.

Schon kurz nach der Pandemie beherrschte das neoliberale Denken, bei dem betriebswirtschaftliche Effizienz, der „eigene“ Wirtschaftsstandort und die Selbstoptimierung des Individuums statt der Humanität, der öffentlichen Daseinsvorsorge und der Solidarität im Zentrum stehen, wieder praktisch alle Lebensbereiche. Vor allem drei Befunde, die zu Beginn der Coronakrise im politischen und medialen Diskurs weitgehend akzeptiert wurden, verdienen daher Michael Schwemmle und Claus Zanker (2022, S. 11) zufolge der Erinnerung: Einsicht in die Funktionsdefizite des Marktes, die Erfahrung und positive Bewertung der staatlichen Interventionsfähigkeit sowie eine Neubewertung der „Systemrelevanz“ von Sektoren, Branchen und Berufen.

Die sich überlappenden und zum Teil sogar wechselseitig verstärkenden Krisen der jüngsten Vergangenheit haben gezeigt, dass Deutschland zwar dank seiner guten Ressourcenausstattung, funktionsfähigen Behörden und föderalen Struktur für die Bewältigung solcher Ausnahmesituationen gerüstet, aber ökonomisch, sozial und politisch zerrissen ist (vgl. hierzu: Butterwegge 2020). Dabei kommt es in einer Notlage mehr denn je auf gemeinsames und solidarisches Handeln der Gesellschaftsmitglieder an. Dieses lässt sich aber kaum realisieren, wenn jeder nur an sich denkt und hierdurch mitnichten an alle gedacht ist. Deshalb möchte der Berliner Hochschullehrer Jan Skudlarek (2023, S. 163 ff.) den von Neoliberalen propagierten „Hyperindividualismus“ durch das Prinzip der Allmende und die Idee des Gemeinwohls ersetzen.

Weil das Misstrauen gegenüber den politisch Verantwortlichen während der Pandemie in weiten Teilen der Bevölkerung tief saß, hatte etwa der von René Schlott (2022) entwickelte „Zehn-Punkte-Plan für gesellschaftlichen Zusammenhalt“ keine Chance. Darin rief der Berliner Historiker dazu auf, die gesellschaftliche Spaltung in der Coronakrise weder zu ignorieren noch sie herbeizureden oder gutzuheißen: „Versuchen wir alle, insbesondere die Eliten und Privilegierten in diesem Land, die eine öffentliche Stimme haben, einmal den eigenen Standpunkt für einen Moment zu verlassen und uns zum Beispiel die Situation einer alleinerziehenden Mutter in Berlin-Hellersdorf, einer Kassiererin oder einer Krankenschwester, eines arbeitslos gewordenen Künstlers, eines einsamen Heimbewohners oder eines Menschen vorzustellen, der engste Angehörige verloren hat, ohne sich von ihnen verabschieden zu können.“

Dass Bundeskanzler Olaf Scholz die These einer Spaltung der Gesellschaft in seiner am 31. Dezember 2021 von ARD und ZDF ausgestrahlten Neujahrsansprache strikt zurückgewiesen und das Gegenteil für richtig erklärt hatte, weil er während der pandemischen Krisensituation überall eine beindruckende Solidarität, eine überwältigende Hilfsbereitschaft sowie ein neues Zusammenrücken und Unterhaken wahrnehme, bemängelte Schlott völlig zu Recht, übersah jedoch seinerseits die enge Verzahnung zwischen der ökonomischen, sozialen und politischen Spaltung, welche sich in der Coronakrise deutlicher als je zuvor manifestierte.

Trotzdem ergab eine Studie von Jochen Roose (2021, S. 3 und 6) für die Konrad-Adenauer-Stiftung, dass die politische Polarisierung zwar über einen längeren Zeitraum, aber nicht während der Pandemie zugenommen habe. Carolin Amlinger und Oliver Nachtwey (2022, S. 290) teilen diese Einschätzung, wenn sie in ihrem Buch über den „libertären Autoritarismus“ konstatieren: „Zuletzt wurde oft die Sorge geäußert, die Gesellschaft sei immer stärker polarisiert. Das trifft aus unserer Sicht nur eingeschränkt zu. Vielmehr ist es so, dass sich die politischen Einstellungen an den Rändern zunehmend verhärten.“

Steffen Mau, Thomas Lux und Linus Westheuser haben die Einstellungen der Bevölkerung in vier „Arenen der Ungleichheit“ (Oben – Unten: Armut/Reichtum, Innen – Außen: Migration und Integration, Wir – Sie: Gleichstellung und Anerkennung sowie

Heute – Morgen: Ökologie und Klima) untersucht. Sie gelangten zu dem Ergebnis, dass in der Gesellschaft wie der politischen Öffentlichkeit größtenteils Konsens herrsche und die vertretenen Meinungen nur an sog. Triggerpunkten auseinanderdrifteten. Offenbar nimmt ein großer Teil der Bevölkerung die soziale Ungleichheit zwar wahr und erkennt auch die Notwendigkeit einer Umverteilung des privaten Reichtums, aber nur ein kleiner Teil der Bevölkerung glaubt noch an die Möglichkeit, das Gleichheitsziel auf diese Art und Weise zu erreichen (vgl. Mau/Lux/Westheuser 2023, S. 111).

Klaus Dörre (2024) spricht in diesem Zusammenhang von einer „demobilisierten Klassengesellschaft" – ein missverständlicher, wenn nicht irreführender Begriff, den Mau, Lux und Westheuser von dem Jenaer Soziologen übernehmen. Schließlich ist nicht die Klassengesellschaft demobilisiert, sondern allenfalls ein Großteil jener Mitglieder, die weiterhin der arbeitenden Klasse angehören, ohne sich dessen noch bewusst zu werden, während die besitzende Klasse der Kapitaleigentümer ihre Verwertungs- und Herrschaftsinteressen im digitalen Finanzmarktkapitalismus der Gegenwart unter massivem Einsatz propagandistischer Mittel vertritt. Wenn es sein muss, wird in aller Welt die Staatsmacht gegen Emanzipationsbestrebungen der ausgebeuteten und subalternen Gesellschaftsschichten mobilisiert.

Die genannten Autoren bewegen sich zu stark auf der Einstellungsebene, während sie die ökonomische Klassenspaltung und die soziale Position der einzelnen Bevölkerungsschichten teilweise aus den Augen verlieren. Von einer „Rückkehr der Ungleichheitsfrage" (Mau/Lux/Westheuser 2023, S. 48) oder einer „Wiederkehr der Klassen" (Graf/Lucht/Lütten 2022) kann jedenfalls überhaupt nicht die Rede sein, denn weder die materielle Ungleichheit noch die soziale Ungerechtigtigkeit oder die Klassen sind je weggewesen, vielmehr für „marktwirtschaftlich" bzw. kapitalistisch organisierte Gesellschaften konstitutiv, in denen einer kleinen Bevölkerungsminderheit die Unternehmen, Banken und Versicherungen gehören, während einer großen Bevölkerungsmehrheit nicht viel mehr als ihre Arbeitskraft gehört, von deren Verkauf sie nach wie vor leben müssen.

Mau, Lux und Westheuser (2023, S. 384 f.) sprechen von einer „Politisierung ohne Polarisierung" und gehen von einer „Radikalisierung zahlenmäßig kleiner Gruppen" aus, halten aber eine „Mobilisierung von den Rändern" mittelfristig für denkbar, was ihrer Meinung nach zu jener Polarisierung führen könnte, die bisher nur beschworen werde: „Ideologisch sauber sortierte Gruppen mit arenenübergreifend konsistenten Einstellungen sind heute aber Minderheiten. Von ihrem Antagonismus auf eine Spaltung in der viel entideologisierteren Gesamtgesellschaft zu schließen, wäre irreführend." (ebd., S. 385) Der belgische Historiker Anton Jäger (2023) bezweifelt, dass die Polarisierung in der Gesellschaft heute noch zu einer Politisierung mit Veränderungspotenzial führt. Er benutzt vielmehr den mit einer anderen Bedeutung von dem Philosophen Peter Sloterdijk eingeführten Begriff „Hyperpolitik", um damit auszudrücken, dass zwar alles identitätspolitisch aufgeladen, aber nichts mehr im herkömmlichen Sinne zu kollektiver Gegenmacht verdichtet werde. Mau und seine Koautoren (ebd., S. 386 f.) widersprechen der „Wahrnehmung einer Verschärfung gesellschaftlicher Antagonismen" und beruhigen die Gemüter, wenn sie schreiben: „So schockierend hasserfüllte Radikalisierungen sind, so inhuman die darin zum Ausdruck kommenden Einstellungen, sollte uns dies nicht zu der Fehlannahme verleiten, hier spalte sich die Bevölkerung insgesamt in unterschiedliche Lager."

Man sollte aber deutlicher zwischen sozioökonomischer, soziokultureller und (partei)politischer Spaltung der Gesellschaft differenzieren, als es Mau, Lux und Westheuser hier tun. Abgesehen davon, dass die Autoren den Klassenbegriff zu eng fassen, indem sie auf Berufsklassen sowie die Bildung und die Qualifikation von deren Mitgliedern abheben, statt alle Lohn-, Gehalts- oder Rentenabhängigen wie Marx und Engels in der arbeitenden Klasse mit ihren Zwischen- und Übergangsschichten zu verorten, und ihn überdies auch ziemlich wahllos verwenden, verkennen sie, dass der historisch-materialistische Klassenbegriff unabhängig von konkreten Bewusstseinsformen, subjektiven Empfindungen und sozialen Kämpfen einen Sinn ergibt. Dass große Ungleichheit und exzessiver Reichtum mehrheitlich abgelehnt werden, ohne dass man Handlungsperspektiven im Hinblick auf staatliche Umverteilungsmaßnahmen daraus ableitet (ebd., S. 117), ist mit der These einer zunehmenden Gesellschaftsspaltung durchaus vereinbar, weil sich darin bloß die Widersprüchlichkeit des Alltagsbewusstseins von Unterprivilegierten und Deprivierten in einer modernen Klassengesellschaft, aber nicht die soziale Realität selbst niederschlägt.

Christoph Wimmer (2024, S. 216), der wie die Verfasser des Buches „Triggerpunkte" an der Humboldt-Universität zu Berlin arbeitet und von einer „Klasse der Marginalisierten" spricht, hat im Bewusstsein ihrer Mitglieder ein dichotomisches Gesellschaftsbild nachgewiesen. Man gehe von einer zunehmenden Erosion der Mittelschicht und einer wachsenden Kluft zwischen Oben und Unten aus. Hieraus zieht er den Schluss: „Die soziale Spaltung wird konkret und nicht als realitätsferner Diskurs erfahren." (ebd., S. 220)

Daher machen es sich Jürgen Kaube und André Kieserling zu leicht, indem sie behaupten, dass die ihrer Meinung nach allzu weit verbreitete These vom Zerfall der Gesellschaft selbst dann nicht zutreffe, wenn einer drastischen Armut exorbitanter Reichtum gegenüberstehe. Glaubt man dem FAZ-Herausgeber und dem Bielefelder Soziologen, käme es vielmehr erst dann zu einer Polarisierung, wenn sich die Ungleichheiten bei bestimmten gesellschaftlichen Gruppen häuften: „Wenn also die Tatsache, schwarz, katholisch oder eine Frau zu sein, auf dem Dorf zu leben oder keinen Hochschulabschluss zu haben, über alle möglichen anderen Eigenschaften einer Person entscheidet: ihre politische Einstellungen, ihr Einkommen, ihre Chancen im Wohlfahrtsstaat und vor Gericht, ihr Heiratsverhalten, ihre Lebenserwartung und so weiter." (Kaube/Kieserling 2022, S. 16) Auch wenn das in dieser krassen Form nicht der Fall ist, kann ein Land durch Klassengegensätze zerrissen und seine Gesellschaft tief gespalten sein. Deren strukturelle Verfasstheit ist entscheidend, nicht etwa Bewusstseinsformen, subjektive Wahrnehmungen oder individuelle Reaktionen darauf. Vornehmlich systemisch bedingte Ungleichheit ist und bleibt auch in Zukunft ein sozialer Konfliktherd, der genug politischen Zündstoff enthält, um das Gemeinwesen zu zerreißen.

Sehr viel plausibler ist der Hinweis von Alexander Hagelüken (2017, S. 100) auf den Trend zu sozial homogenen (Ehe-)Partnerschaften innerhalb der eigenen Schicht – (Chef-)Ärzte heiraten statt einer Krankenschwester häufiger eine Ärztin – und zum Singledasein, wodurch ein sich selbst verstärkender Polarisierungsprozess entstehe: „Je stärker Deutsche beim Einkommen auseinanderliegen, desto mehr wächst die Differenz zu jenen, die weniger haben. Und damit wächst die Hürde, so jemanden zu heiraten, der einem ja nun viel unähnlicher ist als in Zeiten, als die Einkommen gleicher waren." Noch drastischer wirkt sich diese Tendenz zu wachsender Ungleichheit durch soziale Homophilie laut dem Leitenden Redakteur für Wirtschaftspolitik der *Süddeutschen Zeitung* auf Kinder aus: „Familien unterscheiden sich finanziell und bildungsmäßig auch durch Ähnlichheiraten, Scheidungen und Alleinerziehende stärker als früher. Je mehr sie sich unterscheiden, desto größer werden die Unterschiede zwischen den Kindern – und den Umständen, in denen die Kinder aufwachsen." (ebd.)

Der Bamberger Soziologe Richard Münch (2023, S. 13) spricht zwar mit Blick auf die „gespaltene Gesellschaft" von einem „politischen Kampfbegriff", diagnostiziert aber Polaritäten und Spaltungen, wie es sie in dieser Form und Schärfe seit dem Zweiten Weltkrieg nie gegeben habe. Verbunden sei die Polarisierung mit einer politischen Paralysierung der Gesellschaft: „Politische Paralyse ist Ausdruck eines Versagens von Politik und Medien, die nicht mehr imstande sind, die drängenden Probleme der Zeit zu lösen, sodass die Gesellschaft in einen Prozess des Zerfalls gerät. Die wesentliche strukturelle Ursache dafür ist die Unfähigkeit, die mit der Zeit akkumulierten Konflikte in der Mitte der parlamentarisch-demokratischen Arena auszutragen." (ebd., S. 390)

Die sozioökonomische Ungleichheit ist Gift für den gesellschaftlichen Zusammenhalt, die politische Kultur des Landes und sein demokratisches Repräsentativsystem, wie die hohe Wahlabstinenz einkommensschwacher Bevölkerungsschichten, das fragwürdige Stimmverhalten von Abstiegs- und Existenzsorgen geplagter Angehöriger der Mittelschicht sowie der enorme Lobbyeinfluss sehr reicher Bürger auf parlamentarische Entscheidungen belegen. In einer für die Bevölkerung schwer durchschaubaren Krisen- bzw. Umbruchsituation wenden sich viele Menschen von „Maß und Mitte", wie Konservative ihr politisches Idealziel nennen, den etablierten Parteien und der parlamentarischen Demokratie ab, weil diese ihre sozialen Probleme nicht gelöst und ihre Interessen gar nicht oder nur mangelhaft vertreten haben.

Will man den gesellschaftlichen Zusammenhalt bewahren, so heißt dies weder, dass sich Klassengegensätze in Luft aufgelöst haben, noch dass auf die Austragung von Interessenkonflikten verzichtet werden soll. Es geht beim sozialen Zusammenhalt vielmehr – wie bei der Solidarität – um einen Grundkonsens von Bevölkerungsschichten und verantwortungsbewussten Gruppierungen, der beinhaltet, dass man in einer exogenen, d.h. außerhalb des eigenen Landes oder politischen Einflussbereichs entstandenen Krisensituation wie einer Pandemie die Gesamtgesellschaft im Auge behält, also nicht chaotische oder anarchische Zustände herbeisehnt. „Zusammenhalt setzt ein Sichverbundensehen und die Bereitschaft zu Handlungen voraus, die aus dieser kollektiven Verbundenheit folgen und das Ganze im Blick behalten und fördern sollen." (Forst 2020, S. 44) Der Frankfurter Philosoph Rainer Forst (ebd., S. 41 f.) betont, dass der zunächst als „rückwärtsgewandter Kampfbegriff" kritisierte Terminus des gesellschaftlichen Zusammenhalts, den man während der Covid-19-Pandemie „häufig appellhaft verwendet" habe, weltanschaulich nicht neutral, sondern normativ aufgeladen und chamäleonhaft sei.

Um dem Zerfall unserer Gesellschaft vorzubeugen oder Einhalt zu gebieten, muss alles vermieden werden, was die sozioökonomische Ungleichheit erhöht und die Klassenspaltung zementiert, in denen sich diese materialisiert. Kanzler-Appelle zum „Unterhaken", „Zusammenstehen" oder „Zusammenhalten", unterlegt von der Hymne „You'll never walk alone", die Fans aus mehreren Fußballstadien kennen, fruchten da wenig. Sie können auch nicht darüber hinwegtäuschen, dass die jüngsten Krisen das Land erschüttert und seine Bewohner/innen durchgerüttelt haben. Durch die rasche Aufeinanderfolge und die Kumulation der Krisenerscheinungen fühlen sich besonders Menschen überfordert, deren materielle Situation prekär ist.

Die wichtigste Lehre aus der Covid-19-Pandemie, der Energiepreiskrise und der Inflation lautet, nicht länger den neoliberalen Verlockungen („Privat geht vor Staat") zu erliegen und zumindest dort nicht mehr prioritär auf den Markt zu setzen, wo es um die öffentliche Daseins- und Gesundheitsvorsorge für die Bevölkerung geht. Es gibt einen solidarischen Weg aus der Mehrfachkrise: Wenn der Wohlfahrtsstaat künftig umfassender für einen Ausbau der sozialen, Bildungs- und Betreuungsinfrastruktur sorgt und genügend öffentliche Investitionen tätigt, kann die Gesellschaft sogar im Falle einer nationalen oder globalen Katastrophe funktionsfähig bleiben, die damit verbundenen Probleme bewältigen und ihre besonders gefährdeten Mitglieder schützen.

4.2 Möglichkeiten zur Krisenbewältigung im deutschen Bildungs-, Erziehungs- und Gesundheitswesen

Wenn eine Pandemie den Charakter einer Gesellschaft offenbart, wie Heiner Fangerau und Alfons Labisch (2020, S. 139) meinen, hat die Bundesrepublik ihre Bewährungsprobe im Rahmen der Coronakrise keineswegs bestanden. Vielmehr hat die Pandemie bestehende Ungleichheiten verstärkt, ohne dass bisher ein Ruck durch die Gesellschaft ging. „Die Hoffnung auf grundlegende Verbesserungen ist eher vage, da die Stimmen prekär lebender Bevölkerungsgruppen auch in der Krise kaum zu hören waren und strukturelle Änderungen politisch schwer durchsetzbar sind. Aber ihre Lage wurde noch mal in den Fokus gerückt, somit auch die Chancen auf Veränderung.“ (Gravelmann 2022, S. 140)

Die Hamburger Journalistin Silke Fokken (2022) hat ein Buch mit dem Titel „Krisenkinder“ über die Pandemie geschrieben und konstatiert, dass die Gesellschaft aus der Coronakrise vor allem in Bezug auf die Jüngeren spürbar Konsequenzen ziehen muss: „Das ist im Sinne aller Kinder und Jugendlichen nötig, ganz besonders jedoch mit Blick auf die Gruppe, die vor der Krise schon benachteiligt war und die nun droht, immer weiter abgehängt zu werden, die beim Lernen nicht mehr mitkommt und/oder vermehrt in seelische Nöte gerät.“ (ebd., S. 363)

Zwar bezeichnet Johannes Drerup (2022, S. 94) das Krisenmanagement während der Covid-19-Pandemie als „erwachsenenzentriert“, hinsichtlich der künftigen Behandlung junger Menschen durch Staat und Gesellschaft ist der Dortmunder Erziehungswissenschaftler jedoch ziemlich optimistisch, weil es nicht bloß aufgrund vermehrter Berichterstattung und einer besseren Datenlage zu den Folgen der Coronapolitik fortan keine Ausreden mehr gebe: „Jede Rechtfertigung von politischen Entscheidungen, die auch und wieder zu Lasten von Kindern und Jugendlichen gehen, wird sich daran messen lassen müssen, wie sie diese Folgen gewichtet und praktisch mit diesen umgeht." Ein „groß angelegtes sozial- und bildungspolitisches Reformpaket" solle allen Kindern die Möglichkeit eröffnen, ein hinreichend gutes Leben zu führen, insbesondere auch jenen aus materiell schlechtergestellten Familien: „Ohne umfangreiche Umverteilung gesellschaftlichen Reichtums wird dies nicht zu bewerkstelligen und zu finanzieren sein." (ebd., S. 96 f.)

Covid-19 war mit Sicherheit weder die erste noch die letzte Pandemie, wie Jörg Hacker (2021, S. 71) hervorhebt: „Es wird immer wieder zu Pandemien und Ausbrüchen von eukaryontischen, bakteriellen oder viralen Erregern kommen. Unser Handeln kann jedoch die Schwere und Häufigkeit dieser Ausbrüche maßgeblich beeinflussen." Nachhaltig einzuhegen seien Pandemien bloß dann, wenn andere globale Probleme – Armut, soziale Ungleichheit und die Klimakrise – gleich mit gelöst werden, wie es auch die von der UN-Generalversammlung beschlossene „Agenda 2030" vorsieht: „Ökonomie, Ökologie und soziale Entwicklung stehen in Wechselwirkung, lassen sich nur gemeinsam und übergreifend verstehen und gestalten." (ebd., S. 69)

Manfred Spitzer (2020, S. 209) unterstreicht ebenfalls, dass Gefahren, die Menschen auf der ganzen Welt bedrohen, wie das Pandemien und Klimaveränderungen tun, nur in einer Staatsgrenzen überschreitenden Kooperation abzuwenden sind: „Man kann globale Probleme nicht auf nationaler Ebene bekämpfen. Diese Einsicht in die Notwendigkeit globaler Maßnahmen hat sich im Verlauf der Coronakrise, nach anfänglichem unsolidarischem Schluckauf mancher Präsidenten, durchgesetzt."

Die schlimmsten Auswüchse des pandemiebedingten Wirtschaftsrückgangs, etwa Firmenzusammenbrüche und Massenarbeitslosigkeit, konnte der Staat mittels seiner Hilfsprogramme und

Unterstützungsleistungen verhindern. „Für zukünftige Krisen kann daraus nur die Erkenntnis folgen, dass frühzeitiges, massives Gegensteuern unter Zuhilfenahme entsprechender finanzieller Mittel zur Verhinderung individueller Nöte, sozialer Verwerfungen und wirtschaftlicher Einbrüche die einzig sinnvolle Maßnahme ist." (Gravelmann 2022, S. 131)

Selten wurde die im Gefolge der neoliberalen Hegemonie seit der Jahrtausendwende durch Begriffe wie „Eigenverantwortung", „Selbstvorsorge" und „Privatinitiative" abgelöste Solidarität ähnlich häufig beschworen wie in der pandemischen Ausnahmesituation. Man bezog sie allerdings nicht auf die Opfer kapitalistischer Ausbeutung, sondern auf die als „Helden des Alltags" gefeierten Angehörigen „systemrelevanter" Berufe. Zwar gab es während der Pandemie auch Ansätze einer „Re-Politisierung von Solidarität", wie Maria del Carmen Mayer, Verena Stern und Priska Daphi (2021, S. 211) betonen, sie hielten sich jedoch in engen Grenzen. Weil außerparlamentarische Bewegungen in der Bundesrepublik vergleichsweise unterentwickelt und öffentliche Protestaktionen weitgehend verpönt sind, spielten die sozialen Folgen der Pandemie hierzulande im Unterschied zu manch anderem Staat – exemplarisch genannt seien Frankreich und Israel – nur eine Nebenrolle. Gewerkschaften, Wohlfahrtsverbände und Religionsgemeinschaften erhoben zwar ihre Stimme, wenn es um die finanzielle Besserstellung von Transferleistungsbezieher(inne)n oder die fehlende staatliche Unterstützung für Wohnungs- und Obdachlose ging, ihre Rufe verhallten jedoch weitgehend ungehört.

Werner Bruns (2022, S. 151) fürchtet, dass die Mittel zur Erreichung von Wohlstand in keinem Gesellschaftssystem egalitär verteilt werden können. Eine realistische Perspektive biete deshalb nur die Reduktion von Ungleichheiten, wofür es zwei Zielgrößen gebe: die Chancengleichheit im Bildungssystem und einen Wohlfahrtsstaat, der soziale Risiken absichere und die Menschen zu einem selbstbestimmten Leben befähige. Je besser dies gelinge, desto eher lasse sich die Anzahl anomischer Gesellschaftsmitglieder begrenzen, was als politische Herausforderung nach dem Lockdown absolute Priorität haben müsse.

Die unterschiedliche Bildungsbeteiligung bzw. Bildungsbenachteiligung von Kindern gilt zwar als Einfallstor sozialer Ungleichheit, wird aber entscheidend durch die stark voneinander abweichende Ausstattung der Elternhäuser mit materiellen Ressourcen beeinflusst, was nicht aus dem Blickfeld geraten darf. Damit alle Menschen die gleichen Bildungschancen erhalten, müssen die kapitalistischen Wirtschaftsstrukturen, die bestehenden Eigentumsverhältnisse und die etablierten Verteilungsmechanismen der Gesellschaft angetastet werden.

Dies bedeutet schon wegen der Schlüsselstellung von Erzieher(inne)n und Lehrer(inne)n im Hinblick auf Bildung und soziale Ungleichheit (vgl. dazu: Behrmann 2022) aber nicht, dass man auf Bemühungen verzichten sollte, diese möglichst schon in den Kindertagesstätten und Schulen – so gut es geht – auszugleichen. Dazu bedarf es vor allem einer Schulstrukturreform, einer besseren Ausstattung der Bildungseinrichtungen, kleinerer Gruppen/Klassen/Kurse mit hervorragend ausgebildeten Lehr- bzw. Fachkräften und einer regelmäßigen Fortbildung des Personals (vgl. hierzu: Butterwegge/Butterwegge 2021, S. 267 ff.). Auch die Einstellung von mehr Schulsozialarbeiter(inne)n und -psycholog(in-n)en könnte die soziale Benachteiligung der Kinder aus finanzschwachen Elternhäusern durch einen flächendeckenden Ausbau der individuellen Förderung, Beratung und Betreuung verringern.

Bildungseinrichtungen brauchen mehr Raum für soziales Lernen und demokratische Partizipation. Denn die Coronakrise müsste Folgendes klargemacht haben: „Schule darf nicht nur als Institution begriffen werden, die lediglich die Aufgabe hat, Lernstoff zu vermitteln, sondern Schule ist auch von zentraler Relevanz für Lernbeziehungen der Kinder und Jugendlichen untereinander und in Bezug auf Freizeit- und Bildungsaktivitäten, die weit über den Unterricht selber hinausgehen.“ (Gravelmann 2022, S. 82)

Manchmal drängt sich allerdings der Eindruck auf, dass Bildung von den politisch Verantwortlichen trotz gegenteiliger Erklärungen gar nicht als Instrument zur Bekämpfung der Kinderarmut genutzt, vielmehr als propagandistisches Instrument zur Verhinderung der Armutsbekämpfung durch Umverteilung des Reichtums missbraucht wird. Ein markantes Beispiel hierfür lieferte das monatelange Tauziehen um die Kindergrundsicherung innerhalb der Ampelkoalition. In der Kontroverse zwischen Bundesfamilienministerin Lisa Paus und Bundesfinanzminister Christian Lindner um die konkrete Ausgestaltung der Kindergrundsicherung plädierte Letzterer zwar wiederholt dafür, das Geld der Steuerzahler/innen lieber in die Bildung der Minderjährigen zu stecken, als es durch Erhöhung des Kinderzusatzbeitrages den von Armut bedrohten Familien direkt zukommen zu lassen, zwecks Einhaltung der Schuldenbremse setzte er den Rotstift beim Bundeshaushalt 2024 jedoch gerade im Bildungsbereich an. Schon vorher lief das Bundesprogramm „Sprach-Kitas: Weil Sprache der Schlüssel zur Welt ist" aus, Kürzungen beim „Startchancen-Programm" für eine Verbesserung der Ausstattung von Schulen in sozial benachteiligten Quartieren sowie Abstriche bei der Schüler- und Studierendenförderung können als weiterer Beleg dafür gelten.

Kritische Erziehungswissenschaftler/innen wie der Augsburger Schulpädagoge Klaus Zierer (2021) befürchten eine „Bildungskatastrophe", wenn den aufgrund von Lockdowns entstandenen Lernrückständen nicht mit aller Macht begegnet wird. Die pandemische Krisensituation, von der Schulen (und Hochschulen) wie kaum eine andere Institution durch lange Schließzeiten betroffen waren, habe eine „verengtes Bildungsverständnis" begünstigt: „Ob Schulen zu sozialer und kultureller Teilhabe führen, zu einem friedlichen und humanen Miteinander, zu einem respektvollen und verantwortungsbewussten Umgang – all das wird in den Lehrplänen zu wenig beachtet." (ebd., S. 64 f.) Fächer, die aus einer vordergründig ökonomischen Sicht als besonders wichtig erscheinen, erführen mehr Beachtung und Unterstützung als die anderen. Auch würden junge Menschen mit dem heutigen Kenntnisstand vertraut gemacht, aber zu wenig auf das vorbereitet, was künftig von Bedeutung sei: „Die nachwachsende Generation braucht nicht nur Fachwissen, sondern auch Denkweisen, nicht nur die Tiefe in einem Fach, sondern auch die Verknüpfung der Fächer, nicht nur Expertentum, sondern auch Kreativität, nicht nur egozentrisches Leistungsstreben, sondern auch eine respektvolle und ethische Haltung gegenüber der Mit- und Umwelt." (ebd., S. 65)

Zierer (2021, S. 121 ff.) fordert die Entrümpelung der Lehrpläne, damit Kinder und Jugendliche nicht bloß etwas lernen, sondern sich auch bilden können; die Gründung eines Bildungsrates, der mit Pädagog(inn)en besetzt ist, damit die jungen Menschen „Anwälte der Bildung“ erhalten; die Erhöhung der Investitionen in Hygienemaßnahmen an Schulen, damit Präsenzunterricht stattfinden kann; eine Digitalisierung der Schule mit Augenmaß, damit diese nicht zum „digitalen Mediengrab“ verkommt; schließlich einen Masterplan für Bildung („Bildungsagenda 2050“), der mit einer wirksamen Schulentwicklung vor Ort verbunden sein müsse, damit Kinder und Jugendliche die Schule als Lebensraum erfahren könnten.

Neben der Bildungs- und Schulpolitik ist die Kinder- und Jugendpolitik gefordert, auch langfristige Krisenfolgen stärker abzufedern und vulnerablen Gruppen wie den Minderjährigen sowie ihren Familien (trotz geleerter öffentlicher Kassen und massiver Verteilungskämpfe) mehr unterstützende und ausgleichende Angebote zu machen. Andernfalls hat die in vielerlei Hinsicht zerrissene junge Generation ebenso wenig eine rosige Zukunft wie jene auseinanderdriftende Gesellschaft, in der sie lebt. Nur wenn es gelingt, die den Familien, Kindern und Jugendlichen von den Krisen geschlagenen Wunden zu heilen und vereint mehr sozioökonomische Gleichheit zu schaffen, kann das Land hoffen, seine Wirtschaftskraft und das Wohlstandsniveau der Bevölkerung auf Dauer zu erhalten.

Eine der wichtigsten Lehren, die aus der Covid-19-Pandemie gezogen werden müssen, ist die Notwendigkeit eines leistungsfähigen, nicht durch Ökonomisierung, Privatisierung und Kommerzialisierung geschwächten Gesundheitssystems. Eva Illouz (2020) hat recht: Neoliberalismus schadet der Gesundheit, und zwar nicht bloß in Ländern wie den USA, wo die Privatisierung des Krankenhauswesens auf die Spitze getrieben worden ist. Schließlich habe er die öffentlichen Ressourcen systematisch geschwächt und den Staatshaushalt für die Reichen geplündert, meint die französisch-israelische Soziologin.

Weder garantiert ein teilprivatisiertes, gewinnorientiertes Sozial- und Gesundheitssystem eine optimale medizinische Behandlung der Kranken noch in Krisensituationen wie einer Pandemie eine maximale Versorgungssicherheit für die Gesamtbevölkerung.

Paul Schreyer (2020, S. 16) sieht in der privatwirtschaftlichen Organisation des Gesundheitswesens, die Ärzte zu unternehmerischen Marktsubjekten werden lässt, ein grundsätzliches Problem und fragt unter Berücksichtigung der zwangsläufig auftretenden Zielkonflikte zwischen optimaler Patientenversorgung und Gewinnmaximierung zu Recht: „Wenn die private Pharma-, Krankenhaus-, Medizintechnik- und ‚Gesundheitsmanagement'-Branche für steigende Aktienkurse zwingend darauf angewiesen ist, dass immer mehr Menschen immer länger krank sind – und genau das ist, objektiv betrachtet, leider der Fall –, wie kann eine Gesellschaft dann zulassen, dass diese Branche in der Hand profitorientierter Investoren ist, ohne sich selbst nachhaltig zu schädigen?"

Kranken- und Altenpfleger/innen sowie Pflegehilfskräfte, die besonders schlecht bezahlt werden, galten auf dem ersten Höhepunkt der Pandemie als „Held(inn)en", ohne dass man untersucht hätte, warum ihr Gehalt, ihre Arbeitsbedingungen und ihr sozialer Status in den vergangenen Jahrzehnten stärker hinter der allgemeinen Entwicklung zurückgeblieben waren. Sonst wären ökonomische Wandlungsprozesse in den Blick geraten, die von der (Medien-)Öffentlichkeit bisher kaum hinsichtlich ihrer negativen Auswirkungen beachtet worden sind: Deutsche und ausländische Finanzinvestoren übernehmen immer mehr Krankenhäuser sowie Senioren- und Pflegeheime, weil diese aufgrund der kollektiven Alterung unserer Gesellschaft im demografischen Wandel hohe Renditen versprechen. Da die Personalkosten im Gesundheitswesen ein größeres Gewicht als in anderen Branchen haben, versuchen die Betreiber solcher Einrichtungen, die Löhne bzw. Gehälter zu drücken und Personal einzusparen, was zu einer Arbeitsverdichtung und wachsender Unzufriedenheit der Beschäftigten führt.

Selbst in den Krankenhäusern fehlten zu Beginn der Covid-19-Pandemie die nötigen Desinfektionsmittel, Gesichtsmasken und Schutzkleidung. Der Medizinhistoriker Karl Heinz Roth (2022, S. 343), ein Kritiker pauschaler Kontaktsperren und Mobilitätsbeschränkungen, macht Praktiken des „Just In Time" dafür verantwortlich, dass die Krankenhäuser in der pandemischen Notsituation überfordert waren: „Die Vorräte an medizinischem Gerät, diagnostischen und therapeutischen Ressourcen sowie Desinfektionsmitteln und Schutzausrüstungen für die Beschäftigten wurden so knapp wie möglich gehalten. Der Primat der Ökonomie war allmächtig und machte alle Vorkehrungen für gesundheitliche Krisen und Katastrophen zu Makulatur.“

Als besonders fragwürdig haben sich im pandemischen Ausnahmezustand jene Gesundheitsreformen erwiesen, die kurz nach der Jahrtausendwende umgesetzt wurden (vgl. dazu: Huster 2011; Illing 2017, S. 191 ff.; Butterwegge 2018, S. 209 ff.). Budgets sowie das von der CDU/CSU/FDP-Koalition unter Helmut Kohl eingeführte und von der rot-grünen Koalition unter Gerhard Schröder allgemein verbindlich gemachte Fallpauschalensystem für die Krankenhäuser, das die Selbstkostendeckung abgelöst und durch die Leistungsvergütung nach Diagnosebezogenen Fallgruppen bzw. Diagnosis Related Groups (DRG) ersetzt hat, sind kontraproduktiv im Hinblick auf die Extrembelastung durch eine Pandemie. Statt nach Liegetagen und Pflegesätzen wurde seit 2003 pauschal nach einem Leistungskatalog vergütet, in dem bestimmte Operationen besonders gewinnträchtig waren. Privatkliniken spezialisierten und konzentrierten sich fortan auf das Einsetzen künstlicher Hüft- und Kniegelenke, die Gefäßchirurgie sowie kardiologische Eingriffe, wohingegen Notaufnahmen und Geburten für sie wenig lukrativ waren. Eine gute, wohnortnahe Gesundheitsversorgung für alle Teile der Bevölkerung rückte damit in weite Ferne.

Krankenhäuser sollten bedarfsgesteuerte Institutionen der öffentlichen Daseinsvorsorge sein, haben sich im vereinten Deutschland aber immer stärker zu profitorientierten Gesundheitsunternehmen entwickelt. Klinikkonzerne wie Helios, Sana und Asklepios sind private, teilweise börsennotierte Unternehmen, die sich vorrangig um eine optimale Verwertung des eingesetzten (Aktien-)Kapitals bemühen und maximale Renditen erwirtschaften sollen (vgl. dazu: Strohschneider 2022, S. 69 ff.). Dabei werden Krankenkassenbeiträge der gesetzlich Versicherten in Dividenden für Aktionäre umgewandelt; das Hauptaugenmerk liegt allerdings weder auf dem Wohl des medizinischen Personals und der Pflegekräfte noch auf dem von diesen behandelter und betreuter Patient(inn)en.

Nach der Vereinigung am 3. Oktober 1990 hat ein großes Kliniksterben stattgefunden, das keineswegs bloß Krankenhäuser in den östlichen Bundesländern traf, sondern ihre gesamtdeutsche Anzahl von 2.411 (1991) auf 1.914 (2019) reduzierte. Selbst während der Covid-19-Pandemie, die das Gesundheitswesen der Bundesrepublik enorm belastete, wurden mehr als zwei Dutzend Krankenhäuser geschlossen. Außerdem blieben viele weniger rentable Stationen auf der Strecke, verringerte man aus Kostengründen das Pflegepersonal und zwang es zur Arbeitsverdichtung. Vornehmlich im technischen und im Servicebereich fand eine Ausgliederung in häufig Dumpinglöhne zahlende Tochterfirmen statt. Gerade in dünn besiedelten, ohnehin benachteiligten Regionen und auf dem Land hat die Versorgung dadurch gelitten, dass sowohl Patient(inn)en wie auch deren Besucher/innen eine weitere Anfahrt zur nächsten Klinik in Kauf nehmen müssen.

Manche Gesundheitsökonomen sprachen von Überkapazitäten, die abgebaut werden müssten, womit sie sowohl die Krankenhausdichte (Zahl der Standorte) als auch die Bettendichte meinten. Die überragende Bedeutung der Daseinsvorsorge in Krisensituationen, ihre Schlüsselrolle für den gesellschaftlichen Zusammenhalt und die Notwendigkeit einer für alle Bewohner/innen des Landes gut erreichbaren, wohnortnahen Gesundheitsinfrastruktur schließen einen weiteren Kahlschlag der Krankenhausstruktur aus, wie ihn Experten der Bertelsmann Stiftung (Loos u.a. 2019) nur ein halbes Jahr vor Ausbruch der Covid-19-Pandemie empfohlen hatten. Auch während der Pandemie veröffentlichten das BARMER Institut für Gesundheitssystemforschung, die Robert Bosch Stiftung und die Bertelsmann Stiftung ein „Richtungspapier“ mit demselben Tenor. Darin plädierten die Hochschullehrer/innen Boris Augurzky, Reinhard Busse, Ferdinand Gerlach und Gabriele Meyer für eine weitere Zentralisierung der Behandlung in großen, spezialisierten Krankenhäusern mit intensivmedizinischer Ausstattung, um die relativ hohe Zahl von Verlegungen – wie bei Covid-19-Patient(inn)en in der jüngsten Vergangenheit nötig – zu reduzieren. Kleinere Häuser der Grundversorgung seien zumeist strukturell überfordert. „COVID-19-Patient:innen wurden auch in Kliniken behandelt, die nicht die entsprechende Ausstattung haben und entsprechende Hygienemaßnahmen umsetzen können.“ (Augurzky u.a. 2020, S. 34) Dies zeige, dass die Verantwortung für die Vorhaltung von strukturellen, materiellen und personellen Ressourcen nicht ausschließlich den Kliniken überlassen bleiben könne. „Im Idealfall sollten für die Behandlung von COVID-19-Patient:innen nur solche Krankenhäuser mit adäquat ausgestatteten Intensiv- und Isolierstationen in Frage kommen." (ebd.) Die Erfahrungen der Corona-Pandemie hätten die Notwendigkeit einer Strukturreform des Krankenhaussektors in Deutschland untermauert.

Für jeden Menschen erkennbar ist der Krankenhaussektor kein „normaler" Markt, auf dem sich die Preise nach Angebot und Nachfrage richten. Laut dem Münchner Ökonomen Michael Wendl (2020) handelt es sich vielmehr um einen politischen Rahmen mit öffentlicher Bedarfsplanung und administrierten Preisen, in dem Kliniken ihre Dienstleistungen zu politisch regulierten Produktionspreisen anbieten, die sich aus ihren Kosten und einem Gewinnaufschlag zusammensetzen. Konkurrenz herrsche nur im Hinblick auf eine möglichst rationelle Ablauf- und Arbeitsorganisation, woraus Wettbewerbsvorteile für kapitalistische Unternehmen resultierten, die als Kostentreiber fungierten. Polarisierungstendenzen resultierten daraus, dass die öffentlichen Kliniken dem vorgegebenen Trend folgten, um nicht geschlossen oder privatisiert zu werden. „Die leitenden Ärzte können sich mit diesem Prozess gut honoriert arrangieren, die anderen Beschäftigtengruppen sind die großen Verlierer." (ebd., S. 8)

Man kann durchaus von einer US-Amerikanisierung des hiesigen Gesundheitswesens sprechen, weil die Bundesrepublik dem Kapital nach der weltweit größten Privatisierungswelle im Krankenhausbereich einen höheren Anteil dieser Institutionen der Daseinsvorsorge als die Vereinigten Staaten überlässt (vgl. Engartner 2021, S. 235). Nötig wären eine gesundheitspolitische Kehrtwende von der Gewinn- zur Gemeinwohlorientierung und ein Systemwechsel in der Krankenhausfinanzierung. Ob die von Karl Lauterbach initiierte Einführung der Vorhaltevergütung als zusätzlicher Pauschale das Problem löst, ist fraglich. Denn was der Bundesgesundheitsminister als „Revolution" ankündigte, ist auf eine weitere Zentralisierung der Krankenhauslandschaft und eine Stärkung der „Maximalversorger" (Uniklinken) gerichtet, die als Gewinner aus dem verschärften Wettbewerb hervorgehen dürften (vgl. Baureithel 2023, S. 30). Zwar konnte Lauterbach die schablonenhafte Einteilung der Krankenhäuser in drei Versorgungsstufen („Levels") wegen des anhaltenden Widerstandes der Bundesländer, welche die Krankenhausplanung verantworten, nicht durchsetzen, viele der für die von ihm nur als „Grundversorger" eingestuften Häuser, wie sie vor Ort gebraucht werden, könnten jedoch auf der Strecke bleiben.

Auch die Altenpflege unterliegt seit geraumer Zeit einer zunehmenden Vermarktlichung und Finanzialisierung. Der Kölner Sozialwissenschaftler Tim Engartner (2021, S. 217 f.) weist darauf hin, dass sich auf dem Pflegesektor im Schatten der Coronakrise milliardenschwere Private-Equity-Fondsgesellschaften wie Nordic Capital, Waterland, Chequers Capital, Oaktree oder die Caryle Group breitgemacht haben: „Diesen vielfach als ‚Heuschrecken' titulierten Beteiligungsgesellschaften, die mit dem Geld ihrer Anleger außerbörslich gehandelte Unternehmen kaufen, ist es gleich, ob sie in Immobilien, Informationstechnologien oder Gesundheitseinrichtungen investieren. Entscheidend ist allein die Rendite – und die stimmt auf dem Gesundheitsmarkt."

Engartner hält die Covid-19-Pandemie für einen geeigneten Anlass, um den per Privatisierung von Krankenhäusern und Gesundheitsleistungen forcierten Wettbewerb in diesem Bereich aufzugeben und die Pflegekräfte endlich angemessen zu bezahlen. Nach seiner Ansicht darf das Gesundheitssystem nicht länger als Wirtschaftseinheit begriffen und sollte das Patientenwohl wieder zum Kern ärztlichen Handelns erklärt, die Ungleichbehandlung im dualen Versicherungssystem beendet sowie die Finanzierung der Krankenhäuser über Fallpauschalen abgeschafft werden: „An die Stelle der betriebswirtschaftlich optimalen Behandlung von Patienten und Patientinnen muss endlich wieder deren bestmögliche medizinische Versorgung als oberstes gesundheitspolitisches Ziel treten – erst recht in einem reichen Land wie der Bundesrepublik Deutschland." (ebd., S. 250)

Pflegearbeit wurde in der Pandemie zwar ideell (durch ihre Anerkennung als „systemrelevant"), finanziell (durch Zahlung von Boni sowie Bindung der zur Versorgung zugelassenen Pflegeeinrichtungen an Tariflöhne für Pflege- und Betreuungskräfte ab 1. September 2022) und personell (Einführung eines bundeseinheitlichen Personalschlüssels ab 1. Juli 2023) aufgewertet, aber nicht substanziell gestärkt. Möglicherweise nötigen dadurch künftig zwangsläufig steigende Personalkosten kleine oder mittelständische Pflegeheime aufgrund ihrer Konkurrenzsituation sogar, sich für kapitalstarke Investoren zu öffnen. Jedenfalls wittern diese und große Pflegeheimketten wegen der Reform bessere Chancen, nach dem Krankenhaussektor auch diesen Bereich noch stärker in einen durch Konzernstrukturen geprägten Markt zu verwandeln. „Strukturelle Reformen eines in vielerlei Hinsicht kaputtgesparten Systems sind nicht ansatzweise in Angriff genommen worden. Das neoliberale Erbe wird fortgeschleppt, statt aufgearbeitet und überwunden zu werden." (Detje/Sauer 2021, S. 75)

Als wesentlicher Bestandteil der Daseinsvorsorge gehört die Gesundheit zurück in die öffentliche Hand. Man darf das Feld der Gesundheitsversorgung aller Bürger/innen nicht Private-Equity-Fonds, Finanzinvestoren und Kapitalanlegern überlassen. Die beiden Bremer Sozialdemokraten Karl Bronke und Jörg Henschen (2022) plädieren für eine grundlegende Umgestaltung des Pflegesektors, um „Geschäfte mit dem Gebrechen" zu unterbinden und in der Zukunft auszuschließen. Selbstbestimmung und Teilhabe der Pflegebedürftigen sollten ihrer Meinung nach an die Stelle der Profitmaximierung treten: „Das heißt, ambulante Angebote, quartiersbezogene Unterstützung, nachbarschaftliche Hilfen und lokale Teilhabemöglichkeiten müssen gestärkt und durch gemeinschaftliche Wohnformen sowie ausreichende Angebote von Kurzzeit- und Tagespflege unterstützt werden. Letztere wiederum sollten in öffentlicher, gemeinnütziger oder genossenschaftlicher Trägerschaft sein." (ebd., S. 119)

Aus der von SARS-CoV-2 ausgelösten Pandemie müssen Lehren gezogen und auch in Deutschland gesellschaftliche Perspektiven entwickelt werden, die darüber hinausweisen. Um für den Fall einer neuerlichen Pandemie gewappnet zu sein, sollten dem Öffentlichen Gesundheitsdienst wieder mehr personelle und materielle Ressourcen zur Verfügung gestellt werden. Es geht darum, das Gesundheitssystem der Bundesrepublik zu befähigen, die Herausforderungen einer auch künftig jederzeit möglichen Katastrophe zu meistern.

Heiner Fangerau und Alfons Labisch (2020, S. 176) wundern

sich allerdings zu Recht darüber, „dass nach jeder Pandemie in den verschiedensten Gremien gründliche Analysen durchgeführt oder vorausgreifende Szenarien entworfen werden – und danach wenig bis nichts geschieht, die nächste Pandemie im Vorhinein zu verhindern oder zu beenden." Die beiden Medizinhistoriker konstatieren außerdem, dass es sich lohne, anstelle astronomisch hoher Summen für den Wiederaufbau der Wirtschaft mehr Geld in eine „gute Epidemieprävention" zu stecken.

Ingrid Kurz-Scherf (2021, S. 44) hat beispielsweise die Frage aufgeworfen, wie der arbeitsplatz- und arbeitswegbezogene Infektionsschutz verbessert werden kann, dessen Schwachstellen im Verlauf der Covid-19-Pandemie mehr als deutlich zutage getreten sind, ohne dass man Konsequenzen gezogen hätte: „Die strukturellen Defizite und das grundsätzliche Problem einer durch und durch mangelhaften Kontrolle der Arbeitsbedingungen und des Infektions- und Gesundheitsschutzes auch in kleinen und mittelständischen Betrieben kamen nie wirklich auf die Agenda."

Der pandemiebedingte Digitalisierungsschub und der Aufstieg des Homeoffice zum „Heilsversprechen" dürften sogar den Trend zur Ökonomisierung der Arbeit wie auch zur Entgrenzung von Berufstätigkeit und Freizeit forcieren: „Die Grenzen zwischen Arbeits- und Lebenszeit verschwimmen weiter, die Kontrolle von Arbeitsschutzrechten (etwa der Bildschirmergonomie oder der Arbeitsumgebung) werden erschwert und digitale Überwachungsmöglichkeiten erleichtert." (Urban 2021, S. 108) Hans-Jürgen Urban fürchtet, dass die massive Ausweitung des Homeoffice während der Covid-19-Pandemie der „Probelauf für eine neue Welle des Outsourcings von Arbeitsplätzen" gewesen sein und sich Homeoffice als Trojanisches Pferd erweisen könnte, das einem „Arbeitsschutz light" Tür und Tor öffnet (ebd., S. 112).

Die deutsche Wirtschafts- und Finanzpolitik steht angesichts der weiter nachwirkenden Coronakrise vor großen Herausforderungen, zumal mit der Energie(preis)krise, der Inflation und der sozialökologischen Transformation weitere Kosten für Staat und Gesellschaft verbunden sind. „Würde es in den kommenden Jahren allein darum gehen, die Corona-Krise zu überwinden und die öffentlichen Haushalte wieder auszugleichen, so wäre der Ausblick günstig, da mit der erwarteten konjunkturellen Erholung auch die Steuereinnahmen weiter überdurchschnittlich zulegen dürften. Angesichts der hohen Investitionsrückstände und notwendiger zusätzlicher Klimainvestitionen offenbaren sich jedoch erhebliche Finanzlücken." (Dullien/Rietzler/Truger 2022, S. 283)

4.3 Rufe nach einem „Systemwechsel" im Rahmen des Kapitalismus: Das bedingungslose Grundeinkommen als ideales Sozialsystem für Krisenzeiten?

Der Berliner Makroökonom Marcel Fratzscher (2020, S. 15 f.) hat die Covid-19-Pandemie als möglichen Wendepunkt gekennzeichnet, dem ein neues Zeitalter der Aufklärung folgen und zum Bewusstseinswandel im Hinblick auf einen „neuen Humanismus" führen soll. Volker Reinhardt (2021, S. 235) wiederum sieht keine historischen Anzeichen dafür, dass sich die Welt durch die Coronakrise grundlegend verändert: „Wenn man aus der Geschichte der großen Seuchen etwas für die Zeit der Corona-Pandemie und ihre Folgen lernen kann, dann dass noch keine Epidemie jemals eine neue ‚Epoche' eingeläutet hat."

Da ihnen wegen der Covid-19-Pandemie die Aufträge, Engagements oder Auftritte wegbrachen, gehörten Soloselbstständige, Freiberufler/innen, Kreative, Künstler/innen und Kleinstunternehmer/innen, die keine finanziellen Rücklagen bilden konnten, zu den Hauptleidtragenden der Coronakrise. Dass ihnen der Staat möglichst schnell, unbürokratisch und konsequent unter die Arme greifen musste, war schwerlich zu bestreiten. Höchst umstritten war allerdings, wie das geschehen sollte.

In unübersichtlichen Krisensituationen nimmt die Attraktivität plakativer Losungen und simpler Lösungen für komplexe Probleme stark zu, weshalb es nicht verwunderte, dass schon bald laute Rufe nach der Einführung des in manchen Kreisen bereits früher als wirtschafts- und sozialpolitisches Wundermittel gepriesenen Grundeinkommens erschollen, das allen (Wohn-)Bürger(inne)n bedingungslos vom Staat gezahlt werden soll. In einer Petition an den Bundestag wurde die Einführung eines bedingungslosen

Grundeinkommens (BGE) von monatlich 800 bis 1.200 Euro pro Person für ein halbes Jahr gefordert, was Armut und den sozialen Absturz von Millionen Menschen verhindern, aber auch die Massenkaufkraft erhöhen, den Konsum ankurbeln und damit die Volkswirtschaft stützen sollte.

Nie sei die Zeit günstiger gewesen, das BGE-Konzept zu testen, meinte etwa die Berliner Modemacherin Tonia Merz als Initiatorin der genannten Petition. Ähnlich vage wie die Bezifferung des auszuzahlenden Geldbetrages in der Petition fiel der Vorschlag insgesamt aus. Von einem ausgereiften, in sich stimmigen Konzept lässt sich nicht sprechen, denn es gibt zahlreiche Grundeinkommensmodelle, die sich vor allem in Bezug auf die nicht ganz unwichtige Frage der Refinanzierung widersprechen (vgl. hierzu: Butterwegge/Rinke 2018).

Auch kann man das bedingungslose Grundeinkommen weder hinsichtlich seiner individuellen noch seiner gesellschaftlichen Folgewirkungen testen, weil alle diesbezüglichen Experimente zeitlich befristet und räumlich begrenzt wären, wie zwei seiner Befürworter einräumen: „Wenn für ein bedingungsloses Grundeinkommen jedoch wesentlich ist, dass es zeitlich unbegrenzt, d.h. lebenslang, und räumlich unbegrenzt, d.h. allen Bürgern eines Gemeinwesens, gewährt wird, dann mindert dies die Aussagekraft angeblicher Grundeinkommensexperimente erheblich, denn die Teilnehmer solcher Experimente verhalten sich währenddessen sinnigerweise so, dass ihre Entscheidungen auf ein Leben nach dem Experiment bezogen bleiben." (Kovce/Priddat 2019, S. 22) Das bedingungslose Grundeinkommen liegt außerdem quer zu den Konstruktionsprinzipien unseres Sozialsystems, welches für den Test außer Kraft gesetzt werden müsste, ohne dass die Gewähr für eine Rückkehr zum Status quo ante bestünde.

Meist werden die mit dem bedingungslosen Grundeinkommen verbundenen Kosten – zwischen mehreren hundert Milliarden und über einer Billion Euro jährlich – unterschätzt oder gar nicht erst thematisiert, was den Vorteil hat, unerwähnt lassen zu können, wie sie aufgebracht werden sollen. So haben die Grünen auf einer digitalen Bundesdelegiertenkonferenz am 22. November 2020 das individuelle Recht einer „Garantiesicherung" in ihr neues

Grundsatzprogramm aufgenommen und gegen die Empfehlung der Parteispitze beschlossen, sich längerfristig „an der Leitidee eines Bedingungslosen Grundeinkommens“ zu orientieren (siehe Bündnis 90/Die Grünen o.J., S. 88 f.)

Die alte Forderung nach einem bedingungslosen Grundeinkommen mit dem Hinweis auf die Pandemie aufzuhübschen war ähnlich unseriös, wie unter Bezugnahme auf eben diese Coronakrise eine Senkung der Unternehmensbesteuerung, die Komplettabschaffung des Solidaritätszuschlages und weitere Erleichterungen bei der Erbschaftsteuer für Firmenerben zu fordern, wie es Mainstream-Ökonomen und Wirtschaftslobbyisten taten.

Ersetzen sollte das Grundeinkommen die Sozialhilfe, das Arbeitslosengeld II (heute: Bürgergeld), das Sozialgeld (heute: Bürgergeld für Kinder, künftig: Kinderzusatzbetrag), den (ebenfalls in der Kindergrundsicherung aufgehenden) Kinderzuschlag, die Grundsicherung im Alter und das Wohngeld. Zu befürchten steht, dass über kurz oder lang weitere Sozialtransfers abgeschafft würden, denn die Kosten des Grundeinkommens wären enorm. Wenn man es an Bedingungen wie einen hohen Bedarf knüpft, ist es nämlich kein *bedingungsloses* Grundeinkommen mehr.

Durch ein bedingungsloses Grundeinkommen würde das kapitalistische Gesellschaftssystem nicht in Frage gestellt. Vielmehr steckt bei manchen seiner eher linken oder grün-alternativen Befürworter/innen die Vorstellung dahinter, man könne Egalität ohne grundlegende Gesellschaftsveränderung schaffen, also gewissermaßen den Kommunismus im Finanzmarktkapitalismus der Gegenwart realisieren. Treffend bezeichnet die Bremer Politikwissenschaftlerin Silke Bothfeld (2018, S. 103) das Grundeinkommen deshalb als „Kapitulation vor der Dominanz kapitalistischer und globalisierter Produktionsstrukturen“, weil es die dringendsten sozialpolitischen Probleme nicht löse, bei seiner Einführung keine soziale Akzeptanz finden würde und seine Finanzierung politisch nicht durchsetzbar wäre: „Vielmehr droht es die individuellen und kollektiven sozialen Rechte, die Tarifautonomie und die betriebliche Interessenvertretung zu schwächen und damit die durch die Globalisierung des Handels und der Finanzwirtschaft ausgelösten Prozesse zu verstärken.“

Reiche brauchen kein Grundeinkommen, und für Arme reicht es vermutlich nicht. Das bedingungslose Grundeinkommen ist ungerecht, unzureichend und ungenau sowohl im Hinblick auf die von ihm adressierte Zielgruppe als auch bezüglich seiner Wirkungsweise. Zu mehr sozialer Gerechtigkeit könnte das Grundeinkommen allenfalls beitragen, wenn es über die Erhöhung/Erhebung von Gewinn- bzw. Vermögensteuern refinanziert würde, was jedoch nur in den weniger einflussreichen Modellen der Fall und schwer realisierbar ist.

Mit dem bedingungslosen Grundeinkommen würde eine Sozialpolitik nach dem Gießkannenprinzip gemacht, statt ihre begrenzten Ressourcen im Sinne der Einzelfallgerechtigkeit auf jene Personen zu konzentrieren, die sie wirklich brauchen. Schon die alten Griechen wussten, dass Gleiche gleich und Ungleiche ungleich behandelt werden müssen, wenn es gerecht zugehen soll. So dürfen selbst in einer Krise nicht alle Künstler/innen und Kulturschaffenden unterstützt werden. Der erfolgreiche Musikproduzent Dieter Bohlen, die bekannte Schlagersängerin Helene Fischer und der seit Jahrzehnten gefeierte Sänger Roland Kaiser brauchten während der Pandemie ebenso wenig Staatshilfe wie der prominente Maler Gerhard Richter, weil sie Multimillionäre sind. Hingegen könnten die scheinselbstständige Maskenbildnerin, der freiberuflich tätige Messebauer, die Honorarkraft in der Erwachsenenbildung und die prekär beschäftigte Grafikdesignerin von dem Grundeinkommen vielleicht noch nicht einmal ihre Miete zahlen, wenn sie in einer begehrten Großstadtlage wohnen.

Bessergestellt würden durch einen BGE-Pauschalbetrag vor allem Personen, die selbst Wohneigentum besitzen, keine Miete zahlen müssen oder nur geringe Unterkunftskosten haben, etwa weil sie in Mehrpersonenhaushalten leben, während Alleinstehende sowie Menschen, deren Einkommen durch hohe Miet- und/oder Mietnebenkosten gemindert wird, benachteiligt würden. Wo bliebe die Gerechtigkeit, wenn das Mitglied einer Landkommune in Mecklenburg-Vorpommern ohne nennenswerte Wohnkosten denselben Geldbetrag wie ein Arbeitnehmer erhalten würde, der trotz Überstunden in München keine bezahlbare Mietwohnung findet?

Und was ist mit einem Menschen, der ein Handikap hat und schwerstbehindert, also vielleicht blind ist? Das bedingungslose Grundeinkommen sieht von den konkreten Arbeits- und Lebensbedingungen sowie den Einkommens- und Vermögensverhältnissen seiner Bezieher/innen ab. Alle werden über einen Leisten geschlagen, was differenzierte Lösungen für soziale Probleme ausschließt. Gerade in einer Krisen- oder pandemischen Ausnahmesituation, die unübersichtlich ist und sich drastisch verschärfen kann, muss der Sozialstaat aufgrund im Konjunkturabschwung begrenzter Ressourcen und zu erwartender Steuerausfälle bei seinen Maßnahmen um mehr Passgenauigkeit bemüht sein. Das bedingungslose Grundeinkommen ist da genauso falsch wie das von Milton Friedman, Begründer der neoliberalen Chicago School, entwickelte Helikoptergeld, zumindest wenn es nicht sozial gestaffelt ist – die Hubschrauber sollten am Boden bleiben!

Selbst für eine akute Krisensituation eignet sich das bedingungslose Grundeinkommen nicht, weil es keine (Verteilungs-) Probleme lösen, sondern ganz im Gegenteil neue schaffen würde: Wie hoch soll das Grundeinkommen sein? Genannt werden meistenteils Beträge zwischen 800 Euro und 1.500 Euro pro Monat. Erhielten die 84,7 Millionen Einwohner/innen der Bundesrepublik beispielsweise 1.000 Euro pro Monat, müsste der Staat dafür über eine Billion Euro im Jahr aufbringen. Das ist erheblich mehr, als Bund, Länder und Kommunen an Steuern einnehmen. Wer soll das Grundeinkommen erhalten? Etwa nur alle Deutschen? Gerade die Allerärmsten hierzulande besitzen die deutsche Staatsangehörigkeit gar nicht und haben auch meist kein Konto, auf das man es überweisen könnte. Wie soll das Grundeinkommen refinanziert werden? Darüber einigen konnten sich seine Befürworter/innen nie, weil es unterschiedliche politische Richtungen propagieren, die mit ihm teilweise sogar gegensätzliche Zielsetzungen verfolgen.

Die *Zeit*-Redakteurin Anna Mayr (2022) stört am bedingungslosen Grundeinkommen, dass es mittelschichtlastig sei. Nach ihrer Einschätzung würde es nicht den Armen und sozial Abgehängten, sondern in erster Linie einer bürgerlichen Bohème nützen, die finanzieller Unterstützung bedürfe, um ihre Selbstverwirklichungsträume zu realisieren: „Der Intensivpfleger und die Physiotherapeutin würden, polemisch gesprochen, im schlimmsten Fall dafür zahlen, dass der Sohn eines Unternehmensberaters mit 1.000 Euro im Monat durch Südamerika reist."

Das bedingungslose Grundeinkommen ist kein geeignetes Umverteilungsinstrument, sondern ein Mittelschichtangehörige tendenziell begünstigendes Transfermodell. „Wird ein Grundeinkommen mit dem Ziel der sozialen Umverteilung verbunden, müsste das Prinzip der Besteuerung nach Leistungsfähigkeit greifen und eine progressive Besteuerung der Einkommen nach sich ziehen." (Douma 2018, S. 145) Dies ist aber deshalb ausgesprochen unwahrscheinlich, weil eine gerechtere Besteuerung auf massiven Widerstand der privilegierten Bevölkerungsschichten stößt, was ihre Verwirklichung bisher verhindert hat. Wie soll ein Kurswechsel in der Steuerpolitik gelingen, wenn gleichzeitig das hierzulande seit weit über 100 Jahren bewährte Sozialsystem über den Haufen geworfen und ein waghalsiges Experiment der Gesellschaftsveränderung begonnen wird? Wenn die notwendige Umverteilung des privaten Reichtums mit einer grundlegenden Umgestaltung des bestehenden Transferleistungssystems verbunden wird, dürfte der erwartbare Gegenwind im politischen Raum eher zum Orkan anschwellen.

Eine von den meisten Bürger(inne)n nach dem Pandemieschock erhoffte „Rückkehr zur Normalität" gab es höchstens in der Hinsicht, dass sich an den bestehenden Eigentums-, Verteilungs- und Machtverhältnissen durch die Krisensituation wenig geändert hatte. Schließlich war aus dem wiederholten Lockdown kein Knockdown für das große Kapital geworden. Vielmehr machen Krisen die Reichen eher reicher und die Armen zahlreicher. Die hierzulande vorher schon recht beachtliche Vermögenskonzentration hat denn auch infolge der sich überlagernden Krisen noch zugenommen, die Rolle des Erbes hierzu ganz entscheidend beigetragen und die mehrfach entschärfte, im Laufe dieses Reformprozesses mit Schlupflöchern groß wie Scheunentoren versehene Erbschaft- bzw. Schenkungsteuer daran nichts geändert.

Auch ein „Grunderbe", das erst nach der Covid-19-Pandemie an Bedeutung gewann, aber keine Auszahlung von Steuermitteln an sämtliche (Wohn-)Bürger/innen „in monatlichen Raten" beinhaltet, sie vielmehr „auf einen Schlag“ vornimmt, ist eine Variante des bedingungslosen Grundeinkommens. Mit dem Grunderbe, das der Staat jungen Menschen zur Volljährigkeit als Einmalzahlung gewähren soll, will man dafür sorgen, dass alle künftigen Mitglieder der Gesellschaft ein Vermögen bilden können.

Der Berliner SPD-Politiker und Publizist Yannick Haan (2024, S. 122) begreift das Grund- oder Gesellschaftserbe nicht bloß als eine Möglichkeit zur Umverteilung von Alt zu Jung, als „Investition in unsere Zukunft“ und als wichtigen Beitrag zu mehr Generationengerechtigkeit, sondern auch als ein Mittel, das zur partiellen Angleichung der Vermögen in Ost- und Westdeutschland führen könne: „Die Vermögensungleichheit zwischen Ost und West würde sich zwar nicht gleich auflösen, aber es käme ein Prozess in Gang, der vielen Menschen neue Chancen eröffnete.“

Zwar wäre nur wenig Bürokratie nötig, um das Grunderbe auszuzahlen, weil es jeder Bürger und jede Bürgerin mit einem Bankkonto hierauf überwiesen bekäme, ohne vorher (wie bei staatlichen Transferleistungen bisher nötig) ellenlange, komplizierte Formulare ausfüllen und weitere Nachweise erbringen zu müssen – und das auch nur einmal im Leben, zu einem vom Alter der Empfänger/innen abhängigen Zeitpunkt.

Für die Anspruchsberechtigten wäre es natürlich erfreulich, ohne eigenes Zutun auf einen Schlag in den Genuss einen ziemlich hohen Geldbetrages zu kommen. Aber was bedeutet diese Zuwendung unter dem Aspekt der sozialen, Leistungs- oder Verteilungsgerechtigkeit, und wie könnte sie die Gesellschaft verändern? Wäre sie vielleicht sogar schädlich für deren Entwicklung?

Über die generellen Nachteile des bedingungslosen Grundeinkommens hinaus sprechen folgende Gründe gegen das Grunderbe: Es könnte das drängende Problem der Kinderarmut schon deshalb weder lösen noch mildern, weil die Unter-18-Jährigen (zunächst) leer ausgingen. Darüber hinaus müsste es Millionen armen Familien, Rentner(inne)n und Minijobber(inne)n wie Hohn erscheinen, wenn der Staat junge Erwachsene über Nacht zu „kleinen Kapitalisten“ machen würde, während sie selbst kaum über die Runden kommen und auch keinen Anspruch auf solch eine großzügige Leistung haben. Außerdem würde sich an der hierzulande bestehenden Verteilungsschieflage wenig ändern, ein volljähriger Millionärssohn sogar noch reicher, während ein junger Müllwerker und eine junge Minijobberin zwar ein kleines Vermögen bilden könnten, ohne dass ihr finanzieller Abstand zu dem Millionär allerdings schwände. Dass der junge Millionär zur Refinanzierung des Grunderbes beitragen müsste, ist angesichts der momentan bei den politisch Verantwortlichen gegenüber Steuererhöhungen jedweder Art bestehenden Vorbehalte kaum zu vermuten.

4.3 Argumente für einen inklusiven Sozialstaat, eine öffentliche Investitionsoffensive und ein gerechtes Steuersystem

Spätestens als sich die Covid-19-Pandemie in Deutschland ausbreitete, hat sich der Sozialstaat als „systemrelevant" und im Kern als funktionstüchtig erwiesen. Ohne sinnvolle Leistungen wie das Kurzarbeitergeld wären beispielsweise viel mehr Familien während des Lockdowns und der nur teilweise darauf zurückzuführenden Rezession an den Rand des wirtschaftlichen Ruins geraten. Auch war es richtig, dass der Arbeitslosengeld-II-Bezug im März 2020 für von der Coronakrise gebeutelte Soloselbstständige erleichtert wurde, indem man für sie die strenge Prüfung der Vermögensverhältnisse ein halbes Jahr lang aussetzte, wenn das Schonvermögen 60.000 Euro nicht überschritt, und die Angemessenheit der Wohnung während dieser Zeit stillschweigend voraussetzte.

Warum sollte diese Regelung keine Dauerlösung und kein Vorbild für weitere Schritte zur Entbürokratisierung des Sozialstaates und zur Vereinfachung des Antragsverfahrens in der Grundsicherung für Arbeitsuchende sein? Tatsächlich wollten SPD, Bündnisgrüne und FDP die von der Großen Koalition eingeführte Ausnahmeregelung fortführen und sie auch in „normalen Zeiten" immerhin zwei Jahre lang gelten lassen (vgl. hierzu und zum Folgenden: Butterwegge 2023, S. 121 ff.). Gedacht war im Rahmen der von ihnen geplanten Reform der Grundsicherung für Arbeitsuchende an eine Verlängerung des Zeitraums für das erhöhte Schonvermögen und des Verzichts auf die Überprüfung der Wohnungsgröße bzw. der Miethöhe. Währenddessen sollten sich die ab 1. Januar 2023 Bürgergeld beziehenden Personen voll auf die Arbeitsuche konzentrieren können. Ebenfalls zwei Jahre lang sollten die Kosten für Unterkunft und Heizung in tatsächlicher Höhe anerkannt werden, selbst wenn sie eigentlich als nicht angemessen galten. Während dieser „Karenzzeit" genannten Phase sollte Vermögen bei der Bedürftigkeitsprüfung keine Berücksichtigung finden, sofern es 60.000 Euro und zusätzlich 30.000 Euro für jeden weiteren Angehörigen derselben Bedarfsgemeinschaft nicht überschreitet. Anschließend beträgt das Schonvermögen noch 15.000 Euro pro Person. Unberücksichtigt wäre selbstgenutztes Wohneigentum geblieben, sofern das Hausgrundstück eine Wohnfläche von 140 Quadratmetern nicht überschreitet oder die Eigentumswohnung nicht größer als 130 Quadratmeter ist.

Da der Bundesrat den vom Bundestag mit den Stimmen aller drei Koalitionsfraktionen verabschiedeten Gesetzentwurf zum neuen Bürgergeld aufgrund gravierender Vorbehalte von CDU und CSU am 14. November 2022 ablehnte, musste im Vermittlungsausschuss nach einer Kompromisslösung gesucht werden. Dort erreichten die Unionsparteien – offenbar in heimlicher Komplizenschaft mit der FDP –, dass die Karenzzeit auf ein Jahr halbiert wurde. Außerdem wurde das Schonvermögen im ersten Jahr des Leistungsbezugs auf 40.000 Euro und auf 15.000 Euro für Angehörige herabgesetzt. Ganz gestrichen wurde im Vermittlungsverfahren zwischen Bundestag und Bundesrat die sechsmonatige „Vertrauenszeit", in der auf Sanktionen bzw. Leistungsminderungen wegen Pflichtverletzungen verzichtet werden sollte.

Während der Covid-19-Pandemie sind weitere Zugangsbeschränkungen, Strukturdefizite und Leistungshemmnisse des Sozialstaates klarer denn je zutage getreten. Obwohl auch Kinderlose pandemiebedingt erhöhte Ausgaben hatten, weil viele Tafeln geschlossen, preiswerte Lebensmittel wegen Hamsterkäufen eher Mangelware und Desinfektionsmittel teuer waren, stellte sich die Bundesregierung bei der Forderung nach einer vorübergehenden Erhöhung von Hartz IV lange taub. Jobcenter weigerten sich, die

Anschaffung digitaler Endgeräte für Kinder von Hartz-IV-Berechtigten im Homeschooling als Sonderbedarf anzuerkennen, für den sie aufzukommen hatten. Ebenfalls abgelehnt wurde die Übernahme der Kosten für einen PCR-Test.

Man kann geradezu von einer Fehlkonstruktion der staatlichen Finanzhilfen sprechen, die sich nicht am Bedarf der ärmsten Bevölkerungsgruppen orientierten. Statt der „Leistungsgerechtigkeit", die den ökonomischen Erfolg prämiert, hätte die Bedarfsgerechtigkeit als Ziel von Hilfsmaßnahmen im Mittelpunkt aller Bemühungen der politisch Verantwortlichen stehen und die Maxime lauten sollen: Wer wenig hat, muss besonders viel, und wer viel hat, muss entsprechend wenig Unterstützung seitens des Sozialstaates bekommen.

Kleinstrentner/innen und Studierende, die wegen des Lockdowns, Geschäftsaufgaben und Betriebsschließungen ihren Minijob verloren, der ihren Lebensunterhalt gesichert hatte, konnten weder Kurzarbeiter- noch Arbeitslosengeld (I bzw. II) beantragen. Hieraus sollte der Schluss gezogen werden, dass Minijobs in sozialversicherungspflichtige Beschäftigungsverhältnisse umgewandelt werden müssen. Eine andere Möglichkeit bestünde darin, Minijobber/innen künftig in die Kurzarbeitergeld-Regelung einzubeziehen. „Hierdurch blieben aber grundlegende Reformen des Minijob-Instruments aus. Daher ist stattdessen zu erwägen, Minijob-Beschäftigungsverhältnisse (und in der Folge auch Midijobs) ganz abzuschaffen oder zumindest deutlich einzuschränken. Bei der Einschränkung wäre eine Rückführung auf einen niedrigeren Maximalverdienst (z.B. monatlich 100 statt 450 Euro) möglich, alternativ eine maximale Nutzungsdauer der Versicherungsfreiheit pro Person, oder ein Zugang nur für bestimmte Bevölkerungsgruppen (z.B. Studierende und Rentner und Rentnerinnen)." (Deutsche Akademie der Naturforscher Leopoldina 2021, S. 34) Genau das Gegenteil tat die Ampelkoalition, als sie auf Drängen der FDP beschloss, die Entgeltgrenze bei den Minijobs zum 1. Oktober 2022 auf 520 Euro pro Monat zu erhöhen und sie zu dynamisieren, d.h. der Entwicklung des gesetzlichen Mindestlohns folgend weiter anzuheben, was diese Armutsfalle besonders für Frauen noch attraktiver gemacht hat.

Zwar können Liquiditätshilfen und Entlastungspakete zur Bewältigung akuter Notlagen während einer Pandemie, einer Energie(preis)krise oder einer durch die Inflation ausgelösten Krisensituation beitragen, aber nicht für immer verhindern, dass finanzschwache Bevölkerungsgruppen durch solche Krisenereignisse in Schwierigkeiten geraten. Deshalb hätten wirksame Umverteilungsmaßnahmen ergriffen werden müssen, damit sich die sozioökonomische Ungleichheit verringert und niemand durch die sich häufenden Krisen in Existenznot geriet.

Die folgenden Maßnahmen wären geeignet, Personengruppen zu entlasten, die heute oder zukünftig von inflationären Tendenzen über Gebühr belastet werden:

1. Regelbedarfe der Grundsicherung für Arbeitsuchende, der Grundsicherung im Alter und bei Erwerbsminderung, die früher „Regelsätze" hießen, sowie die Leistungssätze der Asylbewerberleistungen sollten armutsfest gemacht und der inflationären Preisentwicklung in kürzeren Zeitabständen angepasst werden.
2. Die Stromkosten müssten aus dem Regelbedarf herausgenommen und in die Kosten der Unterkunft und Heizung (KdU) eingegliedert werden. Dann würden sie vom Jobcenter oder vom Grundsicherungs- bzw. Sozialamt übernommen und die Transferleistungsbezieher/innen trotz starker Preissteigerungen nicht mehr über Gebühr belasten.
3. Strom- und Gassperren, die mit der Menschenwürde nicht vereinbar sind, weil sie es unmöglich machen, ein normales Leben zu führen, müssen gesetzlich ausgeschlossen werden.
4. Räumungsklagen sollten erschwert werden und Zwangsräumungen nur dann zulässig sein, wenn angemessener Ersatzwohnraum zur Verfügung gestellt wird.

Menschen, die durch sämtliche Maschen des bestehenden Systems der sozialen Sicherung fallen, dürfen nicht in existenzielle Bedrängnis (Wohnungslosigkeit, Überschuldung und Privatinsolvenz) geraten. Nötig wäre eine bedarfsgerechte Konzentration staatlicher Ressourcen auf Personen, die Unterstützung benötigen, um in Würde leben und überleben zu können. Das gilt für prekär Beschäftigte, Leiharbeiter/innen und Randbelegschaften ebenso wie für Soloselbstständige, manche Freiberufler/innen und Kleinunternehmer/innen, die über zu geringe finanzielle Rücklagen verfügen, um eine ökonomische Durststrecke überstehen zu können. Neben den Räumungsklagen und den Zwangsräumungen müssten auch Mieterhöhungen für eine Übergangszeit ausgesetzt werden.

Obdachlose könnten im Winter in den Einzelzimmern von (leerstehenden) Hotels und Pensionen untergebracht werden. Denn sonst droht diesem Personenkreis eine weitere Verelendung. Wenn die preiswerte Versorgung durch Lebensmitteltafeln und karitative Einrichtungen ausfällt, ohne dass die Regelbedarfe im SGB II (Bürgergeld) und im SGB XII (Grundsicherung im Alter und bei Erwerbsminderung; Sozialhilfe) sachgerecht ermittelt und deutlich erhöht werden, ist die befristete Gewährung eines Ernährungszuschlags von mindestens 100 Euro monatlich auf den Regelbedarf unabdingbar. Für den Fall, dass die Miete wegen Verdienstausfalls oder ausbleibender Aufträge nicht bezahlt werden kann, wäre eine Notfallkomponente im Wohngeld, von dem im Allgemeinen hauptsächlich die Vermieter profitieren, die beste Lösung.

Längerfristig geht es um die Schaffung eines inklusiven Sozialstaates, der auf einer solidarischen Bürgerversicherung und einer bedarfsgerechten, armutsfesten und repressionsfreien Grundsicherung als geeigneter Alternative zum bedingungslosen Grundeinkommen basiert. In diesen Zusammenhang gehört auch der öffentliche Wohnungsbau, den man als Element der sozialen Grundsicherung i.w.S. begreifen kann, weil das Wohnen zu einem menschenwürdigen Leben gehört, der Markt aber keine ausreichende Versorgung insbesondere ärmerer Haushalte gewährleistet (vgl. Dullien/Krebs 2022, S. 186 f.).

Ginge es nach den Bündnisgrünen und einem Teil der LINKEN, könnte man das bedingungslose Grundeinkommen einführen und die Sozialversicherung gleichzeitig zu einer Bürgerversicherung ausbauen. Dabei verhalten sich Bürgerversicherung und bedingungsloses Grundeinkommen zueinander wie Feuer und

Wasser. Dies gilt für ihre Organisations- und Konstruktionsprinzipien (Bürgerversicherung: beitragsfinanziert; Sach- und Dienstleistungen bedarfsorientiert; Geldleistungen nach der Beitragshöhe gestaffelt – Grundeinkommen: steuerfinanziert; Geldleistungen pauschaliert; keine Sach- und Dienstleistungen), aber auch für die Kosten: Beide sind nicht gemeinsam zu haben, es sei denn, über die Hälfte des Volkseinkommens würde dafür aufgewendet.

Anstatt über allen Bürger(inne)n denselben Geldbetrag auszuschütten und den Bismarck'schen Sozialversicherungsstaat damit zu zerstören, sollte man diesen weiterentwickeln und allen Bedürftigen gezielt helfen. Soloselbstständige, Kulturschaffende, Künstler/innen und Kneipiers gehörten nicht bloß zu den existenziell von der Pandemie und ihren wirtschaftlichen Verwerfungen mit am stärksten Betroffenen, sondern auch zu den vulnerablen Gruppen, die der bestehende Sozialstaat kaum zu schützen vermochte. Daher müssen sie baldmöglichst in eine solidarische Bürger- bzw. Erwerbstätigenversicherung aufgenommen werden.

Wenn das System der sozialen Sicherung trotz Umbrüchen im Arbeitsleben, sich wandelnder Lebensformen und sich häufender Krisenerscheinungen funktionsfähig erhalten werden soll, sind tiefgreifende Reformen erforderlich, die in Richtung einer *allgemeinen*, *einheitlichen* und *solidarischen* Bürgerversicherung zielen müssten.

Allgemein zu sein heißt, dass die Bürgerversicherung sämtliche geeigneten Versicherungszweige übergreift: Kranken-, Pflege- und Rentenversicherung müssten gemeinsam und nach denselben Organisationsprinzipien restrukturiert werden. Selbst aus rein taktischen Erwägungen ist es nicht sinnvoll, die öffentliche Debatte über eine Bürgerversicherung auf *einen* Versicherungszweig zu beschränken, wie es viele Befürworter/innen dieser Reformoption tun. Die gesetzliche Unfallversicherung stellt insofern einen Sonderfall dar, als sie sich nur aus Beiträgen der Arbeitgeber (und staatlichen Zuschüssen) speist. Der einzige hier bisher noch nicht erwähnte Versicherungszweig, die Arbeitslosenversicherung, könnte in eine „Arbeitsversicherung" für alle Erwerbstätigen umgewandelt werden, die nicht erst Leistungen erbringt, wenn der Risikofall eingetreten ist.

Einheitlich zu sein heißt in diesem Zusammenhang, dass neben der Bürgerversicherung keine mit ihr konkurrierenden Versicherungssysteme existieren würden. Private Versicherungsunternehmen müssten sich auf die Abwicklung bestehender Verträge (Bestandsschutz), mögliche Ergänzungsleistungen und Zusatzangebote beschränken. Damit bliebe ein weites Betätigungsfeld für die Privatassekuranz erhalten; ihre Existenz wäre nicht gefährdet und das Argument der Verfassungswidrigkeit einer Bürgerversicherung (Aufgabe der Gewerbefreiheit, Eigentumsschutz) hinfällig.

Solidarisch zu sein heißt, dass die Bürgerversicherung zwischen den ökonomisch unterschiedlich Leistungsfähigen einen sozialen Ausgleich herstellt. Nicht nur auf Löhne und Gehälter, sondern auf sämtliche Einkunftsarten (Zinsen, Dividenden, Tantiemen, Miet- und Pachterlöse) wären Beiträge zu erheben. Entgegen einem verbreiteten Missverständnis bedeutet dies nicht, dass Arbeitgeberbeiträge entfallen würden.

Nach oben darf es im Grunde weder eine Versicherungspflichtgrenze (5.775 Euro pro Monat im Jahr 2024) noch eine Beitragsbemessungsgrenze (2024 in Ostdeutschland 7.450 Euro pro Monat und in Westdeutschland 7.550 Euro pro Monat) geben, die es privilegierten Personengruppen erlauben, sich ihrer Verantwortung für sozial Benachteiligte ganz oder teilweise zu entziehen. Was die Beitragsbemessungsgrenze angeht, stünde zumindest eine deutliche Erhöhung an. Umgekehrt müssen jene Personen finanziell aufgefangen werden, die den nach der Einkommenshöhe gestaffelten Beitrag nicht entrichten können. Vorbild dafür könnte die Gesetzliche Unfallversicherung sein. Dort dient der Staat seit dem 1. Januar 2005 quasi als Ausfallbürge für Vorschulkinder, Schüler/innen und Studierende, Landwirte, Unfall-, Zivilschutz- und Katastrophenhelfer/innen sowie Blut- und Organspender/innen (vgl. dazu: Schlaeger/Linder 2011; Nothacker 2013).

*Bürger*versicherung heißt, dass alle Personen aufgenommen werden, und zwar unabhängig davon, ob sie erwerbstätig sind oder nicht. Da sämtliche Wohnbürger/innen in das System einbezogen wären, blieben weder Selbstständige, Freiberufler/innen, Beamtinnen und Beamte sowie Abgeordnete und Minister/innen noch Ausländer/innen mit Daueraufenthalt in der Bundesrepublik außen vor. Einerseits geht es darum, die Finanzierungsbasis des bestehenden Sozialsystems zu verbreitern, andererseits darum, den Kreis seiner Mitglieder zu erweitern. Denn ihre wichtigste Rechtfertigung erfährt die Bürgerversicherung dadurch, dass sie den längst fälligen Übergang zu einem die gesamte Wohnbevölkerung einbeziehenden, Solidarität im umfassendsten Sinn garantierenden Sicherungssystem verwirklicht.

Bürger*versicherung* zu sein bedeutet schließlich, dass es sich um eine *Versicherungs*lösung handelt, also gewährleistet sein muss, dass ihre Mitglieder, soweit sie dazu finanziell in der Lage sind, selbst Beiträge entrichten und verfassungsrechtlich entsprechend geschützte Ansprüche erwerben. Natürlich muss sich der Staat mit Steuergeldern am Auf- und Ausbau einer Bürgerversicherung beteiligen, wodurch auf ihn erhebliche finanzielle Belastungen zukämen. Diese wären aber mittels einer sozial gerechteren, sich stärker an der ökonomischen Leistungsfähigkeit der Bürger/innen orientierenden Steuerpolitik zu tragen.

Nötig ist eine passgenaue Hilfe für unterschiedliche Personengruppen. Auf der Basis einer solidarischen Bürgerversicherung könnte eine bedarfsgerechte, armutsfeste und repressionsfreie, d.h. ohne Sanktionen auskommende Grundsicherung dafür sorgen, dass niemand durch Armut, Unterversorgung oder Überschuldung seiner sozialen Bürgerrechte beraubt wird. Dies würde bedeuten, das Haupteinfallstor für Erwerbs-, Familien- und spätere Altersarmut zu schließen.

Die skizzierte Reform bleibt unzureichend, wenn man eine Antwort auf pandemische Gefahren sucht und künftigen Krisendebakeln vorbeugen möchte, weil mehr Gemeinschaftsgeist, Gemeinwohlorientierung und „Gesellschaftsfähigkeit“ erforderlich sind, wie Dieter Thomä (2020, S. 57) konstatiert: „Dazu gehört, zugleich rücksichtsvoll und zuvorkommend zu sein, sich zurückzunehmen und einzusetzen, sich an Regeln zu halten und nicht nur Dienst nach Vorschrift zu leisten.“ Um die Spaltung der Gesellschaft zu überwinden und den sozialen Zusammenhalt auch in einer kollektiven Notsituation zu gewährleisten, müssen laut Thomä (ebd., S. 57 f.) Einigkeit und Gemeinsamkeit wachsen, was seines Erachtens nicht durch Sonntagsreden gelingt, sondern nur, wenn man in den Kampf gegen Ungleichheit zieht. Die politisch Verantwortlichen könnten ihre Glaubwürdigkeit zurückgewinnen, indem sie einen Kurswechsel einleiten und dem Gemeinwohl absoluten Vorrang gegenüber privatwirtschaftlichen Interessen einräumen.

Das ist die Kardinalfrage angesichts der Nachwirkungen von Covid-19-Pandemie, Energiepreisexplosion und Inflation: Wer kommt für die Kosten der Krisen auf und trägt die enormen Staatsschulden? Will man diese möglichst bald tilgen und die Schäden der in Zukunft drohenden Klimakatastrophe durch präventive Schutzmaßnahmen minimieren, führt nichts an der Notwendigkeit vorbei, bestimmte Steuern zu erhöhen oder wieder zu erheben und verstärkt kreditfinanzierte Investitionen zu tätigen.

Die im *Grundgesetz* und in mehreren Landesverfassungen enthaltene Schuldenbremse, welche eine expansive öffentliche Investitionstätigkeit praktisch blockiert und die Auflage von Konjunkturprogrammen zumindest erschwert, wenn nicht verhindert, ist durch die Covid-19-Pandemie, den Ukrainekrieg und ihre Folgen vollends ad absurdum geführt worden. Zusätzlich erschwerte das Bundesverfassungsgerichtsurteil zur Nichtübertragbarkeit für bestimmte Zwecke genehmigter Finanzmittel die Kreditaufnahme des Staates und damit die Finanzierung sinnvoller öffentlicher Investitionen. „Die scharfgestellte Schuldenbremse ermöglicht im Rahmen des Kernhaushalts keine hinreichend großen Spielräume, um mit den neuen transformations-, verteidigungs- und energiepolitischen Herausforderungen umzugehen und zugleich die Konjunktur nachhaltig zu stabilisieren." (Truger 2024, S. 7)

Obwohl ihre Zunft überwiegend neoliberale oder marktradikale Auffassungen vertritt, war die Hälfte unter den rund 700 deutschen Volkswirten, die das ifo Institut im Auftrag der FAZ vor dem Hintergrund des Karlsruher Urteils für sein Ökonomenpanel nach ihrer Einschätzung der Schuldenbremse befragt hat, für deren Reform oder Abschaffung, also gegen eine zu strenge Haushaltsdisziplin des Staates (vgl. Welter 2023). Genauso kontraproduktiv wie die Schuldenbremse ist das finanzpolitische Dogma der Schwarzen Null, d.h. eines ausgeglichenen Bundeshaushalts, dem die Regierungskoalitionen von CDU, CSU und SPD bis zur Coronakrise fast ausnahmslos folgten.

Moritz Schularick (2021, S. 53) fordert, aus dem Krisendesaster die richtigen Lehren zu ziehen: „Wir brauchen vor dem Hintergrund der Pandemie-Erfahrungen mehr denn je eine von Scheuklappen freie Diskussion um die Frage, welche Rolle Schuldenfinanzierung von Investitionen in einem historisch niedrigen Zinsumfeld spielen kann, um die großen gesellschaftlichen Herausforderungen unserer Zeit zu meistern." Tatsächlich hat die Pandemie deutlich gezeigt, dass ein vorausschauender, flexibler und risikobereiter Staat nötig ist, damit Deutschland fähig wird, die ihm bevorstehenden Probleme zu meistern: „Das wird im nächsten Jahrzehnt entscheiden, ob die ökologische und digitale Transformation gelingt und wir in Zukunft nachhaltig in Wohlstand leben können." (ebd., S. 131)

Jede schwere Krise bietet auch Chancen der Neubesinnung und Umgestaltung des Bestehenden. Um weitere Katastrophen zu verhindern, ist laut Jörg Hofmann (2020, S. 100) eine sozialökologische Transformation nötig, für die sich durch die Coronakrise ein „historisches Gelegenheitsfenster" geöffnet habe: „Entweder erleben wir den von vielen reaktionären Kräften herbeigesehnten Rollback. Oder wir nutzen gemeinsam mit anderen politischen und zivilgesellschaftlichen Verbündeten die sich bietende Chance für eine mutige Transformationspolitik, die unsere Gesellschaft sozial, ökologisch und demokratisch gestaltet und damit wirklich zukunftsfähig macht." Was dem Wirtschaftswissenschaftler und Gewerkschaftsführer als Ziel vorschwebte, war eine Umwelt, Ökologie und Klima schonende Produktionsweise, die in eine umfassende gesellschaftliche Transformation eingebettet ist (vgl. ebd., S. 99).

Rudolf Hickel (2022, S. 29) hat den in Deutschland aufgrund des Ukrainekrieges eingetretenen ökonomischen Polarisierungsprozess folgendermaßen beschrieben: „Während die Kaufkraftverluste infolge der Inflation die Armut vertiefen sowie die Existenz energieintensiver Unternehmen bedrohen, profitieren die Mineralölkonzerne mit ihrer monopolistischen Preissetzungsgewalt von den erwarteten Kriegsauswirkungen." Daraus leitet der Bremer Finanzwissenschaftler die Notwendigkeit einer Sondersteuer auf Übergewinne im nationalen und im globalen Rahmen ab (vgl. ebd., S. 32). Er war sich allerdings bewusst, dass die Extragewinne in der Mineralölwirtschaft erst durch eine Demontage der marktbeherrschenden Oligopole mit ihren kartellartigen Preisabsprachen verschwinden würden.

Extraprofite, wie sie etwa RWE aufgrund des hohen Gaspreises gemacht hat, müssten durch eine Übergewinnsteuer, die Italien, Griechenland und Großbritannien sowie die USA während der beiden Weltkriege erhoben, abgeschöpft werden. Joachim Ragnitz (2022, S. 28) hält Übergewinnsteuern allerdings „wegen ihrer verzerrenden Wirkung auf die Knappheitssignale des Marktes" und der „Gefahr, dass damit auch berechtigte Gewinne einzelner Unternehmen – wie sie zum Beispiel aufgrund von Innovationen erzielt werden können – abgeschöpft würden" für nicht angebracht. Stattdessen setzt er auf marktkonforme Rezepte: „Mikroökonomisch hilft nur vermehrter Wettbewerb gegen überzogene Preisanhebungen. Und letzten Endes können die Verbraucher*innen auch selbst einen Beitrag zur Vermeidung einer Gewinninflation leisten, indem sie ihr Kaufverhalten anpassen." (ebd.) Als ob man es ausgerechnet den Konsument(inn)en als schwächsten Marktteilnehmer(inne)n überlassen könnte, die Preissetzungsmacht transnationaler Konzerne einzuhegen! Falls es zu einer Preis-Lohn-Spirale kommt, kann man es auch den Gewerkschaften nicht zumuten, ihre Tarifforderungen zu mäßigen.

Extrem hohe Gewinnmargen und regelrechte Profitsprünge verzeichnen seit dem Ukrainekrieg neben den Ölmultis auch die meisten Rüstungsunternehmen. Ausgaben des Staates für deren Produkte sind allerdings mitnichten zukunftsweisend. Statt den Einzelplan 14 weiter aufzublähen, sollte die Bundesregierung ihre Bemühungen um Frieden, Entspannung und Abrüstung intensivieren. Anstelle des Sondervermögens in Höhe von 100 Milliarden Euro für die Bundeswehr hätte sie ähnlich riesige Beträge für den öffentlichen Wohnungsbau, den Ausbau der Bildungs- und Betreuungseinrichtungen, die Alterssicherung von Geringverdiener(inne)n sowie die Bekämpfung von Kinderarmut, pandemiebedingt gestiegener Langzeitarbeitslosigkeit und Obdachlosigkeit aufbringen müssen. Es wird höchste Zeit, der sozialen, Bildungs- und Betreuungsinfrastruktur die ihr gebührende Aufmerksamkeit zu schenken. Denn hier liegt der Schlüssel für eine humane, friedliche und demokratische Entwicklung des Landes – nirgendwo sonst!

Eine hervorragende öffentliche Grundversorgung für alle Menschen wäre kein Luxus, wie der Titel eines von communia und BUND jugend (2023) herausgegebenen Sammelbandes suggeriert. Luxus ist nämlich vom lateinischen Begriff für Üppigkeit, Ausschweifung und Verschwendung abgeleitet und steht für einen kostspieligen, verschwenderischen und den üblichen Rahmen (der Lebenshaltung) stark übersteigenden, ausschließlich dem Genuss und eigenem Vergnügen dienenden Aufwand. Es geht hier aber eher um öffentlichen Komfort, d.h. allgemein zugängliche, auf guten Einrichtungen beruhende Annehmlichkeiten, die jedes wohlhabende Land seinen Wohnbürger(inne)n bieten sollte. Der private Luxus weniger muss eingeschränkt werden, um öffentlichen Komfort für alle Menschen zu ermöglichen. Beschrieben wird diese Utopie von communia in der Einleitung (ebd., S. 27 f.) wie folgt: „Der Zugang zu grundlegenden Gütern wie Wohnraum, Heizung, Nahrung oder Mobilität hängt nicht mehr von der individuellen Zahlungs- und damit Leistungsfähigkeit ab, auch nicht von staatlichen Sozialleistungen und damit zusammenhängenden Anforderungen oder Restriktionen. [...] Es gäbe hochwertige öffentliche Toiletten, öffentliche Küchen und günstiges, gutes Essen für alle, kostenlose und zuverlässige Verleihräder an jeder Ecke, nach Bedarf mit E-Motor oder als Lastenrad und alles, ohne jedes Mal eine neue App herunterladen zu müssen. [...] Durch eine Stärkung und bedingungslose Bereitstellung der Dinge, auf die es ankommt, gewinnen wir Zeit für uns und für die gemeinsame Gestaltung unserer Welt.“

Um den sozioökonomischen Paternostereffekt der Pandemie, der Energiepreisexplosion und der Inflation zu brechen, müsste eine politisch induzierte Umverteilung des privaten Reichtums von Oben nach Unten stattfinden. Weil es auf absehbare Zeit nicht gelingen dürfte, die kapitalistischen Produktions- und Eigentumsverhältnisse grundlegend zu verändern, ist ein Kurswechsel in der Steuerpolitik umso dringlicher, damit Kapital- und Gewinnsteuern wieder den früheren Stellenwert erhalten und ein Stück weit zu mehr sozialer Gerechtigkeit beitragen. Der Historiker Marc Buggeln (2022, S. 924) fordert die „Rückkehr zu einer dezidiert progressiven Steuerpolitik“, was er damit begründet, „dass progressive Steuern ein geeignetes Instrument sind, um eine Balance zwischen der für die Demokratie notwendigen politischen Gleichheit und der im Prozess der Kapitalakkumulation zwangsläufig entstehenden ökonomischen Ungleichheit herbeizuführen.“

Um schwere Gesundheits-, Wirtschafts-, Finanz- und Umweltkrisen künftig nicht bloß durch problemadäquate Regierungsentscheidungen und pragmatisches Verwaltungshandeln gut „managen“, sondern vermeiden oder meistern zu können, braucht die Bundesrepublik mehr sozioökonomische Gleichheit, vor allem größere Gerechtigkeit im Steuersystem und den Übergang zu einem inklusiven Sozialstaat. Da die wirtschaftlichen Verwerfungen der Coronakrise und des Ukrainekrieges mit wachsendem Wohlstand und vermehrtem Reichtum einhergehen, ja geradezu deren Kehrseite bilden, der Staat aber durch ihre Kosten finanziell enorm belastet ist, muss die sozioökonomische Ungleichheit durch konsistente und miteinander kompatible Umverteilungsmaßnahmen zurückgedrängt und für zusätzliche Steuereinnahmen gesorgt werden, damit sich die öffentlichen Kassen von Bund, Ländern und Gemeinden wieder füllen. Ob dies durch eine Vermögensabgabe nach dem Vorbild des Lastenausgleichs von 1952, einen „Krisensoli“ und/oder die Wiedererhebung der Vermögensteuer erreicht werden kann, ist dabei sekundär.

Weil sich Deutschland angesichts multipler Krisenbetroffenheit in einem Zustand der finanziellen Anspannung und möglichen Überforderung befindet, wäre die Erhebung einer Krisenabgabe auf hohe Einkommen und große Vermögen mehr als gerechtfertigt. Einkommensstarke könnten am besten durch Umwidmung des Solidaritätszuschlages zu einem Krisensoli und Verdopplung seiner Höhe von 5,5 Prozent auf elf Prozent der Steuerschuld an den Folgekosten der sich überlagernden Krisen und des inflationären Preisauftriebs für den Staat beteiligt werden. Aufgrund der hohen Freibeträge müssen den „Soli“ im Jahr 2024 bloß noch Einzelveranlagte entrichten, die mehr als 18.130 Euro (zusammen Veranlagte: 36.260 Euro) an Einkommensteuer bezahlen.

Das entspricht einem zu versteuernden Jahreseinkommen von über 68.000 Euro (bei zusammen Veranlagten: über 136.000 Euro). Für diese Steuerzahler/innen beginnt dort eine sog. Milderungszone, in welcher der Prozentsatz an zu zahlendem Solidaritätszuschlag schrittweise ansteigt, bis er bei einem zu versteuernden Jahreseinkommen von über 100.000 Euro (zusammen Veranlagte: über 200.000 Euro) in voller Höhe von 5,5 Prozent auf die Steuerschuld fällig wird. Schließlich macht der Solidaritätszuschlag seinem Namen dadurch alle Ehre, dass er auch auf die Kapitalertragsteuer (für Zinsen und Dividenden) sowie die Körperschaftsteuer (von Kapitalgesellschaften wie AGs und GmbHs) erhoben wird.

Außerdem könnte eine Vermögensabgabe in Höhe von zehn Prozent, gestreckt auf fünf Jahre, großen Reichtum begrenzen. Durch die auch im Erbschaft- und Schenkungsteuerrecht geltende Freibetragsregelung würde sichergestellt, dass nur Familien zu der Vermögensabgabe herangezogen werden, die über ausreichende Finanzmittel verfügen. Für den/die Steuerpflichtigen selbst wäre ein Freibetrag in Höhe von einer Million Euro angemessen, für die Ehepartner/in betrüge er 500.000 Euro und für jedes im Haushalt lebende Kind zusätzlich 400.000 Euro. Auch könnte beim Vermögen selbstgenutztes Wohneigentum bis zur Größe von 200 Quadratmetern anrechnungsfrei bleiben.

Sinnvoll wäre darüber hinaus die Wiedererhebung der unter Berufung auf ein Urteil des Bundesverfassungsgerichts (2 BvL 37/91) von CDU, CSU und FDP ab 1997 ausgesetzten Vermögensteuer, welche nicht bloß der Steuergerechtigkeit dienen, sondern auch entscheidend dazu beitragen würde, die Länder finanziell handlungsfähiger zu machen. Die Karlsruher Richter hatten in dem genannten Beschluss vom 22. Juni 1995 nicht etwa – wie häufig kolportiert – das *Vermögensteuergesetz* als solches für mit dem *Grundgesetz* unvereinbar erklärt, sondern nur moniert, dass laut Gesetzestext für Grundbesitz der – seit 1964 bzw. 1974 nach seiner Wertentwicklung nicht mehr angepasste – Einheitswert und für sonstiges Vermögen bei gleichem Steuertarif der *Gegenwarts*wert als Bemessungsgrundlage zugrunde gelegt wurde. Dadurch war die bis heute in der Verfassung (Art. 106 Abs. 2 GG) stehende Vermögensteuer keineswegs hinfällig, wie von interessierten Kreisen gern behauptet wird. Vielmehr wurde dem Gesetzgeber eine Frist zur Nachbesserung eingeräumt, die er mit seiner damals schwarz-gelben Mehrheit allerdings verstreichen ließ, um sich der ungeliebten Steuerart zu entledigen. Formal ist das *Vermögensteuergesetz* allerdings bis heute in Kraft.

Die gesellschaftlichen Kräfteverhältnisse darf eine Diskussion über mehr Steuergerechtigkeit ebenfalls nicht unberücksichtigt lassen (vgl. Schwarz 2020, S. 223). Denn ein dem sozialen Ausgleich verpflichteter Staat bleibt im Kapitalismus solange eine Illusion, wie die „Machtbalance zwischen Kapital und Arbeit" fehlt: „Das beginnt mit der Primärverteilung und dem Ringen um faire Erwerbseinkommen und Arbeitsbedingungen durch Tarifverträge, statt immer höherer Renditen. Ohne starke organisierte zivilgesellschaftliche Unterstützung wird auch der politische Mut fehlen, die Besteuerung von Kapitaleinkommen und hoher Vermögen endlich anzugehen." (Hofmann 2020, S. 98) Nur wenn das neoliberale Denken nicht bloß in den Sozial-, Erziehungs- und Gesundheitsdiensten, sondern auch im Wirtschafts- und Geschäftsleben zurückgedrängt wird, kann die Gesellschaft künftig möglicherweise sogar vermehrt auf sie zukommende Krisen lösen.

Abkürzungsverzeichnis

ABM Anti-Ballistic Missile
Abs. Absatz
AfD Alternative für Deutschland
AG Aktiengesellschaft
AnkER Ankunft, Entscheidung und Rückkehr
AOK Allgemeine Ortskrankenkasse
APO Außerparlamentarische Opposition
ARD Arbeitsgemeinschaft der öffentlich-rechtlichen Rundfunkanstalten der Bundesrepublik Deutschland
Aufl. Auflage
Azubi Auszubildender
BA Bundesagentur für Arbeit
Bafög Bundesausbildungsförderungsgesetz
BEA (Freibetrag für den) Betreuungs-, Erziehungs- oder Ausbildungsbedarf
BIP Bruttoinlandsprodukt
BMW Bayerische Motoren Werke
BT-Drs. Bundestags-Drucksache
BuT Bildungs- und Teilhabepaket
bzw. beziehungsweise
CDU Christlich Demokratische Union Deutschlands
CFS Chronisches Fatigue-Syndrom
COPD Chronisch obstruktive Lungenerkrankung (Chronic Obstructive Pulmonary Disease)
CoV Coronavirus (Corona Virus)
Covax Covid-19 Vakzin weltweiter Zugriff (Covid-19 Vaccines Global Access)
Covid-19 Coronavirus-Krankheit 2019 (Corona Virus Disease 2019)
CSU Christlich-Soziale Union in Bayern
dass. dasselbe
Dax Deutscher Aktien-Index
DDR Deutsche Demokratische Republik
DEAS Deutscher Alterssurvey
ders. derselbe
DFG Deutsche Forschungsgemeinschaft
DGB Deutscher Gewerkschaftsbund
d.h. das heißt
dies. dieselbe/n
DIW Deutsches Institut für Wirtschaftsforschung
DRG Diagnosebezogene Fallgruppen (Diagnosis Related Groups)
DSW Deutsches Studentenwerk

DVA	Deutsche Verlags-Anstalt
ebd.	Ebenda
EEG	Erneuerbare-Energien-Gesetz
EU	Europäische Union
EUR	Euro
f.	folgende
ff.	fortfolgende
FAZ	Frankfurter Allgemeine Zeitung
FDP	Freie Demokratische Partei
FU	Freie Universität
GfdS	Gesellschaft für deutsche Sprache
GG	Grundgesetz
Ggf.	gegebenenfalls
GmbH	Gesellschaft mit beschränkter Haftung
GWP	Gesellschaft – Wirtschaft – Politik
HBS	Hans-Böckler-Stiftung (des DGB)
HFCS	Erhebung zu Finanzen und Konsum der privaten Haushalte (Household Finance and Consumption Survey)
Hrsg.	Herausgeber/innen
IAB	Institut für Arbeitsmarkt- und Berufsforschung (der BA)
ICILS	Internationale Computer- und informationsbezogene Kompetenzuntersuchung (International Computer and Information Literacy Study)
IDF	Verteidigungsstreitkräfte Israels (Israel Defense Forces)
IfSG	Infektionsschutzgesetz
IG	Industriegewerkschaft
IGH	Internationaler Gerichtshof
IMK	Institut für Makroökonomie und Konjunkturforschung (der Hans-Böckler-Stiftung)
INF	Intermediate Range Nuclear Forces (Mittelstreckenraketen)
INSM	Initiative Neue Soziale Marktwirtschaft
IPG	Internationale Politik und Gesellschaft
ISM	Institut Solidarische Moderne
IW	Institut der Deutschen Wirtschaft
i.w.S.	im weiteren Sinne
KdU	Kosten der Unterkunft und Heizung
KfW	Kreditanstalt für Wiederaufbau
Kfz	Kraftfahrzeug(e)
KGS	Kindergrundsicherung
KI	Künstliche Intelligenz
LNG	Flüssiggas (Liquefied Natural Gas)
ME	Myalgische Enzephalomyelitis
Mio.	Million(en)

Mrd.	Milliarde(n)
NGG	Gewerkschaft Nahrung – Genuss – Gaststätten
OECD	Organisation für Wirtschaftliche Zusammenarbeit und Entwicklung (Organization for Economic Co-operation and Development)
o.J.	ohne Jahr
OP	Operation
PCR	Polymerase-Kettenreaktion (Polymerase Chain Reaction)
Pegida	Patriotische Europäer gegen die Islamisierung des Abendlandes
Pkw	Personenkraftwagen
PR	Öffentlichkeitsarbeit (Public Relations)
Red.	Redaktion
RKI	Robert Koch-Institut
RLS	Rosa-Luxemburg-Stiftung
S.	Seite
SARS	Schweres Akutes Respiratorisches Syndrom (Severe Acute Respiratory Syndrome)
SGB	Sozialgesetzbuch
SOEP	Sozio-oekonomisches Panel
SOFI	Soziologisches Forschungsinstitut Göttingen
sog.	so genannte/r
SPD	Sozialdemokratische Partei Deutschlands
St.	Sankt
Stiko	Ständige Impfkommission
SWIFT	Society for Worldwide Interbank Financial Telecommunication
taz	die tageszeitung
TI	Transparency International
TRIPS	Übereinkommen über handelsbezogene Aspekte der Rechte des geistigen Eigentums (Agreement on Trade-Related Aspects of Intellectual Property Rights)
TU	Technische Universität
TUP	Theorie und Praxis der Sozialen Arbeit
TV	Fernsehen (Television)
u.a.	unter anderem/anderen
UdSSR	Union der Sozialistischen Sowjetrepubliken
Unicef	Kinderhilfswerk der Vereinten Nationen (United Nations International Children's Emergency Fund)
UN	Vereinte Nationen (United Nations)
UN-KRK	UN-Kinderrechtskonvention
UNO	Vereinte Nationen (United Nations Organization)
US	Vereinigte Staaten (United States)

USA	Vereinigte Staaten von Amerika (United States of America)
usw.	und so weiter
ver.di	Vereinte Dienstleistungsgewerkschaft
VdEW	Verband der Ernährungswirtschaft
VS	Verlag für Sozialwissenschaften
WG	Wohngemeinschaft
WHO	Weltgesundheitsorganisation (World Health Organization)
WLAN	Drahtloses Lokales Netzwerk (Wireless Local Area Network)
WMA	Weltärztebund (World Medical Association)
WSI	Wirtschafts- und Sozialwissenschaftliches Institut (der Hans-Böckler-Stiftung)
WTO	Welthandelsorganisation (World Trade Organization)
WZB	Wissenschaftszentrum Berlin für Sozialforschung
z.B.	zum Beispiel
ZDF	Zweites Deutsches Fernsehen
ZRex	Zeitschrift für Rechtsextremismusforschung

Quellen- und Literaturverzeichnis

Abelow, Benjamin (2022): Wie der Westen den Krieg in die Ukraine brachte. Die Rolle der USA und der NATO im Ukraine-Konflikt, Great Barrington, Massachusetts (USA): Siland Press

Albers, Thilo N.H./Bartels, Charlotte/Schularick, Moritz (2020): The Distribution of Wealth in Germany, 1895-2018, Bonn, 8. März

Allmendinger, Jutta (2020): Zurück in alte Rollen. Corona bedroht die Geschlechtergerechtigkeit, in: WZB-Mitteilungen 168, S. 45-47

Alt, Christian/Lange, Andreas/Naab, Thorsten/Langmeyer, Alexandra (2020): Re-Familiarisierung durch temporäre De-Institutionalisierung von Kindheit in Zeiten der Corona-Pandemie: Konsequenzen für Einsamkeitsgefühle, in: Theorie und Praxis der Sozialen Arbeit 4, S. 304-310

Altvater, Elmar (2010): Der große Krach oder die Jahrhundertkrise von Wirtschaft und Finanzen, von Politik und Natur, Münster: Westfälisches Dampfboot

Ambos, Kai (2022): Doppelmoral. Der Westen und die Ukraine, Frankfurt am Main: Westend

Amlinger, Carolin/Nachtwey, Oliver (2022): Gekränkte Freiheit. Aspekte des libertären Autoritarismus, Berlin: Suhrkamp

Andresen, Sabine/Heyer, Lea/Lips, Anna/Rusack, Tanja/Schröer, Wolfgang/Thomas, Severine/Wilmes, Johanna (2021): Das Leben von jungen Menschen in der Corona-Pandemie. Erfahrungen, Sorgen, Bedarfe, Gütersloh: Bertelsmann Stiftung

Arbeitsstelle Frieden und Abrüstung (Hrsg.) (2005): Am Hindukusch und anderswo. Die Bundeswehr – Von der Wiederbewaffnung in den Krieg, Köln: PapyRossa

Aschmoneit, Artur (2021): Geld scheffeln mit Pandemien, Teil 1: Die Profiteure der PCR, Münster: Verlag Thomas Kubo

Auernheimer, Georg (2023): Der Ukraine-Konflikt. Wie Russlands Nachbarland zum Kriegsschauplatz wurde, Berlin: Hintergrund

Auernheimer, Georg (2024): Die strategische Falle. Die Ukraine im Weltordnungskrieg, Köln: PapyRossa

Augurzky, Boris/Busse, Reinhard/Gerlach, Ferdinand/Meyer, Gabriele (2020): Zwischenbilanz nach der ersten Welle der Corona-Krise 2020. Richtungspapier zu mittel- und langfristigen Lehren, Berlin/Gütersloh/Stuttgart: BARMER Institut für Gesundheitssystemforschung/Bertelsmann Stiftung/Robert Bosch Stiftung

Aust, Andreas/Werner, Lukas (2023): Mehr Kinder aus der Armut holen? – Anmerkungen zur Diskussion um eine angemessene Leistungshöhe der Kindergrundsicherung, in: Soziale Sicherheit 3, S. 114-118

Autorengruppe Bildungsberichterstattung (Hrsg.) (2020): Bildung in Deutschland 2020. Ein indikatorengestützter Bericht mit einer Analyse zu Bildung in einer digitalisierten Welt, Bielefeld: wbv

Bach, Stefan/Knautz, Jakob (2022): Hohe Energiepreise: Ärmere Haushalte werden trotz Entlastungspaketen stärker belastet als reichere Haushalte, in: DIW Wochenbericht 17, S. 244-251

Bacher, Christina (Hrsg.) (2021): Die letzten hier. Köln im sozialen Lockdown, Münster: Daedalus

Baldenius, Till/Kohl, Sebastian/Schularick, Moritz (2019): Die neue Wohnungsfrage. Gewinner und Verlierer des deutschen Immobilienbooms, Macrofinance Lab, Universität Bonn, Juni

Bartels, Charlotte (2018): Einkommensverteilung in Deutschland von 1871 bis 2013: erneut steigende Polarisierung seit der Wiedervereinigung, in: DIW Wochenbericht 3, S. 51-58

Barth, Claudia (2021): Spiritualität goes politics. Die „Basisdemokratische Partei Deutschland", in: Wolfgang Benz (Hrsg.), Querdenken. Protestbewegung zwischen Demokratieverachtung, Hass und Aufruhr, Berlin: Metropol, S. 252-280

Baureithel, Ulrike (2021): Die Corona-Impfung als Solidaritätstest, in: Blätter für deutsche und internationale Politik 2, S. 9-12

Baureithel, Ulrike (2023): Klinikreform: Die Kranken zahlen die Zeche, in: Blätter für deutsche und internationale Politik 11, S. 29-32

Becker, Irene (2022): Lebensstandard von Grundsicherungsbeziehenden sinkt – trotz Entlastungspaket, in: Soziale Sicherheit 6, S. 227-231

Begrich, David (2022): „Spaziergänge" in Ostdeutschland: Nazis als Bannerträger, in: Blätter für deutsche und internationale Politik 2, S. 9-12

Behrmann, Laura (2022): Bildung und soziale Ungleichheit. Deutungen und Erfahrungen von Lehrer:innen an Gesamtschulen, Frankfurt am Main/New York: Campus

Beirich, Heidi (2021): Abstrus, aber brandgefährlich. QAnon und die amerikanische Demokratie, in: Heike Kleffner/Matthias Meisner (Hrsg.), Fehlender Mindestabstand. Die Coronakrise und die Netzwerke der Demokratiefeinde, Freiburg im Breisgau/Basel/Wien: Herder, S. 89-99

Benz, Wolfgang (2021): Warum sind Verschwörungsmythen so attraktiv?, in: ders. (Hrsg.), Querdenken. Protestbewegung zwischen Demokratieverachtung, Hass und Aufruhr, Berlin: Metropol, S. 76-99

Berger, Jens (2019): Wer schützt die Welt vor den Finanzkonzernen? – Die heimlichen Herrscher und ihre Gehilfen, Frankfurt am Main: Westend

Berger, Jens (2021): Schwarzbuch Corona. Zwischenbilanz der vermeidbaren Schäden und tolerierten Opfer, Frankfurt am Main: Westend

Berngruber, Anne/Gaupp, Nora (2021): Unterstützung suchen, Unterstützung leisten – Junge Menschen in der Zeit des ersten Corona-Lockdowns, in: Nora Gaupp u.a. (Hrsg.), Jugend ermöglichen – auch unter den Bedingungen des Pandemieschutzes, München: Deutsches Jugendinstitut, S. 17-29

Bernhard, Armin (2021): Lockdown und soziale Distanzierung – Anmerkungen zu einem (unfreiwilligen?) gesellschaftspädagogischen Experiment und seinen Folgen, in: Ronald Lutz/Jan Steinhaußen/Johannes Kniffki (Hrsg.), Corona, Gesellschaft und Soziale Arbeit. Neue Perspektiven und Pfade, Weinheim/Basel: Beltz Juventa, S. 49-60

Birke, Peter (2020): Coesfeld und die Folgen – Arbeit und Migration in der Pandemie, in: Jour Fixe Gewerkschaftslinke Hamburg (Hrsg.), Das Schweinesystem. Aufhebung der Werkverträge und des Subunternehmertums!, Berlin: Die Buchmacherei, S. 98-110

Bischoff, Joachim/Müller, Bernhard (2019): Berliner Republik: eine Klassengesellschaft. Soziale Spaltungen, Wut auf das Establishment und rechte Ressentiments, Hamburg: VSA

Bleckmann, Lisa/Luschei, Frank/Schreiner, Nadine/Strünck, Christoph (2016): Energiearmut als neues soziales Risiko? – Eine empirische Analyse als Basis für

existenzsichernde Sozialpolitik. Abschlussbericht über das von der Hans-Böckler-Stiftung geförderte Projekt Nr. 2013-654-4, Siegen: Universität Siegen
Blume, Michael (2020): Verschwörungsmythen. Woher sie kommen, was sie anrichten, wie wir ihnen begegnen können, Ostfildern: Patmos
Bontrup, Heinz-J. (2018): Wohnst du noch …? – Immobilienwirtschaft und Mieten kritisch betrachtet, Hamburg: VSA
Boockmann, Bernhard/Dräger, Jascha/Kugler, Philipp/Pollak, Reinhard/Vögele, Susanne (2021): Auswirkungen der Pandemiekrise auf die soziale Mobilität, Begleitforschung zum Sechsten Armuts- und Reichtumsbericht der Bundesregierung, Bonn: Bundesministerium für Arbeit und Soziales
Bothfeld, Silke (2018): Das bedingungslose Grundeinkommen zwischen Utopie und sozialstaatlicher Wirklichkeit, in: Leviathan 1, S. 81-108
Brand, Ulrich (2011): Post-Neoliberalismus?, Aktuelle Konflikte, gegen-hegemoniale Strategien, Hamburg: VSA
Brandt, Peter (2024): Den Interessen Europas zuwider – Bemerkungen zu einem Stellvertreterkrieg, in: Hermann Theisen/Helmut Donat (Hrsg.), Bedrohter Diskurs. Deutsche Stimmen zum Ukrainekrieg, Bremen: Donat Verlag, S. 13-17
Brizay, Ulrike (2021): Die Corona-Pandemie als Exklusionskatalysator für Geflüchtete, in: Ronald Lutz/Jan Steinhaußen/Johannes Kniffki (Hrsg.), Covid-19 – Zumutungen an die Soziale Arbeit. Praxisfelder, Herausforderungen und Perspektiven, Weinheim/Basel: Beltz Juventa, S. 84-98
Brocchi, Davide (2019): Nachhaltigkeit und soziale Ungleichheit. Warum es keine Nachhaltigkeit ohne soziale Gerechtigkeit geben kann, Wiesbaden: Springer VS
Bronke, Karl/Henschen, Jörg (2022): Das Geschäft mit dem Gebrechen. Wie Investoren den Pflegesektor auspressen, in: Blätter für deutsche und internationale Politik 11, S. 113-120
Brühl, Jochen (2021): Armut darf nicht konsequent übersehen werden, in: Soziale Sicherheit 12, S. 432
Bruns, Werner (2022): Der Lockdown, ein Treiber der chronischen Anomie in Deutschland, in: ders./Volker Ronge (Hrsg.), Die Irritation der Gesellschaft durch den Lockdown, Weinheim/Basel: Beltz Juventa, S. 141-153
BÜNDNIS 90/DIE GRÜNEN (Hrsg.) (o.J.): „… zu achten und zu schützen … – Veränderung schafft Halt, Grundsatzprogramm BÜNDNIS 90/DIE GRÜNEN, Berlin
Büschemann, Karl-Heinz (2023): Bettelrepublik Deutschland, in: Süddeutsche Zeitung v. 9./10.9.
Buggeln, Marc (2022): Das Versprechen der Gleichheit. Steuern und soziale Ungleichheit in Deutschland von 1871 bis heute, Berlin: Suhrkamp
Bujard, Martin/von den Driesch, Ellen/Ruckdeschel, Kerstin/Laß, Inga/Thönnissen, Carolin/Schumann, Almut/Schneider, Norbert F. (2021): Belastungen von Kindern, Jugendlichen und Eltern in der Corona-Pandemie, Wiesbaden: Bundesinstitut für Bevölkerungsforschung
Bundesagentur für Arbeit (2023): Stellungnahme der BA zum Referentenentwurf eines Gesetzes zur Einführung einer Kindergrundsicherung und zur Änderung weiterer Bestimmungen, 06.09.
Bundesministerium für Arbeit und Soziales (Hrsg.) (2013): Lebenslagen in Deutschland. Der Vierte Armuts- und Reichtumsbericht der Bundesregierung, Bericht, Bonn, März

Bundesministerium für Arbeit und Soziales (Hrsg.) (2017): Lebenslagen in Deutschland. Der Fünfte Armuts- und Reichtumsbericht der Bundesregierung, Bericht, Bonn, April

Bundesministerium für Arbeit und Soziales (Hrsg.) (2021): Lebenslagen in Deutschland. Der Sechste Armuts- und Reichtumsbericht der Bundesregierung, Bericht, Bonn, Mai

Bundesministerium für Familie, Senioren, Frauen und Jugend (2023): Eckpunkte zur Ausgestaltung der Kindergrundsicherung, Stand: 18.01.

Bundesregierung (2023): Entwurf eines Gesetzes zur Einführung einer Kindergrundsicherung, BR-Drs. 505/23, 13.10.

Burchardt, Hans-Jürgen (2021): Das Pandemische Manifest. Neun Schritte in eine zukunftsfähige Gesellschaft, München: oekom

Busch-Geertsema, Volker (2011): „Housing First", ein vielversprechender Ansatz zur Überwindung von Wohnungslosigkeit, in: Widersprüche. Zeitschrift für sozialistische Politik im Bildungs-, Gesundheits- und Sozialbereich 121, S. 39-54

Busch-Geertsema, Volker (2023): Housing First. Ein Versorgungskonzept und sein Beitrag für eine bedarfsgerechte Versorgung wohnungsloser Menschen mit psychischen Erkrankungen, in: Henning Daßler (Hrsg.), Wohnungslos und psychisch erkrankt, Köln: Psychiatrie Verlag, S. 143-152

Busch-Geertsema, Volker/Henke, Jutta (2020): Auswirkungen der Covid-19-Pandemie auf die Wohnungsnotfallhilfen. Kurzexpertise als Ergänzung zum Forschungsbericht „Entstehung, Verlauf und Struktur von Wohnungslosigkeit und Strategien zu ihrer Vermeidung und Behebung", erstellt im Auftrag des Bundesministeriums für Arbeit und Soziales, Forschungsbericht 56, Berlin/Bonn, Dezember

Butter, Michael (2018): „Nichts ist, wie es scheint". Über Verschwörungstheorien, Berlin: Suhrkamp

Butter, Michael (2020): Verschwörungstheorien: Zehn Erkenntnisse aus der Pandemie, in: Bernd Kortmann/Günther G. Schulze (Hrsg.), Jenseits von Corona. Unsere Welt nach der Pandemie – Perspektiven aus der Wissenschaft, Bielefeld: transcript, S. 225-231

Butterwegge, Carolin/Butterwegge, Christoph (2021): Kinder der Ungleichheit. Wie sich die Gesellschaft ihrer Zukunft beraubt, Frankfurt am Main/New York: Campus

Butterwegge, Christoph (Hrsg.) (1997): NS-Vergangenheit, Antisemitismus und Nationalismus in Deutschland. Beiträge zur politischen Kultur der Bundesrepublik und zur politischen Bildung, Mit einem Vorwort von Ignatz Bubis, Baden-Baden: Nomos

Butterwegge, Christoph (2018): Krise und Zukunft des Sozialstaates, 6. Aufl. Wiesbaden: Springer VS

Butterwegge, Christoph (2019): Bildung – ein probates Mittel zur Bekämpfung von (Kinder-)Armut in Deutschland?, in: Gudrun Quenzel/Klaus Hurrelmann (Hrsg.), Handbuch Bildungsarmut, Wiesbaden: Springer VS, S. 743-767

Butterwegge, Christoph (2020): Die zerrissene Republik. Wirtschaftliche, soziale und politische Ungleichheit in Deutschland, 2. Aufl. Weinheim/Basel: Beltz Juventa

Butterwegge, Christoph (2021a): Armut, 5. Aufl. Köln: PapyRossa

Butterwegge, Christoph (2021b): Ungleichheit in der Klassengesellschaft, 2. Aufl. Köln: PapyRossa

Butterwegge, Christoph (2022): Die polarisierende Pandemie. Deutschland nach Corona, Weinheim/Basel: Beltz Juventa

Butterwegge, Christoph (2023): Bürgergeld und Kindergrundsicherung – Abschaffung oder Abmilderung von Hartz IV?, in: Axel Troost/Rudolf Hickel/Norbert Reuter (Hrsg.), Soziale Kipppunkte, bedrohte Existenzen, wachsende Armut. Alternativen zu Geldentwertung und Kaufkraftverlusten, Hamburg: VSA, S. 119-137

Butterwegge, Christoph (2024): Umverteilung des Reichtums, Köln: PapyRossa

Butterwegge, Christoph/Bosbach, Gerd/Birkwald, Matthias W. (Hrsg.) (2012): Armut im Alter. Probleme und Perspektiven der sozialen Sicherung, Frankfurt am Main/New York: Campus

Butterwegge, Christoph/Hentges, Gudrun/Wiegel, Gerd (2019): Rechtspopulisten im Parlament. Polemik, Agitation und Propaganda der AfD, 2. Aufl. Frankfurt am Main: Westend

Butterwegge, Christoph/Hofschen, Heinz-Gerd (1984): Sozialdemokratie, Krieg und Frieden. Die Stellung der SPD zur Friedensfrage von den Anfängen bis zur Gegenwart. Eine kommentierte Dokumentation, Heilbronn: Distel

Butterwegge, Christoph/Lösch, Bettina/Ptak, Ralf (2017): Neoliberalismus im Krisenmodus. Entwicklungstendenzen und Zukunftsperspektiven des Marktradikalismus, in: dies., Kritik des Neoliberalismus, 3. Aufl. Wiesbaden: Springer VS, S. 259-290

Butterwegge, Christoph/Rinke, Kuno (Hrsg.) (2018): Grundeinkommen kontrovers. Plädoyers für und gegen ein neues Sozialmodell, Weinheim/Basel: Beltz Juventa

CDU/CSU-Bundestagsfraktion (2023): Antrag: Kinderzukunftsprogramm starten und mit zehn Maßnahmen zum Erfolg führen, BT-Drs. 20/8399, 19.09.

Christiansen, Hanna/Steinmayr, Ricarda (2020): Kinder und Jugendliche während der Corona-Krise. Belastung sozialer Beziehungen sowie Verschärfung der Teilhabeungerechtigkeit, in: Uwe E. Kemmesies/Gerhard Trabert (Hrsg.), Solidarität in Zeiten von Corona und darüber hinaus. Ein Plädoyer für nachhaltige Armutsbekämpfung, München: oekom, S. 59-64

Claussen, Adolf/Scholz, Olaf/Ziegert, Siegfried (1983): Der Kampf hat erst begonnen, in: Christoph Butterwegge u.a. (Hrsg.), Friedensbewegung – Was nun?, Probleme und Perspektiven nach der Raketenstationierung, Mit einem Vorwort von Wolfgang Abendroth, Hamburg: VSA, S. 71-85

Collier, Paul (2019): Sozialer Kapitalismus! – Mein Manifest gegen den Zerfall unserer Gesellschaft, München: Siedler Verlag

Communia/BUND jugend (Hrsg.) (2023): Öffentlicher Luxus, Berlin: Karl Dietz Verlag Berlin

Daase, Christopher (2022): Von Kuba zur Ukraine. Zwei Nuklearkrisen im Vergleich, in: Aus Politik und Zeitgeschichte. Beilage zur Wochenzeitung *Das Parlament* 39, S. 34-40

Dauderstädt, Michael (2021): Wirtschaftsprogramme gegen die Pandemiekrise – Deutschland im internationalen Vergleich, in: Wirtschaftsdienst 5, S. 362-368

Demary, Markus/Kruse, Cornelius/Zdrzalek, Jonas (2021): Welche Inflationsunterschiede bestehen in der Bevölkerung? – Eine Auswertung auf Basis der Einkommens- und Verbrauchsstichprobe, IW-Report 46, 10.12.

Deppe, Frank (2023): Zeitenwenden? – Der „neue“ und der „alte“ Kalte Krieg, Eine Flugschrift, Hamburg: VSA

Detje, Richard/Sauer, Dieter (2021): Corona-Krise im Betrieb. Empirische Erfahrungen aus Industrie und Dienstleistungen, Hamburg: VSA

Deutsche Akademie der Naturforscher Leopoldina – Nationale Akademie der Wissenschaften (Hrsg.) (2021): Ökonomische Konsequenzen der Coronavirus-Pandemie: Diagnosen und Handlungsoptionen, Halle (Saale), Juli

Deutscher Paritätischer Wohlfahrtsverband Gesamtverband (Hrsg.) (2023): Zwischen Pandemie und Inflation. Paritätischer Armutsbericht 2022, aktualisierte 2. Aufl., Berlin, März

Dillmann, Renate/Schiffer-Nasserie, Arian (2018): Der soziale Staat. Über nützliche Armut und ihre Verwaltung, Hamburg: VSA

Disslbacher, Franziska/Mokre, Patrick (2020): HFCS – Licht im Dunkeln der Vermögensverteilung, in: Makronom, 26.5.

Dörre, Klaus (2023): Grün als Bedrohung: Warum die Klimapolitik die Arbeiter verliert, in: Blätter für deutsche und internationale Politik 6, S. 43-52

Dörre, Klaus (2024): Die demobilisierte Klassengesellschaft. Begriffe, Theorie, Analysen, Politik, Frankfurt am Main/New York: Campus

Dohmen, Dieter/Hurrelmann, Klaus (2021): Wird es eine „Generation Corona“ geben?, in: dies. (Hrsg.), Generation Corona? – Wie Jugendliche durch die Pandemie benachteiligt werden, Weinheim/Basel: Beltz Juventa, S. 276-297

Douma, Eva (2018): Sicheres Grundeinkommen für alle. Wunschtraum oder realistische Perspektive?, Berlin: Cividale

Drerup, Johannes (2022): Kinder, Corona und die Folgen. Eine kritische Bestandsaufnahme, Frankfurt am Main/New York: Campus

Dullien, Sebastian/Krebs, Tom (2022): Öffentlicher Wohnungsbau als Element einer breit verstandenen Grundsicherung, in: Florian Blank/Claus Schäfer/Dorothee Spannagel (Hrsg.), Grundsicherung weiterdenken, Bielefeld: transcript, S. 171-188

Dullien, Sebastian/Rietzler, Katja/Tober, Silke (2022): Die Entlastungspakete der Bundesregierung – ein Update, IMK Policy Brief 126, Juli, Düsseldorf: Institut für Makroökonomie und Konjunkturforschung

Dullien, Sebastian/Rietzler, Katja/Truger, Armin (2022): Die Corona-Krise und die sozial-ökologische Transformation: Herausforderungen für die Finanzpolitik. In WSI-Mitteilungen 4, S. 277-285

Dullien, Sebastian/Tober, Silke (2022): IMK Inflationsmonitor. Hohe Unterschiede bei haushaltsspezifischen Inflationsraten: Energie- und Nahrungsmittelpreisschocks belasten Haushalte mit geringem Einkommen besonders stark, IMK Policy Brief 121, April. Düsseldorf: Institut für Makroökonomie und Konjunkturforschung

Eckardt, Frank (2020): Corona und die Seuche der Segregation der Städte, in: Michael Volkmer/Karin Werner (Hrsg.), Die Corona-Gesellschaft. Analysen zur Lage und Perspektiven für die Zukunft, Bielefeld: transcript, S. 111-118

Eckoldt, Matthias (2022): Kritik der digitalen Unvernunft. Warum unsere Gesellschaft auseinanderfällt, Heidelberg: Carl-Auer Verlag

Eickelmann, Birgit/Bos, Wilfried/Labusch, Amelie (2019): Die Studie ICILS 2018 im Überblick. Zentrale Ergebnisse und mögliche Entwicklungsperspektiven, in: Birgit Eickelmann u.a. (Hrsg.), ICILS 2018 #Deutschland. Computer- und informationsbezogene Kompetenzen von Schülerinnen und Schülern im zweiten internationalen Vergleich und Kompetenzen im Bereich Computational Thinking, Münster/New York: Waxmann, S. 7-31

Eigendorf, Katrin (2022): Putins Krieg. Wie die Menschen in der Ukraine für unsere Freiheit kämpfen, Berlin: S. Fischer Verlag

Engartner, Tim (2021): Staat im Ausverkauf. Privatisierung in Deutschland, 2. Aufl. Frankfurt am Main/New York: Campus

Erll, Astrid (2021): Jenseits des Erwartungshorizonts. Pandemie und kollektives Gedächtnis, in: Aus Politik und Zeitgeschichte. Beilage zur Wochenzeitung *Das Parlament* 40-41, S. 42-49

Fangerau, Heiner/Labisch, Alfons (2020): Pest und Corona. Pandemien in Geschichte, Gegenwart und Zukunft, Freiburg im Breisgau/Basel/Wien: Herder

Florack, Martin (2021): Die Krise als Normalzustand des Regierens: Semantik und Funktionalität, in: ders./Karl-Rudolf Korte/Julia Schwanholz (Hrsg.), Coronakratie. Demokratisches Regieren in Ausnahmezeiten, Frankfurt am Main/New York: Campus, S. 51-59

Fokken, Silke (2022): Krisenkinder. Wie die Pandemie Kinder und Jugendliche verändert hat und was sie jetzt brauchen, München: DVA

Forst, Rainer (2020): Gesellschaftlicher Zusammenhalt. Zur Analyse eines sperrigen Begriffs, in: Nicole Deitelhoff/Olaf Groh-Samberg/Matthias Middell (Hrsg.), Gesellschaftlicher Zusammenhalt. Ein interdisziplinärer Dialog, Frankfurt am Main/New York: Campus, S. 41-53

Fratzscher, Marcel (2016): Verteilungskampf. Warum Deutschland immer ungleicher wird, München: Hanser

Fratzscher, Marcel (2020): Die neue Aufklärung. Wirtschaft und Gesellschaft nach der Corona-Krise. Berlin/München: Berlin Verlag

Frei, Nadine/Schäfer, Robert/Nachtwey, Oliver (2021): Die Proteste gegen die Corona-Maßnahmen. Eine soziologische Annäherung, in: Forschungsjournal Soziale Bewegungen 2, S. 249-258

Fuchs, Christian (2022): Verschwörungstheorien in der Pandemie. Wie über COVID-19 im Internet kommuniziert wird. München: UVK

Gamba, Fiorenza/Nardone, Marco/Ricciardi, Toni/Cattacin, Sandro (Hrsg.) (2020): COVID-19. Eine sozialwissenschaftliche Perspektive, Zürich: Seismo-Verlag Sozialwissenschaften und Gesellschaftsfragen

Gehrcke, Wolfgang/Reymann, Christiane (2022): Deutschland zeitengewendet. Dies ist nicht mehr unser Land, in: dies. (Hrsg.), Ein willkommener Krieg? – NATO, Russland und die Ukraine, Köln: PapyRossa, S. 12-32

Geis-Thöne, Wido (2020): Häusliches Umfeld in der Krise: Ein Teil der Kinder braucht mehr Unterstützung. Ergebnisse einer Auswertung des Sozio-oekonomischen Panels (SOEP), IW-Report 15

Gesterkamp, Thomas (2021): Coronahilfen für Selbständige: Steinschleuder ohne Stein, in: taz v. 13.9.

Grabka, Markus M. (2021): Einkommensungleichheit stagniert langfristig, sinkt aber während der Corona-Pandemie leicht, in: DIW Wochenbericht 18, S. 308-315

Grabka, Markus M./Goebel, Jan (2020): Realeinkommen steigen, Quote der Niedrigeinkommen sinkt in einzelnen Altersgruppen, in: DIW Wochenbericht 18, S. 316-323

Grabka, Markus M./Halbmeier, Christoph (2019): Vermögensungleichheit in Deutschland bleibt trotz deutlich steigender Nettovermögen anhaltend hoch, in: DIW Wochenbericht 40, S. 736-745

Grabka, Markus M./Westermeier, Christian (2014): Anhaltend hohe Vermögensungleichheit in Deutschland, in: DIW Wochenbericht 9, S. 151-164

Graefe, Stefanie (2019): Resilienz im Krisenkapitalismus. Wider das Lob der Anpassungsfähigkeit, Bielefeld: transcript

Graf, Jakob/Lucht, Kim/Lütten, John (Hrsg.) (2022): Die Wiederkehr der Klassen. Theorien, Analysen, Kontroversen, Frankfurt am Main/New York: Campus

Grande, Edgar/Hutter, Swen/Hunger, Sophia/Kanol, Eylem (2021): Alles Covidioten? – Politische Potenziale des Corona-Protests in Deutschland, Discussion Paper ZZ 601, Berlin: Wissenschaftszentrum Berlin für Sozialforschung (WZB)

Gravelmann, Reinhold (2022): Jugend in der Krise. Corona und die Auswirkungen, Weinheim/Basel: Beltz Juventa

Haan, Yannick (2024): Für mehr Gleichheit: Erben für alle!, in: Blätter für deutsche und internationale Politik 1, S. 115-123

Hacker, Jörg (2021): Pandemien, Corona und die neuen globalen Infektionskrankheiten, München: C.H. Beck

Häring, Norbert (2021): Endspiel des Kapitalismus. Wie die Konzerne die Macht übernahmen und wie wir sie zurückholen, Köln: Bastei Lübbe

Hafeneger, Benno (2021): Jugend und Jugendarbeit in Zeiten von Corona, Frankfurt am Main: Wochenschau Verlag

Hagelüken, Alexander (2017): Das gespaltene Land. Wie Ungleichheit unsere Gesellschaft zerstört – und was die Politik ändern muss, München: Knaur

Hentges, Gudrun/Wiegel, Gerd (2021a): Die Instrumentalisierung der Corona-Pandemie durch die extreme Rechte, in: Gudrun Hentges/Georg Gläser/Julia Lingenfelder (Hrsg.), Demokratie im Zeichen von Corona, Berlin: Metropol, S. 182-214

Hentges, Gudrun/Wiegel, Gerd (2021b): Vergebliche Avancen: AfD und Querdenken, in: Wolfgang Benz (Hrsg.), Querdenken. Protestbewegung zwischen Demokratieverachtung, Hass und Aufruhr, Berlin: Metropol, S. 281-303

Hentze, Tobias (2022): Es mangelt an Zielgenauigkeit, in: ifo Schnelldienst 11, S. 7-9

Hickel, Rudolf (2022): Reibach mit Rabatt: Öl-Multis außer Kontrolle, in: Blätter für deutsche und internationale Politik 7, S. 29-32

Hickel, Rudolf (2023): Kampfbegriff Deindustrialisierung: Wider die Schwarzmalerei!, in: Blätter für deutsche und internationale Politik 10, S. 31-35

Höfgen, Maurice (2023): Der neue Wirtschaftskrieg. Sanktionen als Waffe, 2. Aufl. Berlin: Brumaire

Hoenig, Ragnar (2021): Die Fortsetzung der Corona-Lockerungen bei der Vermögensanrechnung im SGB II und SGB XII. Aufbruch in die Post-Corona-Zeit oder Irrweg ins bedingungslose Grundeinkommen?, in: Jens M. Schubert (Hrsg.), Aufbruch. Gestalten. Gerecht. Skizzen für die Zeit mit und nach der Pandemie, TUP-Sonderband 2021, Weinheim/Basel: Beltz Juventa

Hövermann, Andreas (2020): Soziale Lebenslagen, soziale Ungleichheit und Corona – Auswirkungen für Erwerbstätige. Eine Auswertung der HBS-Erwerbstätigenbefragung im April 2020, WSI Policy Brief 44, Juni, Düsseldorf: Hans-Böckler-Stiftung

Hövermann, Andreas (2021): Sommer 2021: Inzidenzen sinken, Corona-Zweifel und Verschwörungsmythen bleiben. Aktuelle Befunde der 5. Welle der HBS-Panel-Erwerbspersonenbefragug 2020/21, WSI Policy-Brief 61, Oktober, Düsseldorf: Hans-Böckler-Stiftung

Hofmann, Jörg (2020): Corona oder: Die Krise als Chance für eine sozial-ökologische Transformation, in: Blätter für deutsche und internationale Politik 9, S. 92-100

Holz, Gerda/Richter-Kornweitz, Antje (2020): Corona-Chronik: Gruppenbild ohne (arme) Kinder. Eine Streitschrift, Frankfurt am Main/Hannover: Eigenverlag

Huber, Stephan Gerhard/Helm, Christoph (2020): Lernen in Zeiten der Corona-Pandemie. Die Rolle familiärer Merkmale für das Lernen von Schüler*innen: Befunde vom Schul-Barometer in Deutschland, Österreich und der Schweiz, in: Detlef Fickermann/Benjamin Edelstein (Hrsg.), „Langsam vermisse ich die Schule ...". Schule während und nach der Corona-Pandemie, Münster/New York: Waxmann, S. 37-60

Huesmann, Felix (2021): Der QAnon-Boom. Der Erfolg der Verschwörungsideologie in Deutschland, in: Heike Kleffner/Matthias Meisner (Hrsg.), Fehlender Mindestabstand. Die Coronakrise und die Netzwerke der Demokratiefeinde, Freiburg im Breisgau/Basel/Wien: Herder, S. 109-116

Huffschmid, Jörg (Hrsg.) (1981): Rüstungs- oder Sozialstaat? – Zur wirtschaftlichen und sozialen Notwendigkeit von Abrüstung in der Bundesrepublik, Köln: Pahl-Rugenstein

Huster, Stefan (2011): Soziale Gesundheitsgerechtigkeit. Sparen, umverteilen, vorsorgen?, Berlin: Verlag Klaus Wagenbach

Illing, Falk (2017): Gesundheitspolitik in Deutschland. Eine Chronologie der Gesundheitsreformen der Bundesrepublik, Wiesbaden: Springer VS

Illouz, Eva (2020): Acht Lehren aus der Pandemie, in: Die Zeit v. 18.6., S. 53

Institut der deutschen Wirtschaft (2024): Mehr Minus als Plus, in: dass. (Hrsg.), iwd – Informationen aus dem Institut der deutschen Wirtschaft 1, S. 12

Jäger, Anton (2023): Hyperpolitik. Extreme Politisierung ohne politische Folgen, Berlin: Suhrkamp

Jäggi, Christian J. (2021): Die Corona-Pandemie und ihre Folgen. Ökonomische, gesellschaftliche und psychologische Auswirkungen. Wiesbaden: Springer Gabler

Jarass, Lorenz (2021): Der Konjunktureinbruch in der Coronakrise wird systematisch unterschätzt, in: Handelsblatt v. 19.1.

Judith, Wiebke (2021): Angst vor Corona, Sorge um die Zukunft. Zur Situation von Geflüchteten während der Corona-Pandemie, in: Gudrun Hentges/Georg Gläser/Julia Lingenfelder (Hrsg.), Demokratie im Zeichen von Corona, Berlin: Metropol Verlag, S. 147-163

Kaelble, Hartmut (2017): Mehr Reichtum, mehr Armut. Soziale Ungleichheit in Europa vom 20. Jahrhundert bis zur Gegenwart, Frankfurt am Main/New York: Campus

Kahrs, Horst (2018): Daten zu den Vermögensverhältnissen von Arbeitern sowie einfachen und mittleren Angestellten. Arbeitsmaterialien zur Klassenanalyse des RLS-Gesprächskreises Klassen und Sozialstruktur, Rosa-Luxemburg-Stiftung, Berlin, August

Kannenberg, Simon (2021): Generationenkrise, in: Internationale Politik und Gesellschaft (IPG), 25.1.

Kastrup, Wolfgang/Kellershohn, Helmut (Hrsg.) (2023): Der Krieg in der Ukraine: Weltordnungskrieg und „Zeitenwende", Münster: Unrast

Kaube, Jürgen/Kieserling, André (2022): Die gespaltene Gesellschaft, Berlin: Rowohlt

Kindler, Jean-Philippe (2023): Scheiß auf Selflove, gib mir Klassenkampf. Eine neue Kapitalismuskritik, 3. Aufl. Hamburg: Rowohlt Taschenbuch Verlag

Kleffner, Heike/Meisner, Matthias (Hrsg.) (2021): Fehlender Mindestabstand. Die Coronakrise und die Netzwerke der Demokratiefeinde, Freiburg im Breisgau/Basel/Wien: Herder

Klein, Naomi (2021): Die Schockstrategie. Der Aufstieg des Katastrophen-Kapitalismus, 2. Aufl. Hamburg: Hoffmann und Campe

Klinger, Helena/Roggemann, Hanne/Peters, Sally (2021): Die Covid-19-Krise und die Gefahr der Überschuldung – Erkenntnisse aus der ersten Welle, in: Ronald Lutz/Jan Steinhaußen/Johannes Kniffki (Hrsg.), Covid-19 – Zumutungen an die Soziale Arbeit. Praxisfelder, Herausforderungen und Perspektiven, Weinheim/Basel: Beltz Juventa, S. 157-167

Klöckner, Marcus (2021): Zombie-Journalismus. Was kommt nach dem Tod der Meinungsfreiheit?, München: Rubikon

Klundt, Michael (2008): Von der sozialen zur Generationengerechtigkeit? – Polarisierte Lebenslagen und ihre Deutung in Wissenschaft, Politik und Medien, Wiesbaden: VS – Verlag für Sozialwissenschaften

Klundt, Michael (2021a): (Corona-)Kapitalismus und Generationen-Diskurse. Krisen-Konsequenzen zwischen Spaltungsprozessen und Solidarpotenzialen, in: Gudrun Hentges/Georg Gläser/Julia Lingenfelder (Hrsg.), Demokratie im Zeichen von Corona, Berlin: Metropol, S. 102-118

Klundt, Michael (2021b): Kinder, Kinderrechte und Kinderschutz im Corona-Kapitalismus, in: Ronald Lutz/Jan Steinhaußen/Johannes Kniffki (Hrsg.), Corona, Gesellschaft und Soziale Arbeit. Neue Perspektiven und Pfade, Weinheim/Basel: Beltz Juventa, S. 89-104

Klundt, Michael (2022): Vergleichende Kinderpolitik-Wissenschaft. Kinderrechte und Kinderarmut in Corona-Zeiten, Weinheim/Basel: Beltz Juventa

Knobloch, Clemens (2023): Der russische Krieg in der Ukraine in den deutschen Medien, in: Wolfgang Kastrup/Helmut Kellershohn (Hrsg.), Der Krieg in der Ukraine: Weltordnungskrieg und „Zeitenwende", Münster: Unrast, S. 115-130

Kocka, Jürgen (2017): Geschichte des Kapitalismus, 3. Aufl. München: C.H. Beck

König, Elias (2021): Klimagerechtigkeit. Warum wir eine sozial-ökologische Revolution brauchen, Münster: Unrast

Kohlhöfer, Philipp (2021): Pandemien. Wie Viren die Welt verändern, Mit einem Vorwort von Christian Drosten, Frankfurt am Main: S. Fischer Verlag

Kohlrausch, Bettina/Zucco, Aline (2020): Die Corona-Krise trifft Frauen doppelt. Weniger Erwerbseinkommen und mehr Sorgearbeit, WSI Policy Brief 5, Düsseldorf: Wirtschafts- und Sozialwissenschaftliches Institut der Hans-Böckler-Stiftung

Koos, Sebastian (2021): Konturen einer heterogenen „Misstrauensgemeinschaft": Die soziale Zusammensetzung der Corona-Proteste und die Motive ihrer Teilnehmer:innen, in: Sven Reichardt (Hrsg.), Die Misstrauensgemeinschaft der „Querdenker", Frankfurt am Main/New York: Campus, S. 67-89

Koos, Sebastian/Binder, Nicolas (2021): Wer unterstützt die „Querdenker"? – Die Corona-Proteste im Spiegel der öffentlichen Meinung, in: Sven Reichardt (Hrsg.), Die Misstrauensgemeinschaft der „Querdenker", Frankfurt am Main/New York: Campus, S. 295-316

Koselleck, Reinhart (1973): Kritik und Krise. Eine Studie zur Pathogenese der bürgerlichen Welt, Frankfurt am Main: Suhrkamp

Kostner, Sandra/Luft, Stefan (Hrsg.) (2023): Ukrainekrieg. Warum Europa eine neue Entspannungspolitik braucht, 2. Aufl. Frankfurt am Main: Westend

Kothé, Martin (2022): Corona als Katharsis: Warum Deutschland einen neuen Qualitätsjournalismus braucht, in: Werner Bruns/Volker Ronge (Hrsg.), Die Irritation der Gesellschaft durch den Lockdown, Weinheim/Basel: Beltz Juventa, S. 92-122

Kovce, Philip/Priddat, Birger P. (2019): Bedingungsloses Grundeinkommen. Zur Einführung, in: dies. (Hrsg.), Bedingungsloses Grundeinkommen. Grundlagentexte, Berlin: Suhrkamp, S. 11-53

Kreilinger, Verena/Wolf, Winfried/Zeller, Christian (2020): Corona, Krise, Kapital. Plädoyer für eine solidarische Alternative in den Zeiten der Pandemie, Köln: PapyRossa

Krone-Schmalz, Gabriele (2023): Eiszeit. Wie Russland dämonisiert wird und warum das so gefährlich ist, Frankfurt am Main: Westend

Kruppe, Thomas/Osiander, Christopher (2020): Kurzarbeit in der Corona-Krise: Wer ist wie stark betroffen?, in: IAB-Forum v. 30.6.

Küpper, Hendrik/Schwäbe, Carsten (2023): Rot gegen Grün statt Rot-Rot-Grün. Der ruinöse Kampf der linken Kartellparteien, in: Blätter für deutsche und internationale Politik 6, S. 117-124

Kurz-Scherf, Ingrid (2021): Weckruf Corona: Mehr Diskurs wagen!, in: Blätter für deutsche und internationale Politik 7, S. 41-44

Lafontaine, Oskar (2022): Die Lüge verhindert den Frieden. Vorwort, in: Wolfgang Gehrcke/Christiane Reymann (Hrsg.), Ein willkommener Krieg? – NATO, Russland und die Ukraine, Köln: PapyRossa, S. 8-10

Lausen, Tom/van Rossum, Walter (2021): Die Intensiv-Mafia. Die Hirten der Pandemie und ihre Profite, München: Rubikon

Leipner, Ingo (2020): Die Katastrophe der digitalen Bildung. Warum Tablets Schüler nicht klüger machen – und Menschen die besseren Lehrer sind, München: Redline

Lembke, Gerald/Leipner, Ingo (2020): Die Lüge der digitalen Bildung. Warum unsere Kinder das Lernen verlernen, 4. Aufl. München: Redline

Lessenich, Stephan (2020): Allein solidarisch? – Über das Neosoziale an der Pandemie, in: Michael Volkmer/Karin Werner (Hrsg.), Die Corona-Gesellschaft. Analysen zur Lage und Perspektiven für die Zukunft, Bielefeld: transcript, S. 177-183

Linden, Markus (2021): Im Bürgerkrieg: Die neuen Querfrontpartisanen, in: Blätter für deutsche und internationale Politik 11, S. 95-104

Lips, Anna/Rusack, Tanja/Schröer, Wolfgang/Thomas, Severine (2021): Kein Recht auf Jugend in Zeiten der Pandemie?, in: Ronald Lutz/Jan Steinhaußen/Johannes Kniffki (Hrsg.), Corona, Gesellschaft und Soziale Arbeit. Neue Perspektiven und Pfade, Weinheim/Basel: Beltz Juventa, S. 120-131

Loos, Stefan/Albrecht, Martin/Zich, Karsten (2019): Zukunftsfähige Krankenhausversorgung. Simulation und Analyse einer Neustrukturierung der Krankenhausversorgung am Beispiel einer Versorgungsregion in Nordrhein-Westfalen, Gütersloh, Juli (Bertelsmann Stiftung)

Lucke, Albrecht von (2022): Putins Krieg: Das Ende unserer Illusionen, Blätter für deutsche und internationale Politik 4, S. 59-66

Luft, Stefan (2023): Die Grünen und der Krieg, in: Sandra Kostner/Stefan Luft (Hrsg.), Ukrainekrieg. Warum Europa eine neue Entspannungspolitik braucht, 2. Aufl. Frankfurt am Main: Westend, S. 259-288

Maaz, Hans-Joachim (2020): Das gespaltene Land. Ein Psychogramm, München: C.H. Beck

Maaz, Hans-Joachim (2021): Corona-Hysterie, in: ders./Dietmar Czycholl/Aaron B. Czycholl, Corona – Angst. Was mit unserer Psyche geschieht, Berlin: Frank & Timme, S. 59-80

Mairhofer, Andreas/Peucker, Christian/Pluto, Liane/van Santen, Eric (2021): Digitale Kommunikation sozialer Dienste mit Jugendlichen in Zeiten der Corona-Pandemie – Herausforderungen und Perspektiven für die Zukunft, in: Nora Gaupp u.a. (Hrsg.), Jugend ermöglichen – auch unter den Bedingungen des Pandemieschutzes, München: Deutsches Jugendinstitut, S. 61-79

Manak, Inu (2024): Fluch der Nostalgie. Industriepolitik in den USA, in: Aus Politik und Zeitgeschichte. Beilage zur Wochenzeitung *Das Parlament* 4-5, S. 35-40

Manderscheid, Katharina (2020): Über die unerwünschte Mobilität von Viren und unterbrochene Mobilitäten von Gütern und Menschen, in: Michael Volkmer/Karin Werner (Hrsg.), Die Corona-Gesellschaft. Analysen zur Lage und Perspektiven für die Zukunft, Bielefeld: transcript, S. 101-110

Mau, Steffen/Lux, Thomas/Westheuser, Linus (2023): Triggerpunkte. Konsens und Konflikt in der Gegenwartsgesellschaft, Berlin: Suhrkamp

Maurer, Marcus/Reinemann, Carsten/Kruschinski, Simon (2021): Einseitig, unkritisch, regierungsnah? – Eine empirische Studie zur Qualität der journalistischen Berichterstattung über die Corona-Pandemie, Hamburg: Rudolf Augstein Stiftung

Mayer, Maria del Carmen/Stern, Verena/Daphi, Priska (2021): Soziale Bewegungen in Zeiten von Covid-19 zwischen Anpassung, Innovation und Brüchen, in: Forschungsjournal Soziale Bewegungen 2, S. 203-217

Mayer-Ahuja, Nicole/Detje, Richard (2020): „Solidarität“ in Zeiten der Pandemie: Potenziale für eine neue Politik der Arbeit?, in: WSI-Mitteilungen 6, S. 493-500

Mayr, Anna (2022): Mit 1.000 Euro um die Welt. Wem würde das bedingungslose Grundeinkommen nutzen? Nicht den Armen und Abgehängten, sondern vor allem den Selbstverwirklichungsträumen der bürgerlichen Bohème, in: Die Zeit v. 5.1., S. 45

Meier-Gräwe, Uta (2023): Der Kampf ums Elterngeld: Familienpolitik als Standortfaktor, in: Blätter für deutsche und internationale Politik 9, S. 21-24

Meisner, Matthias (2022): Corona-Proteste: Die Radikalisierung der bürgerlichen Mitte, in: Blätter für deutsche und internationale Politik 3, S. 9-12

Menzel, Ulrich (2023): Wendepunkte. Am Übergang zum autoritären Jahrhundert, Berlin: Suhrkamp

Meurer, Franz/Ott, Jochen/Sprong, Peter (2014): Rheinischer Kapitalismus. Eine Streitschrift für mehr Gerechtigkeit, Köln: Greven Verlag

Meyer auf der Heyde, Achim (2020): Ein riskanter Kraftakt, in: DSW-Journal 2-3, S. 30 f.

Milanović, Branko (2016): Die ungleiche Welt. Migration, das Eine Prozent und die Zukunft der Mittelschicht, Berlin: Suhrkamp

Misik, Robert (2021): Revolte gegen die Vernunft. Der Verdruss an der Eliten-Politik ist nachvollziehbar. In den Protesten gegen Impfung und Corona-Regeln schlägt er jedoch in völlige Verrücktheit um, in: IPG, 7.12.

Mittelbach, Hans (2013): Lohn- und Kapitaleinkommen in Deutschland 1990 bis 2010. Zur Kritik neoklassischer und neoliberaler Modelle, Köln: PapyRossa

Möhrle, Sascha/Wollmershäuser, Timo (2021): Zu den Verteilungseffekten der derzeit hohen Inflationsraten, in: ifo Schnelldienst digital 16, 16. November, S. 3-6

Müller, Albrecht (Hrsg.) (2020): Die im Dunkeln sieht man nicht. 70 Zeitzeugen zu den missachteten Folgen der Corona-Politik, Frankfurt am Main: Westend

Müller, Kai-Uwe/Samtleben, Claire/Schmieder, Julia/Wrohlich, Katharina (2020): Corona-Krise erschwert Vereinbarkeit von Beruf und Familie vor allem für Mütter – erwerbstätige Eltern sollten entlastet werden, in: DIW Wochenbericht 19, S. 331-340

Müller, Michael/Brandt, Peter/Braun, Reiner (2022): Selbstvernichtung oder gemeinsame Sicherheit? – Unser Jahrzehnt der Extreme: Ukraine-Krieg und Klimakrise, Frankfurt am Main: Westend

Münch, Richard (2023): Polarisierte Gesellschaft. Die postmodernen Kämpfe um Identität und Teilhabe, Frankfurt am Main/New York: Campus

Nachtwey, Oliver/Frei, Nadine (2021): Quellen des „Querdenkertums". Eine politische Soziologie der Corona-Proteste in Baden-Württemberg, Basel: Universität Basel, Fachbereich Soziologie

Nachtwey, Oliver/Frei, Nadine/Schäfer, Robert (2021): Generalverdacht und Kritik als Selbstzweck. Empirische Befunde zu den Corona-Protesten, in: Wolfgang Benz (Hrsg.), Querdenken. Protestbewegung zwischen Demokratieverachtung, Hass und Aufruhr, Berlin: Metropol, S. 194-213

Nachtwey, Oliver/Schäfer, Robert/Frei, Nadine (2020): Politische Soziologie der Corona-Proteste, Grundauswertung, Universität Basel, Institut für Soziologie, 17.12.

Naumann, Annelie/Kamann, Matthias (2021): Corona-Krieger. Verschwörungsmythen und die Neuen Rechten, Berlin: Das Neue Berlin

Neckel, Sighard (2023): Zerstörerischer Reichtum. Wie eine globale Verschmutzerelite das Klima ruiniert, in: Blätter für deutsche und internationale Politik 4, S. 47-56

Neuhäuser, Christian (2018): Reichtum als moralisches Problem, 2. Aufl. Berlin: Suhrkamp

Nocun, Katharina/Lamberty, Pia (2020): Fake Facts. Wie Verschwörungstheorien unser Denken bestimmen, Köln: Bastei Lübbe

Nocun, Katharina/Lamberty, Pia (2021): True Facts. Was gegen Verschwörungserzählungen wirklich hilft, Köln: Bastei Lübbe

Nothacker, Gerhard (2013): Unfallversicherung und Haftung im Ehrenamt und im bürgerschaftlichen sozialen Engagement. Juristische Bestandsaufnahme und rechtspolitische Perspektiven, Baden-Baden: Nomos

Osrainik, Flo (2021): Das Corona-Dossier. Unter falscher Flagge gegen Freiheit, Menschenrechte und Demokratie, Neuenkirchen: Rubikon

Oxfam Deutschland (Hrsg.) (2021): Das Ungleichheitsvirus. Wie die Corona-Pandemie soziale Ungleichheit verschärft und warum wir unsere Wirtschaft gerechter gestalten müssen, Berlin, Januar

Oxfam Deutschland (Hrsg.) (2022): Gewaltige Ungleichheit. Warum unser Wirtschaftssystem von struktureller Gewalt geprägt ist und wir es gerechter gestalten können, Berlin, Januar

Oxfam International (Hrsg.) (2023): Climate Equality: A planet for the 99 %, Oxford, November

Packeiser, Karsten (2024): Von echten und falschen Zeitenwenden, in: Hermann Theisen/Helmut Donat (Hrsg.), Bedrohter Diskurs. Deutsche Stimmen zum Ukrainekrieg, Bremen: Donat Verlag, S. 75-79

Pantenburg, Johannes/Reichardt, Sven/Sepp, Benedikt (2021): Wissensparallelwelten der „Querdenker", in: Sven Reichardt (Hrsg.), Die Misstrauensgemeinschaft der „Querdenker“. Die Corona-Proteste aus kultur- und sozialwissenschaftlicher Perspektive, Frankfurt am Main/New York: Campus, S. 29-65

Pelizäus, Helga/Heinz, Jana (2020): Stereotypisierungen von Jung und Alt in der Corona-Pandemie, in: Aus Politik und Zeitgeschichte. Beilage zur Wochenzeitung *Das Parlament* 52-53, S. 10-16

Peter, Adrian (2006): Die Fleischmafia. Kriminelle Geschäfte mit Fleisch und Menschen, Mit einem Vorwort von Renate Künast, Berlin: Econ

Pomeri, Ricardo Gómez (2022): Die Corona-Zumutung. Politik und Gesellschaft in Zeiten der Pandemie, Wiesbaden: Springer Fachmedien

Pommerin, Reiner (2022): Die Kubakrise 1962, Ditzingen: Philipp Reclam jun. Verlag

Prantl, Heribert (2021): Not und Gebot. Grundrechte in Quarantäne, München: C.H. Beck

Precht, Richard David/Welzer, Harald (2022): Die Vierte Gewalt. Wie Mehrheitsmeinung gemacht wird, auch wenn sie keine ist, 2. Aufl. Frankfurt am Main: S. Fischer Verlag

Raab, Marius/Carbon, Claus-Christian/Muth, Claudia (2017): Am Anfang war die Verschwörungstheorie, Berlin: Springer

Ragnitz, Joachim (2022): Gewinninflation und Inflationsgewinner, in: ifo Dresden berichtet 5, S. 24-28

Ravens-Sieberer, Ulrike/Kaman, Anne/Otto, Christiane/Adedeji, Adekunle/Devine, Janine/Erhart, Michael/Napp, Ann-Kathrin/Becker, Marcia/Blanck-Stellmacher, Ulrike/Löffler, Constanze/Schlack, Robert/Hurrelmann, Klaus (2021): Psychische Gesundheit und Lebensqualität von Kindern und Jugendlichen während der COVID-19-Pandemie, in: Dieter Dohmen/Klaus Hurrelmann (Hrsg.), Generation Corona? – Wie Jugendliche durch die Pandemie benachteiligt werden, Weinheim/Basel: Beltz Juventa, S. 248-260

Reinhardt, Volker (2021): Die Macht der Seuche. Wie die Große Pest die Welt veränderte 1347-1353, München: C.H. Beck

Reiss, Karina/Bhakdi, Sucharit (2020): Corona Fehlalarm? – Zahlen, Daten und Hintergründe, Berlin: Goldegg

Reiss, Karina/Bhakdi, Sucharit (2021): Corona unmasked. Neue Zahlen, Daten, Hintergründe, 2. Aufl. Berlin: Goldegg

Rendueles, César (2022): Gegen Chancengleichheit. Ein egalitaristisches Pamphlet, Berlin: Suhrkamp

Reuter, Norbert (2023): Inflation auf Rekordniveau. Tarifpolitik vor großen Herausforderungen, in: Axel Troost/Rudolf Hickel/Norbert Reuter (Hrsg.), Soziale Kipppunkte, bedrohte Existenzen, wachsende Armut. Alternativen zu Geldentwertung und Kaufkraftverlusten, Hamburg: VSA, S. 79-91

Richter, Matthias/Hurrelmann, Klaus (2009): Gesundheitliche Ungleichheit: Ausgangsfragen und Herausforderungen, in: dies. (Hrsg.), Gesundheitliche Ungleichheit. Grundlagen, Probleme, Perspektiven, 2. Aufl. Wiesbaden: VS – Verlag für Sozialwissenschaften, S. 13-33

Riedel, Nadine/Peichl, Andreas (2022): Entlasten! Aber wie? Wege im Dschungel der Möglichkeiten, in: Wirtschaftsdienst 10, S. 745-748

Rietzler, Katja (2022): Steuertarif nicht der richtige Hebel für gezielte Entlastungen, in: Wirtschaftsdienst 10, S. 749-752

Rock, Joachim (2023): Inflation und Soziale Infrastruktur. Heute am Abgrund, morgen schon einen Schritt weiter?, in: Axel Troost/Rudolf Hickel/Norbert Reuter (Hrsg.), Soziale Kipppunkte, bedrohte Existenzen, wachsende Armut.

Alternativen zu Geldentwertung und Kaufkraftverlusten, Hamburg: VSA, S. 93-102
Roose, Jochen (2021): Politische Polarisierung in Deutschland. Repräsentative Studie zu Zusammenhalt in der Gesellschaft, Berlin: Konrad-Adenauer-Stiftung
Roth, Karl Heinz (2022): Blinde Passagiere. Die Coronakrise und die Folgen, München: Verlag Antje Kunstmann
Rude, Matthias (2023): Die Grünen. Von der Protestpartei zum Kriegsakteur, Berlin: Hintergrund
Rücker, Martin (2023): Die Krankheit nach der Krankheit. Deutschland in der Long-Covid-Krise, in: Blätter für deutsche und internationale Politik 12, S. 117-122
Rügemer, Werner (2020): Hoch-Risikogruppe: Fleischarbeiter, in: Jour Fixe Gewerkschaftslinke Hamburg (Hrsg.), Das Schweinesystem. Aufhebung der Werkverträge und des Subunternehmertums!, Berlin: Die Buchmacherei, S. 71-79
Rügemer, Werner (2022): „Unsere europäischen Werte". Höchste Militärausgaben, niedrigste Löhne: Notizen zum Standort Ukraine, in: Wolfgang Gehrcke/Christiane Reymann (Hrsg.), Ein willkommener Krieg? – NATO, Russland und die Ukraine, Köln: PapyRossa, S. 63-77
Ruhose, Fedor (2023): Rechtspopulismus in der Opposition. Die AfD-Fraktion im Bundestag (2017-2021), Frankfurt am Main/New York: Campus
Sablowski, Thomas (2021): Klassenkämpfe in der Corona-Krise. Die Auseinandersetzung um die wirtschaftspolitischen Maßnahmen der Bundesregierung, in: D.F. Bertz (Hrsg.), Die Welt nach Corona. Von den Risiken des Kapitalismus, den Nebenwirkungen des Ausnahmezustands und der kommenden Gesellschaft, Berlin: Bertz & Fischer, S. 241-270
Sackers, Marius/Jaschik, Jens (2020): Von Schulschließungen und Corona-Partys. Das Virus und die Jugend, in: Sascha Staničić/René Arnsburg (Hrsg.), Pandemische Zeiten. Corona, Kapitalismus, Krise und was wir dagegen tun können, Berlin: Manifest Verlag, S. 121-128
Sandte, Holger/Winkler, Adalbert (2020): Die Mär von der Belastung der jungen Generation, in: Zeit Online, 9.6.
Sasse, Gwendolyn (2022): Der Krieg gegen die Ukraine. Hintergründe, Ereignisse, Folgen, München: C.H. Beck Verlag
Scheele, Alexandra (2021): Verschärfte Geschlechterungleichheiten in der Corona-Krise, in: Gudrun Hentges/Georg Gläser/Julia Lingenfelder (Hrsg.), Demokratie im Zeichen von Corona, Berlin: Metropol, S. 135-146
Scheidel, Walter (2018): Nach dem Krieg sind alle gleich. Eine Geschichte der Ungleichheit, Darmstadt: wbg
Schick, Gerhard (2020): Die Bank gewinnt immer. Wie der Finanzmarkt die Gesellschaft vergiftet, Frankfurt am Main/New York: Campus
Schlaeger, Tobias/Linder, Myra (2011): Unfallversicherung für Kinder in Tagesbetreuung, Schüler und Studierende, Baden-Baden: Nomos
Schlegel, Rainer (2022): Zeitenwende für den Sozialstaat, in: FAZ v. 13.5.
Schlott, René (2022): Deutschland in der Pandemiebekämpfung: Zehn-Punkte-Plan für gesellschaftlichen Zusammenhalt, in: Spiegel Online, 12.2.
Schmitthenner, Horst/Urban, Hans-Jürgen (1999): Globaler Markt und sozialer Staat – ein unauflösbarer Gegensatz?, in: Christoph Butterwegge/Martin Kutscha/Sabine Berghahn (Hrsg.), Herrschaft des Marktes – Abschied vom Staat?, Folgen neoliberaler Modernisierung für Gesellschaft, Recht und Politik, Baden-Baden: Nomos, S. 45-62

Schneider, Ulrich (2022): Entlastung für alle? – Zur haushalts- und sozialpolitischen Fragwürdigkeit des Entlastungspakets, in: Soziale Sicherheit 6, S. 221-226

Schnellenbach, Jan (2022): Unübersichtlich, widersprüchlich, wenig zielgerichtet: Entlastungspakete ohne Gesamtkonzept, in: ifo Schnelldienst 11, S. 10-13

Schönig, Werner (2022): Der städtische Sozialraum als Krisenregion – Glokalisierung und lokale Demokratie am Beispiel der Corona-Pandemie, in: Werner Bruns/Volker Ronge (Hrsg.), Die Irritation der Gesellschaft durch den Lockdown, Weinheim/Basel: Beltz Juventa, S. 109-122

Schräpler, Jörg-Peter/Bellenberg, Gabriele/Küpker, Markus/Reintjes, Christian (2021): Schule und Unterricht im angepassten Regelbetrieb. Analyse und Reflexion Corona-bedingter (Teil-)Schließungen von Schulen anhand der COSMO-Befragung in NRW, in: Christian Reintjes/Raphaela Porsch/Grit im Brahm (Hrsg.), Das Bildungssystem in Zeiten der Krise. Empirische Befunde, Konsequenzen und Potenziale für das Lehren und Lernen, Münster/New York: Waxmann, S. 279-307

Schreyer, Paul (2020): Chronik einer angekündigten Krise. Wie ein Virus die Welt verändern konnte, 6. Aufl. Frankfurt am Main: Westend

Schridde, Henning (2021): Beengte Wohnverhältnisse von Familien in der Grundsicherung für Arbeitsuchende, in: Soziale Sicherheit 5, S. 195-200

Schröder, Carsten/Bartels, Charlotte/Göbler, Konstantin/Grabka, Markus M./König, Johannes (2020): MillionärInnen unter dem Mikroskop: Datenlücke bei sehr hohen Vermögen geschlossen – Konzentration höher als bisher ausgewiesen, in: DIW Wochenbericht 29, S. 512-521

Schroeder, Wolfgang/Weßels, Bernhard (Hrsg.) (2019): Smarte Spalter. Die AfD zwischen Bewegung und Parlament, Bonn: J.H.W. Dietz Nachf.

Schrooten, Mechthild (2022): Inflation und Inflationsangst, in: Aus Politik und Zeitgeschichte. Beilage zur Wochenzeitung *Das Parlament* 18-19, S. 15-31

Schrooten, Mechthild (2023): Der Preis ist hoch. Inflation, Preisdeckel und Preisbremsen, in: Aus Politik und Zeitgeschichte. Beilage zur Wochenzeitung *Das Parlament* 1-3, S. 11-18

Schürz, Martin (2019): Überreichtum, Frankfurt am Main/New York: Campus

Schuhler, Conrad (2023): Deutschland im Wirtschaftskrieg. Eskalation um jeden Preis, Köln: PapyRossa

Schularick, Moritz (2021): Der entzauberte Staat. Was Deutschland aus der Pandemie lernen muss, München: C.H. Beck

Schulten, Thorsten (2020): Der Niedriglohnsektor in der Corona-Krise, in: Aus Politik und Zeitgeschichte. Beilage zur Wochenzeitung *Das Parlament* 39-40, S. 16-21

Schulz-Nieswandt, Frank (2020): Corona und die Verdichtung der Kasernierung alter Menschen, in: Michael Volkmer/Karin Werner (Hrsg.), Die Corona-Gesellschaft. Analysen zur Lage und Perspektiven für die Zukunft, Bielefeld: transcript, S. 119-123

Schulz-Nieswandt, Frank (2021): Der alte Mensch als Verschlusssache. Corona und die Verdichtung der Kasernierung in Pflegeheimen, Bielefeld: transcript

Schumann, Gerd (2022): Von grün zu olivgrün. Wie es dazu kam, dass eine ehemalige Friedenspartei einen Atomkrieg riskiert, Eine Spurensuche, in: Wolfgang Gehrcke/Christiane Reymann (Hrsg.), Ein willkommener Krieg? – NATO, Russland und die Ukraine, Köln: PapyRossa, S. 50-62

Schwab, Klaus/Malleret, Thierry (2020): Covid-19: Der Große Umbruch, Cologny/Genf: Weltwirtschaftsforum
Schwab, Tim (2023): Das Bill-Gates-Problem. Der Mythos vom wohltätigen Milliardär, Frankfurt am Main: S. Fischer Verlag
Schwarz, Antonis (2020): Armut und Corona – wann schnallen Vermögende den Gürtel enger?, in: Uwe E. Kemmesies/Gerhard Trabert (Hrsg.), Solidarität in Zeiten von Corona und darüber hinaus. Ein Plädoyer für nachhaltige Armutsbekämpfung, München: oekom, S. 219-225
Schwarz, Silke/Martin, David (2021): Kindergesundheit: Einfluss von Familie und Schule, in: Martin Wendisch (Hrsg.), Kritische Psychotherapie. Interdisziplinäre Analysen einer leidenden Gesellschaft, Bern: Hogrefe, S. 316-324
Schwemmle, Michael/Zanker, Claus (2022): Renaissance des Gemeinwohls? – Eine Einleitung, in: Frank Werneke/Claus Zanker (Hrsg.), Renaissance des Gemeinwohls? – Erkenntnisse und Schlussfolgerungen aus der Pandemie, Hamburg: VSA, S. 9-16
Seithe, Mechthild (2021): Jugendhilfe und Corona – Schicksalsschlag, Kollateralschäden oder Strategie?, in: Ronald Lutz/Jan Steinhaußen/Johannes Kniffki (Hrsg.), Corona, Gesellschaft und Soziale Arbeit. Neue Perspektiven und Pfade, Weinheim/Basel: Beltz Juventa, S. 35-48
Senkbeil, Martin/Drossel, Kerstin/Eickelmann, Birgit/Vennemann, Mario (2019): Soziale Herkunft und computer- und informationsbezogene Kompetenzen von Schülerinnen und Schülern im zweiten internationalen Vergleich, in: Birgit Eickelmann u.a. (Hrsg.), ICILS 2018 #Deutschland. Computer- und informationsbezogene Kompetenzen von Schülerinnen und Schülern im zweiten internationalen Vergleich und Kompetenzen im Bereich Computational Thinking, Münster/New York: Waxmann, S. 301-333
Simon, Michael (2021): Keine Entschädigung für Ungeimpfte bei Verdienstausfall?, in: Soziale Sicherheit 10, S. 362-364
Skudlarek, Jan (2023): Wenn jeder an sich denkt, ist nicht an alle gedacht. Streitschrift für ein neues Wir, 2. Aufl. Stuttgart: J.G. Cotta'sche Buchhandlung Nachfolger
Spannagel, Dorothee (2013): Reichtum in Deutschland. Empirische Analysen, Wiesbaden: Springer VS
Sozialdemokratische Partei Deutschlands (SPD)/BÜNDNIS 90/DIE GRÜNEN/ Freie Demokratische Partei (FDP) (Hrsg.) (2021): Mehr Fortschritt wagen. Bündnis für Freiheit, Gerechtigkeit und Nachhaltigkeit, Koalitionsvertrag 2021-2025 zwischen der Sozialdemokratischen Partei Deutschlands (SPD), BÜNDNIS 90/DIE GRÜNEN und den Freien Demokraten (FDP), Berlin
SPD-Parteivorstand (Hrsg.) (2021): Aus Respekt vor deiner Zukunft. Das Zukunftsprogramm der SPD. Wofür wir stehen. Was uns antreibt. Wonach wir streben, Berlin
Speit, Andreas (2021): Verqueres Denken. Gefährliche Weltbilder in alternativen Milieus, Berlin: Ch. Links Verlag
Spitzer, Manfred (2020): Pandemie. Was die Krise mit uns macht und was wir aus ihr machen, 4. Aufl. München: mvg
Springer, Cornelia (2020): Zivilgesellschaft in der Verantwortung. Drei Spannungsfelder von Solidarität in der Krise, in: Michael Volkmer/Karin Werner (Hrsg.), Die Corona-Gesellschaft. Analysen zur Lage und Perspektiven für die Zukunft, Bielefeld: transcript, S. 167-175

Steffen, Tilman (2021): Hauptsache Straße. Die AfD als parlamentarischer Arm der Coronaproteste, in: Heike Kleffner/Matthias Meisner (Hrsg.), Fehlender Mindestabstand. Die Coronakrise und die Netzwerke der Demokratiefeinde, Freiburg im Breisgau/Basel/Wien: Herder, S. 174-182

Steinweg, Rainer (Red.) (1985): Rüstung und soziale Sicherheit, Frankfurt am Main: Suhrkamp

Stockhausen, Maximilian/Niehues, Judith (2019): Vermögensverteilung: bemerkenswerte Stabilität, IW-Kurzbericht 81

Strohschneider, Thomas (2022): Krankenhaus im Ausverkauf. Private Gewinne auf Kosten unserer Gesundheit, Frankfurt am Main: Westend

Sweeney, John (2022): Der Killer im Kreml. Intrige, Mord, Krieg. Wladimir Putins skrupelloser Aufstieg und seine Vision vom großrussischen Reich, 2. Aufl. München: Wilhelm Heine Verlag

Theisen, Hermann/Donat, Helmut (Hrsg.) (2024): Bedrohter Diskurs. Deutsche Stimmen zum Ukrainekrieg, Bremen: Donat Verlag

Thießen, Malte (2021): Auf Abstand. Eine Gesellschaftsgeschichte der Coronapandemie, Frankfurt am Main/New York: Campus

Thomä, Dieter (2020): Die Spaltung der Corona-Gesellschaft und die Feier der Alltagshelden, in: Bernd Kortmann/Günther G. Schulze (Hrsg.), Jenseits von Corona. Unsere Welt nach der Pandemie – Perspektiven aus der Wissenschaft, Bielefeld: transcript, S. 51-58

Tober, Silke (2022): IMK Inflationsmonitor. Haushaltsspezifische Teuerungsraten: Wie stark unterscheidet sich die Belastung durch Inflation?, IMK Policy Brief 114, Januar

Tober, Silke (2023): Wen trifft die Inflation besonders? – Haushaltsspezifische Inflationsraten in Deutschland nach den Preisschocks, in: Aus Politik und Zeitgeschichte. Beilage zur Wochenzeitung *Das Parlament* 1-3, S. 19-27

Tooze, Adam (2021): Welt im Lockdown. Die globale Krise und ihre Folgen, München: C.H. Beck

Trautvetter, Bernhard (2022): Friedensökologie und Ukraine-Krieg. Atomgefahren, Klimaverseuchung: Nicht der Frieden, sondern der Krieg fällt aus der Zeit, in: Wolfgang Gehrcke/Christiane Reymann (Hrsg.), Ein willkommener Krieg? – NATO, Russland und die Ukraine, Köln: PapyRossa, S. 121-132

Truger, Achim (2024): Die Ampel in der Haushaltskrise: Wie weiter mit der Schuldenbremse?, in: Blätter für deutsche und internationale Politik 1, S. 5-8

Tuider, Elisabeth/Fischer, Jörg (2021): Eine grundlegende Frage der Zeit: Sozialer Zusammenhalt, in: Jörg Fischer/Elisabeth Tuider (Hrsg.), Sozialer Zusammenhalt (4. Sonderband Sozialmagazin), Weinheim/Basel: Beltz Juventa, S. 7-16

Urban, Hans-Jürgen (2021): Heilsversprechen Homeoffice. Zu den Schattenseiten eines arbeitspolitischen Shootingstars, in: Blätter für deutsche und internationale Politik 2, S. 103-113

Urban, Hans-Jürgen (2022): Zeitenwende wohin? – Die moralische Empörungsspirale als Sackgasse, in: Blätter für deutsche und internationale Politik 7, S. 79-88

Urban, Hans-Jürgen/Ehlscheid, Christoph (2020): Generationengerechtigkeit. Grenzen und Potenziale eines sozialpolitischen Kernbegriffs, in: Aus Politik und Zeitgeschichte. Beilage zur Wochenzeitung *Das Parlament* 52-53, S. 25-30

van Basten, Isabel (2018): Housing First. Der Weg aus der Wohnungslosigkeit?, München: GRIN

van Dyk, Silke/Graefe, Stefanie/Haubner, Tine (2021): Das Überleben der „Anderen“: Alter in der Pandemie, in: D.F. Bertz (Hrsg.), Die Welt nach Corona. Von den Risiken des Kapitalismus, den Nebenwirkungen des Ausnahmezustands und der kommenden Gesellschaft, Berlin: Bertz & Fischer, S. 191-199

van Rossum, Walter (2021): Meine Pandemie mit Professor Drosten. Vom Tod der Aufklärung unter Laborbedingungen, Neuenkirchen: Rubikon

Völpel, Eva (2023): Verschärfte Verteilungskrise und blockierte Umverteilung. Die sozialen Folgen der Inflation sind verheerend – zugleich droht in Deutschland und Europa eine neue Runde der Sparpolitik, in: Axel Troost/Rudolf Hickel/ Norbert Reuter (Hrsg.), Soziale Kipppunkte, bedrohte Existenzen, wachsende Armut. Alternativen zu Geldentwertung und Kaufkraftverlusten, Hamburg: VSA, S. 67-78

Vogel, Claudia/Gordo, Laura Romeu/Stuth, Stefan (2020): Auswirkungen der Corona-Krise auf den Lebensstandard von Menschen in der zweiten Lebenshälfte. Sonderauswertung des Deutschen Alterssurveys (DEAS), Berlin (Deutsches Zentrum für Altersfragen)

Vogel, Steffen (2022): Putins Feldzug, Macrons Mission, in: Blätter für deutsche und internationale Politik 4, S. 5-8

Wachtler, Benjamin/Michalski, Niels/Nowossadeck, Enno/Diercke, Michaela/ Wahrendorf, Morten/Santos-Hövener, Claudia/Lampert, Thomas/Hoebel, Jens (2020): Sozioökonomische Ungleichheit im Infektionsrisiko mit SARS-CoV-2. Erste Ergebnisse einer Analyse der Meldedaten für Deutschland, in: Journal of Health Monitoring S 7, S. 19-30

Wagenknecht, Sahra (2021): Die Selbstgerechten. Mein Gegenprogramm – für Gemeinsinn und Zusammenhalt, Frankfurt am Main/New York: Campus

Wagner, Jürgen (2022): Im Rüstungswahn. Deutschlands Zeitenwende zu Aufrüstung und Militarisierung, Köln: PapyRossa

Wahl, Peter (2023): Der Krieg und die Linken. Bellizistische Narrative, Kriegsschuld-Debatten und Kompromiss-Frieden, Eine Flugschrift, Hamburg: VSA

Wahrendorf, Morten/Rupprecht, Christoph J./Dortmann, Olga/Scheider, Maria/ Dragano, Nico (2021): Erhöhtes Risiko eines COVID-19-bedingten Krankenhausaufenthaltes für Arbeitslose. Eine Analyse von Krankenkassendaten von 1,28 Mio. Versicherten in Deutschland, in: Bundesgesundheitsblatt 3, S. 314-321

Welter, Patrick (2023): Die Schuldenbremse spaltet die Ökonomenschaft. Die Hälfte der Ökonomen findet die Schuldenbremse bewahrenswert, die andere Hälfte will sie reformieren oder abschaffen, in: FAZ v. 8.12.

Wendl, Michael (2020): Wie kapitalistisch sind Kliniken? – Über Kostendruck, Wettbewerb und politisch administrierte Preise im Krankenhaussektor, in: OXI – Wirtschaft anders denken 6, S. 8-9

Wengraf, Michael (2020): Corona. Ein Essay, Kassel: Mangroven

Westermeier, Christian/Grabka, Markus M. (2015): Große statistische Unsicherheit beim Anteil der Top-Vermögenden in Deutschland, in: DIW Wochenbericht 7, S. 123-133

Wiegel, Gerd (2022): Brandreden. Die AfD im Bundestag, Köln: PapyRossa

Wildangel, René (2023): Zwischen Elend und Explosion: Die schwelende Krise im Gazastreifen, in: Blätter für deutsche und internationale Politik 10, S. 111-116

Wimmer, Christopher (2024): Die Marginalisierten. (Über-)Leben zwischen Mangel und Notwendigkeit, Weinheim/Basel: Beltz Juventa

Winnacker, Ernst-Ludwig (2021): Mein Leben mit Viren. Eine Forschergeschichte über die faszinierende Welt der Krankheitserreger, Leipzig: S. Hirzel Verlag

Wodarg, Wolfgang (2021): Falsche Pandemien. Argumente gegen die Herrschaft der Angst, 4. Aufl. München: Rubikon

Wößmann, Ludger/Freundl, Vera/Grewenig, Elisabeth/Lergetporer, Philipp/Werner, Katharina/Zierow, Larissa (2020): Bildung in der Coronakrise: Wie haben die Schulkinder die Zeit der Schulschließungen verbracht, und welche Bildungsmaßnahmen befürworten die Deutschen?, in: ifo Schnelldienst 9, S. 25-39

Wößmann, Ludger/Freundl, Vera/Grewenig, Elisabeth/Lergetporer, Philipp/Werner, Katharina/Zierow, Larissa (2021): Bildung erneut im Lockdown: Wie verbrachten Schulkinder die Schulschließungen Anfang 2021?, in: ifo Schnelldienst 5, S. 36-52

Wohlfahrt, Norbert/Schillo, Johannes (2023): Deutsche Kriegsmoral auf dem Vormarsch. Lektionen in patriotischem Denken über „westliche Werte", Eine Flugschrift, Hamburg: VSA

Zierer, Klaus (2021): Ein Jahr zum Vergessen. Wie wir die Bildungskatastrophe nach Corona verhindern, Freiburg/Basel/Wien: Herder

Christoph Butterwegge
Die zerrissene Republik
Wirtschaftliche, soziale und politische Ungleichheit in Deutschland
2. Aufl. 2020, 414 Seiten, broschiert
ISBN: 978-3-7799-6309-7
Auch als E-BOOK erhältlich

Seit geraumer Zeit ist das Problem wachsender Ungleichheit das Kardinalproblem unserer Gesellschaft, wenn nicht der gesamten Menschheit. Während daraus im globalen Maßstab ökonomische Krisen, Kriege und Bürgerkriege resultieren, die wiederum größere Migrationsbewegungen nach sich ziehen, sind in Deutschland der soziale Zusammenhalt und die repräsentative Demokratie bedroht. Daher wird nicht bloß thematisiert, wie soziale Ungleichheit entsteht und warum sie zugenommen hat, sondern auch, weshalb die politisch Verantwortlichen darauf kaum reagieren und was getan werden muss, um sie einzudämmen.

Martin Seeliger (Hrsg.)
Strukturwandel der Arbeitsgesellschaft
2023, 450 Seiten, broschiert
ISBN: 978-3-7799-6950-1
Auch als E-BOOK erhältlich

Die Diagnose einer im Wandel befindlichen Arbeitsgesellschaft ist im Prinzip so alt wie die Sozialwissenschaft. Schon Adam Smith, Herbert Spencer, Émile Durkheim oder Karl Marx analysierten Prozesse gesellschaftlicher Modernisierung als Auseinandersetzungen um die Arrangements von Wertschöpfung und Teilung der gesellschaftlichen Arbeit. Den Strukturwandel der Arbeitsgesellschaft soll der Band vor diesem Hintergrund mit Blick auf eine Reihe von Transformationserscheinungen untersuchen, die den Übergang in eine neue Konstellation markieren. Das Spektrum der Themen reicht von der Bedeutung von Migration für die Struktur des Arbeitsmarkts über die Entwicklung des Tarifsystems bis hin zur Aufwertung der Sorgearbeit, vom Lohnabhängigenbewusstsein im Wandel bis zur sozialökologischen Konfliktformation.